农村集体经营性建设用地入市制度研究

来自国家试点地区的探索

马翠萍◎著

中国社会科学出版社

图书在版编目（CIP）数据

农村集体经营性建设用地入市制度研究：来自国家
试点地区的探索 / 马翠萍著. -- 北京：中国社会科学
出版社，2025. 1. -- ISBN 978-7-5227-3879-6

Ⅰ. F321.1

中国国家版本馆 CIP 数据核字第 2024Z4H498 号

出 版 人	赵剑英	
责任编辑	张　潜	
责任校对	季　静	
责任印制	王　超	

出　　版	中国社会科学出版社	
社　　址	北京鼓楼西大街甲 158 号	
邮　　编	100720	
网　　址	http://www.csspw.cn	
发 行 部	010-84083685	
门 市 部	010-84029450	
经　　销	新华书店及其他书店	

印　　刷	北京君升印刷有限公司	
装　　订	廊坊市广阳区广增装订厂	
版　　次	2025 年 1 月第 1 版	
印　　次	2025 年 1 月第 1 次印刷	

开　　本	710×1000　1/16	
印　　张	18.25	
插　　页	2	
字　　数	309 千字	
定　　价	98.00 元	

凡购买中国社会科学出版社图书，如有质量问题请与本社营销中心联系调换
电话：010-84083683

目　　录

图 目 录

表 目 录

第 一 章

绪　　论

土地制度是一个国家的基础性制度，决定了整个国家的经济基础和社会结构（韩长赋，2019）[①]，关系着国家经济社会发展和长治久安。习近平总书记在多个重要场合均强调农村土地制度改革的重要性，将其视作农村改革的主线[②]。

农村集体经营性建设用地是我国农村土地的重要用地形态，允许该类形态用地入市是党中央立足我国基本国情和发展阶段，作出的一项重大制度性安排。据推算，全国存量农村集体经营性建设用地在 3500万—5000 万亩，占农村集体建设用地的 15% 左右（叶兴庆，2015[③]；陶然，2022[④]），该部分土地入市对我国实现全体人民共同富裕、农业农村高质量发展、加快全面推进乡村振兴都具有重要的理论和现实意义。但从实践来看，国家有关农村集体经营性建设用地的制度建设仍然落后于实践需求，因此不断完善农村集体经营性建设用地制度就成为当下重要的研究议题。

[①]　韩长赋：《中国农村土地制度改革》，《农业经济问题》2019 年第 1 期，第 4—16 页。

[②]　习近平同志在安徽凤阳小岗村召开的农村改革座谈会上指出，"新形势下深化农村改革，主线仍然是处理好农民和土地的关系"。参见习近平《习近平著作选读》（第一卷），人民出版社 2023 年版，第 474 页。

[③]　叶兴庆：《农村集体经营性建设用地的产权重构》，《中国经济时报》2015 年 5 月 27 日第 5 版。

[④]　陶然：《人地之间：中国增长模式下的城乡土地改革》，辽宁人民出版社 2022 年版，第152—155 页。

第一节　研究背景及意义

不断深化农村土地制度改革历来是党领导农村工作的重点。党的十八大以来，党中央、国务院多次在中央经济会议、中央农村工作会议、中央全面深化改革委员会会议上就推动农村集体经营性建设用地入市，从而建立城乡统一的建设用地市场作出重要战略部署。历史经验表明，我国农村制度的建立走的是"先试点后推广"的路子，对那些看得还不那么准、又必须取得突破的改革，可以先进行试点，摸着石头过河，尊重地方实践探索，尊重创造，鼓励地方大胆探索，在实践中开创新路，取得经验后再推开（习近平，2012）①。

2015—2019年国家首次、大规模开展的农村集体经营性建设用地入市试点工作，是党中央政府直接领导下的一次农村土地制度改革。本轮试点涉及全国31个省（自治区、直辖市），横跨东部、中部、西部三大经济带，为建立和完善我国农村集体经营性建设用地入市制度提供了鲜活的研究样本。为更好地显化农村土地制度改革三项试点工作的整体性、系统性、协同性和综合效益，与《中华人民共和国土地管理法》（以下简称《土地管理法》）修改工作做好衔接，2017年、2018年全国人大两次授权该项改革延期，试点工作于2019年12月31日结束。从几个重要时间节点来看，自2008年党的十七届三中全会，首次提出农村集体经营性建设用地概念至今已有十六年，自2013年十八届三中全会将农村集体经营性建设用地入市提上改革日程也已十年，自2014年国家启动农村集体经营性建设用地入市试点工作也近十年，其间，33个农村集体经营性建设用地入市试点进行了哪些制度探索，形成了哪些制度性成果？农村集体经营性建设用地入市制度效果如何？地方政府制度安排背后的行为逻辑是什么？为我国完善农村集体经营性建设用地入市制度提供了哪些经验和启示？未来我国农村集体经营性建设用地入市改革又该何去何从？改革的突破口在哪里？改革策略是什么？……这些问题都亟待从本轮改

---

① 习近平同志在广东省考察工作时讲话的一部分。参见习近平《习近平著作选读》（第一卷），人民出版社2023年版，第68页。

革中寻找答案，也是本书要解决的问题。

本书的完成有着重要的学术意义。从多维度、多视角审视和分析农村集体经营性建设用地入市制度并对不同维度下的制度效果进行评价，不仅能够在广度上丰富已有研究内容，而且能够纵深推进已有研究。特别是本书在呈现事实基础上，更注重从新制度经济学、政治经济学等学科视角揭示地方政府制度安排背后的行为逻辑，以期为经济学理论提供中国证据。

同时，本书具有较强的现实意义。农村集体经营性建设用地入市虽然已在法律上得到授权，但考虑农村集体经营性建设用地入市影响之大、影响之复杂，目前并没有在全国层面放开，而是授权各省（自治区、直辖市）在中央顶层制度设计下，以试点试验形式探索完善农村集体经营性建设用地入市制度。因此，本书以首轮试点地区为研究对象，全方位、多角度梳理和分析地方政府有关农村集体经营性建设用地入市制度的安排，并对制度效果及地方政府行为后的经济学逻辑进行分析。本书的完成，一方面，能够为全国其他地区开展农村集体经营性建设用地入市提供经验借鉴和启示，另一方面，也可为中央建立城乡统一的建设用地市场、形成完善的要素市场化配置体制机制提供决策参考和依据。

第二节　文献综述

农村集体经营性建设用地作为农村建设用地的重要组成部分，自其从农村建设用地分离出来就受到学界、政界、社会的广泛关注。有关农村集体经营性建设用地入市的研究有两个关键事件节点，分别是 2008 年首次提出集体经营性建设用地形态和 2015 年全国层面首次、大规模开展农村集体经营性建设用地入市试点工作。因此，可依据两个关键节点将学界有关农村集体经营性建设用地入市的研究大体分为三个阶段：第一个阶段是在 2008 年之前，即集体经营性建设用地概念提出之前，第二个阶段是 2009—2015 年，即集体经营性建设用地概念形成后到试点开启之前，第三个阶段是 2015 年之后，即开启农村集体经营性建设用地入市试点工作之后。

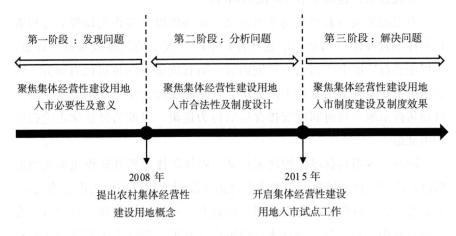

图 1-1 关键时间节点

一 2008 年之前：聚焦农村集体经营性建设用地入市必要性及意义研究

在国家没有明确提出农村集体经营性建设用地概念前（也就是 2008 年之前），有关农村集体经营性建设用地制度的研究，一直包含在农村建设用地制度大概念中受学者关注。这时期，学术界围绕农村集体经营性建设用地入市的必要性及意义进行了广泛探讨。例如，Ho and Lin (2003)[①]、Zhu (2005)[②] 等学者认为，我国土地制度供给是不足的（曲福田等，2004)[③]，特别是农村集体建设用地流转长期受到规则限制，导致了农村集体建设用地使用权隐形流转市场的存在（宋志红等，2019)[④]，使得建设用地市场呈现土地权益二元性特征（陈锡文，2013)[⑤]。虽然诸

---

① Ho S. P. S. , Lin G. C. S. , "Emerging Land Markets in Rural and Urban China: Policies and Practices", *The China quarterly*, 2003 (175): 681 – 707。

② Zhu J. A, "Transitional Institution for the Emerging Land Market in Urban China", *Urban Studies*, 2005, 42 (8): 1369 – 1390。

③ 曲福田、冯淑怡、诸培新、陈志刚：《制度安排、价格机制与农地非农化研究》，《经济学（季刊）》2004 年第 4 期，第 229—248 页。

④ 宋志红、姚丽、王柏源：《集体经营性建设用地权能实现研究——基于 33 个试点地区入市探索的分析》，《土地经济研究》2019 年第 1 期。

⑤ 陈锡文：《当前我国农村改革发展面临的几个重大问题》，《农业经济问题》2013 年第 1 期。

多地区积极进行农村集体经营性建设用地进入市探索，但地方政策法规仍然无法保护农村集体建设用地所有者和使用者的权利。而要根本改变这种土地制度的二元性现状，必须在国家政策和法律上寻求根本突破（高圣平、刘守英，2007[①]；施建刚等，2013[②]；姚洋，2002[③]）。但也有学者持反对意见，如华生（2013）[④] 认为，城郊土地不能走农村集体经营性建设用地入市的道路，"因为这些区域的土地开发权已经不是如一般财产权那样普惠的权利，而是一种由于规划和管制而形成的特权，它是以剥夺和严格限制广大农村地区的土地开发权为基础和前提的，所以它应当属于全社会所有"。贺雪峰（2013）[⑤] 对集体建设用地入市表示明确不赞成，因为农村集体经营性建设用地入市可能导致的一个后果就是"让城郊极少数农民成为暴富的土地食利者"。

城乡建设用地二元分割事实，导致了中国土地资源配置存在严重的政府失灵。长期以来，我国农村集体建设用地一直被排斥在土地一级市场之外，但是受建设用地市场高额回报吸引，集体自发开展集体建设用地流转事实一直存在。灰色的农村建设用地市场导致了农地过度非农化（谭荣、曲福田，2006）[⑥]、城乡建设用地利用效率低（文贯中、柴毅，2015）[⑦] 等一系列问题，这不仅严重干扰了国有土地市场的正常运行，而且也造成大量集体建设用地收益流失（马秀鹏等，2008）[⑧]，导致农民上

---

① 高圣平、刘守英：《集体建设用地进入市场：现实与法律困境》，《管理世界》2007 年第 3 期。

② 施健刚、蔡顺明、魏铭材、唐代中等著：《农村集体建设用地流转模式研究》，同济大学出版社 2013 年版，第 65—70 页。

③ 姚洋：《自由、公正和制度变迁》，河南出版社 2002 年版，第 51—78 页。

④ 华生：《城市化转型与土地陷阱》，东方出版社 2013 年版，第 119 页。

⑤ 贺雪峰：《一个教授的农地考察报告》，参见 https://wenku.baidu.com/view/e1e0dec6e009581b6bd9ebd1.html？fr=sogou&_wkts_=1688394970205。

⑥ 谭荣、曲福田：《中国农地非农化与农地资源保护：从两难到双赢》，《管理世界》2006 年第 12 期，第 50—59 页。

⑦ 文贯中、柴毅：《政府主导型城市化的土地利用效率——来自中国的实证结果》，《学术月刊》2015 年第 1 期，第 11—23 页。

⑧ 马秀鹏、陈利根、朱新华：《农村集体建设用地使用权流转的法经济学分析》，《南京农业大学学报》（社会科学版）2008 年第 2 期，第 63—68 页。

访案件和农村群体性突发事件频发（谭术魁，2008①）。究其背后更深层次的原因，主要是中央政府和地方政府过度干涉，破坏了正常的土地市场经济关系，而中央和地方政府干涉的目的，无非是在土地征收转用时获得较高的垄断利润（沈飞等，2004）②。正是由于政府过多地干涉土地市场，造成市场价格机制的失灵，无法在土地资源要素配置中发挥正常作用（周其仁，2020）③。因此，为切实保护农民利益，应允许农村集体建设用地直接进入土地一级市场，实行国有土地与集体土地的同地、同价、同权（蒋省三、刘守英，2003④）。

有关农村集体建设用地进入土地一级市场的重要意义。高波（1993）⑤认为，农村集体建设用地直接进入土地一级市场，首先可以充分调动农村集体的积极性，其次有助于促进地区经济的发展，最后，土地入市还能一定程度减轻国家因土地征收引致的财政负担，缓解地方政府压力。周其仁（2013）⑥的研究显示，农村集体经营性建设用地入市在一方面提高了农民议价权，另一方面也可打破土地市场被地方政府垄断的格局，让利于民。

二 2008—2014 年：聚焦农村集体经营性建设用地入市可行性、合法性及制度设计研究

农村集体经营性建设用地概念正式被提出是在党的十七届三中全会⑦上，之后的相关研究才从农村建设用地中剥离出来。经过文献梳理我们发现，这时期学者们除了深化论证农村集体经营性建设用地入市必要性

---

① 谭术魁：《中国土地冲突的概念、特征与触发因素研究》，《中国土地科学》2008 年第 4 期，第 4—11 页。

② 沈飞、朱道林、毕继业：《政府制度性寻租实证研究——以中国土地征用制度为例》，《中国土地科》2004 年第 4 期，第 3—8 页。

③ 周其仁：《改革的逻辑》（修订版），中信出版社 2017 年版，第 213—221 页。

④ 蒋省三、刘守英：《土地资本化与农村工业化——广东省佛山市南海经济发展调查》，《管理世界》2003 年 11 期，第 87—97 页。

⑤ 高波：《灰色土地市场的理论探析》，《管理世界》1993 年第 1 期，第 101—106 页。

⑥ 周其仁：《土地的市场流转不可阻挡》，《经济观察报》2013 年 12 月 23 日。

⑦ 参见中央人民政府网《中共中央关于推进农村改革发展若干重大问题的决定》，ht-tp：//www. gov. cn/jrzg/2008 - 10/19/content_1125094. htm。

外，更多的研究集中在农村集体经营性建设用地入市合法性、入市制度设计等方面。如高圣平、刘守英（2007）①、温世扬（2015）②、周其仁（2017）③ 等学者认为，农村集体经营性建设用地流转的法律障碍源于《宪法》"城市土地属于国家所有"（第十条）的规定。因此，现阶段首先应进行法制革新，通过完备的法律法规体系予以确认、保障和规范（宋志红，2009）④。广东省南海区、江苏省昆山市和上海部分地区自发开展的农村集体建设用地入市实践，打破了国家对集体土地非农开发的限制。特别是这些地区配套出台了一些地方行政条例，尝试保护和规范集体建设用地使用权流转。正是这些地区自发、大胆地尝试，为建立城乡统一的建设用地市场准备了条件（周其仁，2004⑤）。

从较长时间尺度来看，我国农村集体经营性建设用地制度变迁的诱因是中国 20 世纪 70 年代末期兴起的乡村工业化（仇叶，2020）⑥，且制度变迁始终都围绕着对外部利润的激烈争夺而展开（钱忠好、牟燕，2013⑦）。农村集体经营性建设用地入市显著区别于一般的农地制度创新之处在于农村集体经营性建设用地入市触及土地所有权最根本的权能（韩松，2014）⑧。打破了土地市场被地方政府垄断的格局，在削弱地方政府以地谋发展、以地生财能力的同时，大大提高了农民的议价权（周其仁，2013）⑨。但从这时期的制度效果来看，我国农村集体建设用地市

---

① 高圣平、刘守英：《集体建设用地进入市场：现实与法律困境》，《管理世界》2007 年第 3 期，第 62—72 页。

② 温世扬：《集体经营性建设用地"同等入市"的法制革新》，《中国法学》2015 年第 4 期，第 66—83 页。

③ 周其仁：《改革的逻辑》（修订版），中信出版社 2017 年版，第 75—88 页。

④ 宋志红：《集体建设用地使用权流转法律制度研究》，中国人民大学出版社 2009 年版，第 243—244 页。

⑤ 周其仁：《农地产权与征地制度——中国城市化面临的重大选择》，《经济学（季刊）》2004 年第 4 期，第 193—210 页。

⑥ 仇叶：《乡村工业化模式与农村土地制度变迁——一项对沿海地区集体经营性建设用地制度的研究》，《中国农村经济》2020 年第 4 期，第 101—123 页。

⑦ 钱忠好、牟燕：《中国土地市场化改革：制度变迁及其特征分析》，《农业经济问题》2013 年第 5 期，第 20—26 页。

⑧ 韩松：《论农村集体经营性建设用地使用权》，《苏州大学学报》（哲学社会科学版）2014 年第 3 期，第 70—75 页。

⑨ 周其仁：《土地的市场流转不可阻挡》，《经济观察报》2013 年 12 月 23 日。

场的建设仍然是不平衡、不规范的（姜大明，2012）①，土地要素的市场化配置仍然是不充分的（文贯中，2014）②。分析其背后的原因，这与农村土地制度剥夺了集体土地发展权是紧密相关的（黄祖辉、汪晖，2002）③。

诚然，也有学者提出不同看法，认为农村集体经营性建设用地入市并不能从根本上解决现行土地制度与城镇化发展之间的矛盾（华生，2013）④。因为土地与其他商品要素不同，市场和竞争并不能直接发挥市场调节资源配置的作用（华生，2015）⑤。特别是在现有的农村土地管理制度下，不应贸然地对集体建设用地实行市场化改革（贺雪峰，2010）⑥。事实上，造成农村集体经营性建设用地入市难的根本原因还是地方政府和村集体之间的利益分配冲突（王宏娟等，2014）⑦，因为地方政府难以摆脱"土地财政"的供养模式（刘守英，2018）⑧。

三　2015 年以来：聚焦农村集体经营性建设用地入市制度建设及制度效果研究

2015 年国家层面首次、大规模主导了农村集体经营性建设用地入市试点工作，这为学者们开展相关研究提供了丰富的研究样本，学界尝试从多角度探讨农村集体经营性建设用地入市相关问题。这时期的研究聚焦在农村集体经营性建设用地入市制度建设和效果评价方面。

①　姜大明：《建立城乡统一的建设用地市场》，《南方国土资源》2013 年第 12 期，第 14—17 页。

②　文贯中：《吾民无地》，东方出版社 2014 年版，第 21—65 页。

③　黄祖辉、汪晖：《非公共利益性质的征地行为与土地发展权补偿》，《经济研究》2002 年第 5 期，第 66—71 页。

④　华生：《城市化转型与土地陷阱》，东方出版社 2013 年版，第 78—109 页。

⑤　华生：《新土改：土地制度改革焦点难点辨析》，人民东方出版社 2015 年版，第 79 页。

⑥　贺雪峰：《从土地权利问题看中国土地制度》，《中国市场》2010 年第 46 期，第 92—95 页。

⑦　王宏娟、石敏俊、谌丽：《基于利益主体视角的农村集体建设用地流转研究——以北京市为例》，《资源科学》2014 年第 11 期，第 2263—2272 页。

⑧　刘守英：《中国土地问题调查：土地权利的底层视角》，北京大学出版社 2018 年版，第 135—154 页。

　　有关农村集体经营性建设用地入市制度建设现状的研究。陈小君（2020）① 认为，《土地管理法》赋予集体经营性建设用地入市合法地位是我国土地管理制度的重大修改，但从改革进展和改革幅度来看，该项制度的改革宣示意义是第一位的。因为农村集体经营性建设用地入市改革是非常复杂的，不仅涉及主体权力实现而且又关乎利益分配格局（胡如梅、谭荣，2021②），改革推进的难度很大。特别是在那些高度依赖土地财政的地区，农村集体经营性建设用地入市改革更不容乐观。鉴于我国行政体制，地方政府（尤其是县级政府）是辖区内土地的开发经营权的实际掌控者（张五常，2009③）。因此，周黎安（2017）④ 认为，农村集体建设用地市场化改革的关键是如何设计一套行之有效的激励机制，从而让地方政府让渡其占有的部分土地产权。朱道林（2022）⑤ 认为，我国农村集体经营性建设用地入市改革的根本目标是利用市场机制实现土地资源再配置，从而发挥土地的生产功能和变现土地资产。

　　有关农村集体经营性建设用地入市制度效果的研究。制度建设对经济绩效的影响很早就受到学者的关注。周其仁（2017）⑥ 等学者认为，经济增长会促进经济结构改变，而经济结构的变化是大规模资源转让的结果。如果资源转让权受到限制，那么就会阻碍经济增长。从土地入市试点地区来看，我国已初步构建了农村集体经营性建设用地入市制度框架，但当前改革依然面临着集体增收与土地财政矛盾等问题（周应恒等，2018⑦）。这表现在，地方财政高度依赖土地出让金的地区，在缺乏替代性财源的情况下，一般不支持集体经营性建设用地进入商品住宅的用地

　　① 陈小君：《新时代治理体系中〈土地管理法〉重要制度贯彻之要义》，《土地科学动态》2020 年第 2 期，第 50—55 页。
　　② 胡如梅、谭荣：《集体经营性建设用地统筹入市的模式选择》，《中国土地科学》2021 年第 4 期，第 101—108 页。
　　③ 张五常：《中国的经济制度》，《资本市场》2009 年第 11 期，第 125—125 页。
　　④ 周黎安：《转型中的地方政府：官员激励与治理》（第二版），格致出版社 2017 年版，第 178—181 页。
　　⑤ 朱道林：《土地经济学论纲》，商务印书馆 2022 年版，第 314 页。
　　⑥ 周其仁：《产权与中国变革》，北京大学出版社 2017 年版，第 93—97 页。
　　⑦ 周应恒、刘余：《集体经营性建设用地入市实态：由农村改革试验区例证》，《改革》2018 年第 2 期，第 54—63 页。

市场（陶然，2022）①。马翠萍（2021）② 的研究显示，各地探索建立的土地入市制度，一定程度盘活了农村闲置土地资源，促进了集体建设用地节约集约利用，特别是入市土地增值收益分配制度的倾向性，增加了农村经济社会的稳定。但现阶段农村集体经营性建设用地入市总体效果不及预期，不同区域土地入市进展速度、体量差距大，同一区域土地入市进展呈现典型的倒"U"曲线关系，折射出目前制度仍有改进的空间。对于农村集体经营性建设用地直接进入土地一级市场的影响，闫昊生等（2023）利用③ 2007—2018 年中国国有建设用地出让数据的研究表明，农村集体经营性建设用地入市对国有土地具有显著的替代，虽然不会撼动地方政府在建设用地市场上的供给主导地位。但会弱化地方政府对辖区内土地要素的直接配置能力（徐建牛、李敢，2019）④。除此之外，陈明（2018）⑤ 的研究显示，现阶段我国初步建立了农村集体经营性建设用地入市交易规则及制度体系，但改革还有很远的路要走。

也有学者尝试对农村集体经营性建设用地入市专项制度进行研究。如刘守英（2021）⑥ 认为，中国农村土地非农化市场是朝向地方政府利益最大化的方向演进的，中央推动农地制度改革的动力亦是为了国家经济利益（田传浩，2022）⑦。就农村集体经营性建设用地入市收益分配问题，学者们产生了"涨价归公""涨价归私""公私兼顾"的争议，三种观点争议的点在于政府是否有资格参与集体建设用地流转收益分配（马翠萍，2022⑧）。

---

① 陶然：《人地之间：中国增长模式下的城乡土地改革》，辽宁人民出版社 2022 年版，第153—154 页。

② 马翠萍：《集体经营性建设用地制度探索与效果评价——以全国首批农村集体经营性建设用地入市试点为例》，《中国农村经济》2021 年第 11 期，第35—54 页。

③ 闫昊生、王剑飞、孙久文：《集体建设用地入市如何影响国有建设用地市场？——基于机器学习的新证据》，《数量经济技术经济研究》2023 年第 6 期，第195—216 页。

④ 徐建牛、李敢：《农地入市何以可能？——双重影响视角下农地入市案例研究》，《公共管理学报》2019 年第 3 期，第108—117 页。

⑤ 陈明：《农村集体经营性建设用地入市改革的评估与展望》，《农业经济问题》2018 年第4 期，第71—81 页。

⑥ 刘守英：《土地制度与中国发展》，中国人民大学出版社 2021 年版，第178—188 页。

⑦ 田传浩：《宅基地是如何被集体化的》，《中国农村经济》2020 年第 11 期，第29—46 页。

⑧ 马翠萍：《农村集体经营性建设用地入市收益分配的实践探索与制度优化》，《改革》2022 年第 10 期，第106—116 页。

贺雪峰（2013①）认为农村集体经营性建设用地入市增值收益就应该"地尽其利，地利共享"，并认为"涨价归公"是分享经济发展剩余的最优制度安排（贺雪峰，2010）②。但周其仁（2017③）、张小铁（1996④）、蔡继明（2004⑤）等学者认为，基于产权的收益权，农民集体应该享有土地全部增值收益。土地增值收益"公私兼顾"的支持者认为，由宗地外投资辐射引发的增值和人为变换土地用途等因素引发的增值部分，理应由社会公平分享（周诚，2006⑥、程雪阳，2014⑦、朱启臻，2006⑧）。由于土地的身份属性以及土地承载的经济效率、社会稳定、公平效率等多重价值目标（宋志红，2017）⑨，因此产生了这种"仁者见仁智者见智的"的争议。此外，也有学者围绕入市主体（高艺菡、段文技，2020）⑩、入市土地用途约束差异性（吴宇哲、于浩洋，2021⑪；岳永兵、刘向敏，2022）⑫ 等方面，探究农村集体经营性建设用地与国有建设用地在权能实现上的差异性（宋志红等，2019）⑬。

---

① 贺雪峰：《地权的逻辑Ⅱ：地权变革的真相与谬误》，东方出版社 2013 年版，第 23—35 页。

② 贺雪峰：《地权的逻辑Ⅰ：中国农村土地制度向何处去》，中国政法大学出版社 2010 年版，第 90—101 页。

③ 周其仁：《城乡中国》，中信出版集团 2017 年版，第 547—551 页。

④ 张小铁：《市场经济与征地制度》，《中国土地科学》1996 年第 1 期，第 17—20 页。

⑤ 蔡继明：《必须给被征地农民以合理补偿》，《中国审计》2004 年第 8 期，第 18 页。

⑥ 周诚：《关于我国农地转非自然增值分配理论的新思考》，《农业经济问题》2006 年第 12 期，第 4—7 页。

⑦ 程雪阳：《土地发展权与土地增值收益的分配》，《法学研究》2014 年第 5 期，第 76—97 页。

⑧ 朱启臻、窦敬丽：《新农村建设与失地农民补偿》，《中国土地》2006 年第 4 期，第 19—20 页。

⑨ 宋志红：《中国农村土地制度改革研究：思路、难点与制度建设》，中国人民大学出版社 2017 年版，第 1—5 页。

⑩ 高艺菡、段文技：《农村集体经营性建设用地入市主体的地区差异性分析》，《江苏农业科学》2020 年第 10 期，第 22—28 页。

⑪ 吴宇哲、于浩洋：《农村集体建设用地住宅用途入市的现实约束与赋能探索》，《中国土地科》2021 年第 5 期，第 93—99 页。

⑫ 岳永兵、刘向敏：《集体经营性建设用地开发商品住宅试验考察与推进建议——以广西北流、河南长垣、山西泽州的试点改革为例》，《西部论坛》2022 年第 3 期，第 98—108 页。

⑬ 宋志红、姚丽、王柏源：《集体经营性建设用地权能实现研究——基于 33 个试点地区入市探索的分析》，《土地经济研究》2019 年第 1 期，第 1—29 页。

四　对已有文献的评述

从每个阶段研究的主题和内容来看,三个阶段的已有文献研究存在内在关联,遵循"发现问题、分析问题、解决问题"的研究思路。具体来看,就是在 2008 年提出农村集体经营性建设用地概念之前,农村集体经营性建设用地入市已经作为一个迫切需要解决的问题广受学者关注,该阶段研究探讨的主题主要围绕农村集体经营性建设用地入市的必要性和重要性。在中央明确提出农村集体经营性建设用地概念后,学者们试图从法学、经济学、社会学、管理学等不同学科领域寻找农村集体经营性建设用地入市的合法途径、合理途径,这时期的研究多以定性分析为主。2015 年中央直接领导下的农村集体经营性建设用地入市试点工作,为学者们提供了鲜活的研究样本,更是推进和丰富了已有研究内容。学者们以试点地区为研究样本,立足不同视角(如政府视角、集体视角、农户视角等)来审视农村集体经营性建设用地入市效果,以及研判农村集体经营性建设用地入市面临的问题。据此,我们可以看到,学界有关农村集体经营性建设用地入市的研究是围绕土地入市改革的推进而逐步开展的。可以说,已有研究是丰富的,但随着 2019 年年底农村集体经营性建设用地试点的结束,国家有关土地法的修订以及其他农村经济体制改革的推进,现有农村集体经营性建设用地入市制度研究就呈现出一定局限和不足,具体表现为:

一是已有研究比较散,没有形成较为完整的研究体系。由于视角和研究目的不同,整体来看早期研究涉及的点比较多且比较分散。虽然 2015 年国家层面主导的首次、大规模农村集体经营性建设用地入市试点为土地入市研究提供了丰富鲜活的研究样本。但更多的研究是针对典型试点地区的个案研究,或是围绕不同主题进行的交叉案例分析。当然也有学者试图就某一项或若干项农村集体经营性建设用地入市制度进行专门研究,但整体来看,现有的这些制度研究主题比较分散,缺少全面性和系统性。

二是将农村集体经营性建设用地制度包含在农村建设用地制度中一

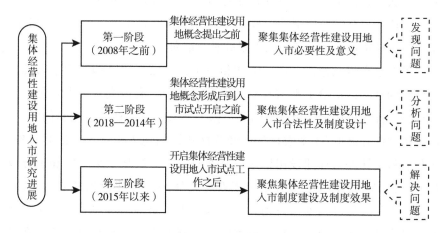

图1-2 文献逻辑梳理

并进行研究可能是不充分的。在2008年①农村集体经营性建设用地概念提出后，学界才得以将有关农村集体经营性建设用地的研究从农村建设用地的大盘子中剥离出来。但由于概念不明确，有关集体经营性建设用地制度的研究更多地是与农村宅基地制度一并探讨而不加以区分的，因此我们可以发现，这时期有关农村集体经营性建设用地入市的研究多散见于其他主题研究或者作为农村土地制度诸多改革的一项而进行连带研究。事实上，集体经营性建设用地与农村宅基地不仅在形成时间、用途上有显著的差异，而且在制度导向上也不一致，这意味着连带分析或一揽子分析是不适宜的，也是不够充分的。举个简单的例子，国家对农村集体经营性建设用地制度安排有两条主线，一条主线是有关农村集体经营性建设用地形成的制度安排，另一条主线是有关集体经营性建设用地流转的制度安排，两类制度通过交织互动共同刻画了农村集体经营性建设用地制度变迁轨迹。显然，仅关注农村集体经营性建设用地流转制度是片面的，割裂了两项制度的内在联系。

三是随着研究背景发生变化，一些研究已经时过境迁了。从时间维度来看，早期对土地入市的研究受制于当时法律环境约束，相应地，学者们主要是倡议赋予农村集体经营性建设用地入市合法地位，但随着国

---

① 2008年党的十七届三中全会首次在文件中正式提出农村集体经营性建设用地概念。

家上位法对农村集体经营性建设用地入市作出专门的重大修订，让原本一些争议不复存在。特别是随着 2022 年年底新一轮土地入市工作的启动，更是将农村集体经营性建设用地跟进研究推向一个新的高度。

虽然已有研究存在一定局限性和不足，但已有研究切实为本书奠定了坚实的基础，也给了本书有益的启发。基于已有研究，本书立足农村集体经营性建设用地入市试点结束、相关立法修订这样一个全新的背景，以全国层面开展的 33 个农村集体经营性建设用地入市试点为研究对象，聚焦农村集体经营性建设用地入市制度研究。尝试从中央政府和地方政府层面，多维度分析、多视角审视农村集体经营性建设用地入市制度，以期对农村集体经营性建设用地入市制度进行全面梳理和系统分析。并结合试点地区实践效果，对不同维度下的制度效果进行综合评价。在呈现事实基础上，注重从新制度经济学、政治经济学等多学科视角剖析地方政府制度安排背后的行为逻辑，揭示其蕴含的经济学思想。

第三节 研究体系设计

一 研究目标、思路及技术路线

本书以建立城乡统一的建设用地市场为出发点和落脚点，以完善农村集体经营性建设用地入市制度为总目标，同时设计了六个子目标以支撑总目标。

子目标 1：多维度、多视角审视我国农村集体经营性建设用地入市制度

本书以较长的时间尺度，从中央政府和地方政府视角系统梳理了农村集体经营性建设用地形成和流转地制度的变迁。以国家 33 个农村集体经营性建设用地入市试点为研究对象，将地方政府有关农村集体经营性建设用地入市制度划分为基础性制度安排、创新性制度安排、关键性制度安排和争议性制度安排等四个维度，尝试对农村集体经营性建设用地入市制度进行全面、系统分析。

子目标 2：综合评价农村集体经营性建设用地入市制度效果

以农村集体经营性建设用地入市 33 个试点地区为研究对象，采用理论和实践相结合的方式，从经济和社会层面，结合试点地区改革效果，对不同维度下的农村集体经营性建设用地入市制度进行综合评价。

子目标 3：分析农村集体经营性建设用地入市面临的困境

从理论和实践层面，分析不同制度维度视角下，农村集体经营性建设用地入市改革面临的困境。重点研究了农村集体经营性建设用地入市下，首先入市土地增值收益分配、集体经济组织成员资格认定等方面面临的困境。

子目标 4：揭示地方政府农村集体经营性建设用地入市制度安排的行为逻辑

地方政府在中央顶层制度大框架下，通过不断试验、调错，建立和完善农村集体经营性建设用地入市制度。本书拟从新制度经济学、政治经济学等学科视角揭示地方政府制度安排背后的行为逻辑。

子目标 5：研判深化农村集体经营性建设用地入市试点工作的方向、思路及应防范的风险

在全面、系统分析农村集体经营性建设用地入市制度现状后，结合制度变迁规律、试点地区制度效果、地方政府行为逻辑的综合分析，研判深化农村集体经营性建设用地入市试点工作的方向、原则及思路，进一步识别农村集体经营性建设用地入市改革面临的潜在风险。

子目标 6：提出完善农村集体经营性建设用地入市制度的对策建议

综合上述研究，我们从国家顶层制度设计、加强与其他改革协调性和耦合性、发展新型集体经济组织、平衡入市土地增值收益分配等几个方面，提出完善农村集体经营性建设用地入市制度的对策建议。

本书的思路：

本书遵循"发现问题→提出问题→分析问题→解决问题"的逻辑思维，采用"理论→实践→检验理论"的研究范式，以建立城乡统一的建设用地市场为出发点和落脚点，以国家首次、大规模开展的农村集体经营性建设用地入市试点为研究对象，采用理论分析与调查研究、文献研究与案例研究、系统分析与重点分析相结合的研究方法，多维度分析多视角审视我国农村集体经营性建设用地入市制度。包括从中央政府和地方政府层面系统梳理了集体经营性建设用地形成和流转地制度的变迁，创新性地将地方政府有关农村集体经营性建设用地入市制度安排划分为基础性制度、创新性制度、关键性制度、争议性制度等四个维度，对农村集体经营性建设用地入市制度进行全面、系统梳理分析。并结合试点

地区试验效果，对不同维度制度效果进行评价。同时，本研究注重从政治经济学、新制度经济学视角揭示地方政府有关农村集体经营性建设用地入市制度安排背后的行为逻辑。在上述理论和实践分析基础上，研判深化农村集体经营性建设用地入市试点工作面临的困境和可能潜在风险、改革的方向，提出深化农村集体经营性建设用地入市试点工作要坚持的原则和处理好的几个关系。最后，在理论指导实践→实践检验理论的研究范式下，提出完善农村集体经营性建设用地入市的政策建议，本书的技术路线如图1-3所示。

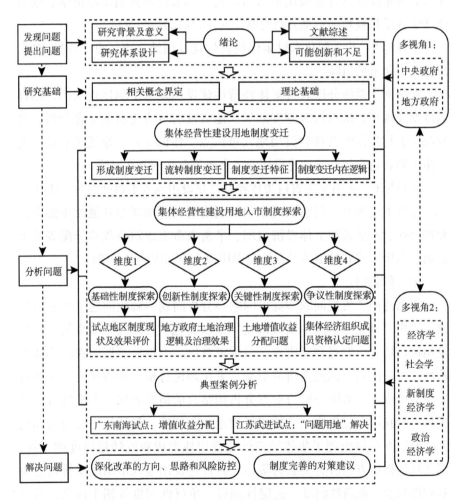

图1-3　技术路线

第一，本书以较长的时间尺度，从集体经营性建设用地形成和流转两个层面，系统梳理了国家有关集体经营性建设用地制度的变迁。第二，创新性地将试点地区有关集体经营性建设用地制度的安排划分为四个维度进行分析，并对不同维度下制度探索效果进行了评价。第三，本书特别注重揭示地方政府制度安排背后的行为逻辑和经济学思想。第四，本书以典型试点地区为例，针对入市土地增值收益制度、农村集体经营性建设用地入市范围拓展等关问题，结合具体项目案例进行了详细的剖析。第五，在上述理论分析基础之上，研判深化农村集体经营性建设用地入市试点工作的方向和原则，识别改革面临的困境和应防范的潜在风险。第六，提出了完善农村集体经营性建设用地入市制度的对策建议。

二　研究的主要内容

农村集体经营性建设用地入市改变了现有土地市场供给格局，牵涉到制度变迁、土地增值收益分配、地方政府行为逻辑等方方面面，因此如何全面、系统梳理农村集体经营性建设用地入市制度，对制度效果做出客观评价，并揭示地方政府制度安排背后的行为逻辑是本研究的主要内容。

（1）第一章，研究基本情况介绍。对研究背景、研究意义、研究体系设计、研究目标、研究思路、技术路线、研究重点和难点、研究方法和研究数据、研究可能创新和不足等进行介绍和阐释。

（2）第二章，概念界定及理论基础、文献综述。以农村集体经营性建设用地入市三个关键时间节点为时间轴，对已有研究文献进行全面、系统梳理，并进行客观评价。同时，本部分对研究的关键词条进行了界定。结合对农村集体经营性建设用地入市改革实践的分析，引申出本研究的主要理论基础，即产权理论、制度变迁理论和资源配置理论。

（3）第三章，系统梳理集体经营性建设用地的形成及其入市制度的变迁。本研究从集体经营性建设用地形成和流转两个层面，系统梳理了国家有关集体经营性建设用地制度的变迁。揭示了我国有关集体经营性建设用地的制度安排是包括集体经营性建设用地形成制度和流转制度在内的制度变迁轨迹。从内在逻辑看，形成制度和流转制度在交织互动下共同推动集体经营性建设用地制度向产权完善方向演进。从外在作用力看，推动集体经营性建设用地制度变迁的外力由早期的政府主导切换到了市场主导，是市场在资源配置中主导地位显化的过程。

（4）第四章，农村集体经营性建设用地入市基础性制度探索：试点地区制度现状及效果评价。该部分主要以我国首批 15 个农村集体经营性建设用地入市试点为研究对象，全面梳理了试点地区地方政府有关农村集体经营性建设用地入市的基础性制度安排。并对这些基础性制度进行了一致性和差异性的比较分析。结合试点调研情况，对现阶段地方政府有关土地入市制度安排的效果进行了综合评价。

（5）第五章，农村集体经营性建设用地入市创新性制度探索：地方政府土地治理逻辑及治理效果。基层的创新实践为我国完善土地管理制度提供了重要的决策支撑。本章以国家层面首次、大规模开展的 33 个农村集体经营性建设用地入市试点地区为研究对象，以试点期间（2015—2019 年）中央指导文件制度设计留白为突破口，分析试点地区有关农村集体经营性建设用地入市制度安排的突破或创新。试图从新制度经济学、政治经济学视角阐释地方政府农村集体经营性建设用地入市制度安排的行为逻辑，剖析其行为发生的价值取向和利益偏好。在此基础上，对制度创新效果进行评价和启示的提炼。

（6）第六章，农村集体经营性建设用地入市关键性制度探索：入市土地增值收益分配问题。本章从农村集体经营性建设用地入市全过程解构农村集体经营性建设用地入市增值收益情况。核算了入市土地在土地取得环节、开发环节、出让环节的成本收益情况。之后，尝试以国家首批农村集体经营性建设用地入市试点地区为研究样本，从不同利益主体视角，较为全面、系统地梳理了试点地区政府、集体（包括村集体、乡镇集体、村小组集体）、农户参与土地增值收益分配的依据、参与分配的形式、分配标准、分配额度等制度安排，并对相关制度安排进行效果评价。

（7）第七章，农村集体经营性建设用地入市争议性制度探索：集体经济组织成员资格认定问题。集体经营性建设用地是农村集体的重要资源性资产，其入市后涉及的增值收益较大，因此，谁有资格参与入市土地增值收益分配就显得尤为重要。据此，清晰界定农村集体经济组织成员资格（以下简称"成员资格"）是入市土地增值收益分配的基础和压舱石。本部分尝试以2015年农业农村部（原农业部）确立的首批农村集体资产股份权能改革试点（29个）为研究对象，从理论和实践两个层面剖析农村集体经济组织成员资格认定问题。结合试点地区实践效果，对试点地区集体经济组织成员资格认定制度进行综合评价。

（8）第八章，农村集体经营性建设用地入市典型案例分析。本部分在前面理论分析基础之上，结合试点地区实践，采用单案例研究方法探索试点地区样板模式的经验。特别选择了农村集体经营性建设用地入市增值收益分配效果较好的广东南海试点，剖析农村集体经营性建设用地入市土地增值收益分配问题；选择农村集体经营性建设用地入市体量最大的江苏武进试点，剖析其解决"问题用地"的主要做法。结合试点地区的改革效果，对典型地区的农村集体经营性建设用地入市制度安排进行专门评价。

（9）第九章，深化农村集体经营性建设用地入市试点工作的方向、改革思路和风险防控。结合制度变迁规律、试点地区制度效果、地方政府行为逻辑的分析，识别农村集体经营性建设用地入市改革面临的问题和风险，研判深化农村集体经营性建设用地入市试点工作的方向，提出未来农村集体经营性建设用地入市改革应遵循的原则。

（10）第十章，完善农村集体经营性建设用地入市制度的对策建议。综合上述研究，从国家顶层制度设计、加强与其他改革协调性和耦合性、发展新型集体经济组织、平衡入市土地增值收益分配等几个方面，提出完善农村集体经营性建设用地入市制度的对策建议。

三 研究重点和难点及解决思路

农村集体经营性建设用地入市从根本上改变了现有土地市场供给格局，因此如何全面、系统梳理农村集体经营性建设用地入市制度，并对制度效果做出客观性评价，就成为本书的重点和难点问题。

重点研究内容1：分析国家有关集体经营性建设用地的制度安排

从集体经营性建设用地构成着手，将国家有关集体经营性建设用地的制度安排划分为形成制度安排和流转制度安排。以较长时间尺度，梳理和刻画集体经营性建设用地的形成制度和流转制度轨迹。并分析制度变迁的内在和外在逻辑，以期为研判下一阶段集体经营性建设用地制度变迁提供方向、原则和启示。

重点研究内容2：全面梳理试点地区有关农村集体经营性建设用地制度的安排

国家以试点试验形式推进农村集体经营性建设用地入市，并配套出台系列指导文件，就土地入市制度搭建制度框架。地方政府在中央顶层制度框架下，通过不断细化和完善顶层制度，推动土地入市工作落地。因此，如何全面梳理地方政府有关集体经营性建设用地制度安排就是本书的重点内容之一。

重点研究内容3：对试点地区农村集体经营性建设用地入市制度效果进行科学评价

对制度效果的评价是检验制度是否行之有效的重要手段。本书尝试从新制度经济学、政治经济学研究视角，构建起制度评价框架。结合试点地区实践效果，从经济、社会等不同维度对农村集体经营性建设用地入市制度进行综合评价。

重点研究内容4：分析试点地区地方政府农村集体经营性建设用地入市制度安排的行为逻辑

试点实践显示，我国农村集体经营性建设用地入市是党中央直接领导下的一项重大农村土地制度改革。该项改革在中央政府设定改革目标①、把握改革方向和原则下，以试点试验形式自上而下推进。在此期间，我们看到，地方政府并不拘泥于既有制度设定，而是因地制宜选择对顶层制度创新，推动试点工作走深走实。那么很自然的疑问就是，为什么该项改革的制度创新主体是地方政府？地方政府制度创新的行为逻辑是什么呢？本书尝试进行回答。

重点研究内容5：揭示农村集体经营性建设用地入市困境

农村集体经营性建设用地入市面临的困境是多方位的。从时间维度来看，包括试点期间已呈现的困境，也包括科学研判下的未来深化改革可能面临的困境。从诱因来看，既包括外部面临的因素，如经济因素，也包括自身体制机制问题。本书一方面采用理论分析，研判集体经营性建设用地入市制度建设可能存在的问题。另一方面，结合实践调研，从地方政府视

①　本轮试点的目标是建立城乡统一建设用地市场。

角、集体视角、农户视角，剖析农村集体经营性建设用地入市面临的困境。

重点研究内容6：研判农村集体经营性建设用地入市改革的方向及未来制度改革的着力点

采用理论结合实践的研究方法，研判集体农村集体经营性建设用地入市改革的方向、坚持的原则，需要处理好的几个关系，在此基础上提出未来深化农村集体经营性建设用地入市试点工作的着力点。

本研究的难点：

难点1：如何全面、系统梳理和分析农村集体经营性建设用地制度

农村集体经营性建设用地制度涉及的面很广，也很复杂，诸多制度是交织在一起的，因此，选择何种方式厘清这些制度是本研究的基础更是关键。已有研究为本研究奠定了坚实的基础，我们以国家首批大规模农村集体经营性建设用地入市试点为研究样本，创新性地将农村集体经营性建设用地制度创新性地划分为基础性制度、创新性制度、争议性制度、关键性制度安排等四个维度，将有关农村集体经营性建设用地制度全面铺展开来，形成一张制度网，从而更为直观和便捷识别制度安排的关键。在此基础之上，尽可能地客观评价每个维度下的制度效果。

难点2：如何抓住农村集体经营性建设用地制度变迁的主线

集体经营性建设用地作为我国农村建设用地的重要用地形态，用地形成可追溯期较长、构成复杂，早期有关的制度安排是包含在农村集体建设用地大盘子一揽子政策中的，因此，如何提炼农村集体经营性建设用地制度变迁的主线就成为本研究的难点之一。

难点3：如何从经济学视角揭示农村集体经营性建设用地入市下的地方政府行为逻辑

事物的发展和变化是遵循一般经济学规律的。因此如何从经济学视角，特别是制度经济学、政治经济学视角，剖析试点地区地方政府农村集体经营性建设用地入市制度安排的行为逻辑及不同制度安排背后的经济学原理，就成为本研究的难点。

难点4：研判农村集体经营性建设用地制度改革的困境和改革方向

农村集体经营性建设用地入市是内在因素（供需因素）和外在因素（主要是经济社会发展因素）共同作用下推进的，因此如何在错综复杂的影响因素下研判农村集体经营性建设用地入市走向就成为本研究的难点之一。

第四节　数据来源及研究方法

本书的样本对象是国家试点地区，主要数据来自两大块。第一块是一手调研数据，具体包括：（1）2014 年以来跟踪的 33 个农村集体经营性建设用地入市试点地区数据资料，其中区分为首批入市的 15 个试点和第二批纳入的 18 个试点。之所以区分是因为，"三块地"改革初始，一个试点地区只承担一项改革任务，而承担土地入市工作的首批试点除了改革时间较长外，更重要的是其从一而终都是以农村集体经营性建设用地入市为重点任务的，因此政策制度具有稳定性。相比之下，二次纳入试点虽然介入土地入市工作时间较短，但由于其前期承担了宅基地或者土地征收制度改革，而这两项改革与集体经营性建设用地入市有着千丝万缕的关联，后期国家将"三块地"改革同步推进也正是基于此考虑，因此第二批试点地区能更好地体现改革的系统性、联动性和协调性。因此，本研究加以区分考虑。需要说明的是，虽然 2022 年年底我国启动了深化农村集体经营性建设用地入市试点工作，并在 2023 年 3 月公布了土地入市试点地区，但并不是本研究的重点对象；（2）2015 年原农业部开展的首批 29 个农村集体资产股份权能改革试点地区数据资料；（3）来自原国土资源部、住房和城乡建设部开展利用集体建设用地建设租赁住房首批 13 个试点地区资料。第二大块数据包括：从学术期刊、政府官网、权威调研机构、政府刊物等渠道获取的二手数据。

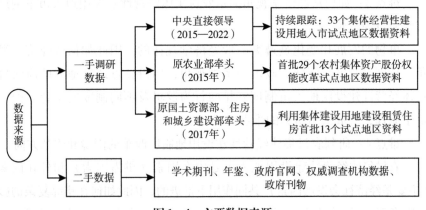

图 1-4　主要数据来源

本书主要研究方法包括：

（1）理论研究与调查研究相结合。理论分析主要是对农村集体经营性建设用地入市问题进行文献梳理，并从学科视角分析农村集体经营性建设用地入市的理论基础。采用座谈和访谈方式进行实地调查，分为重点调查和典型调查。重点调查研究主要采用与地方政府访谈、用地企业访谈、农户访谈等形式，回答一系列"是什么""为什么"的问题。如试点地区有关农村集体经营性建设用地入市制度如何安排的？（第四章）创新性的制度安排是什么？（第五章）关键性制度安排是什么？（第六章）争议性的制度安排争议焦点是什么？（第七章）等。典型调查主要针对专题问题，如入市土地增值收益核算、成本收益分配等问题（第六章、第七章、第八章），依托典型项目进行调查，从而获得详细、具体的信息，从而发现、分析其中的问题。

（2）文献研究与案例研究相结合。文献研究和案例研究方法分别是从理论和现实角度对事物进行认知和理解、剖析和把握的方法。文献研究、案例研究方法贯穿于整个研究中。文献研究重点应用于对已有文献的梳理，或者对本研究结论的支撑。如有关集体经营性建设用地形成及入市制度演变的梳理（第三章）。案例研究方法主要是对农村集体经营性建设用地入市关键性制度设计、争议性制度安排、一般性制度安排进行阐释说明（第四章、第五章、第六章、第七章），进一步佐证理论研究的合理性。同时，在对关键问题，如入市土地增值收益核算、入市土地增值收益分配、成员资格认定等问题上，也采用典型的项目案例进行详细剖析。本研究专门针对地方政府土地增值收益制度和农村集体经营性建设用地入市范围拓展设置了专门的典型案例内容（第八章），以期深入分析这些试点地区在这些方面的成功做法，为其他地区提供翔实的经验借鉴和启示。

（3）系统分析与重点分析相结合。农村土地制度改革是一项系统工程，以系统的整体最优为目标，强化各组成部分之间的逻辑架构。本书并不是理论条件下（即控制其他因素不变）对农村集体经营性建设用地入市制度的研究，而是试图将集体经营性建设用地制度研究纳入土地综合改革的真实世界情境进行系统分析。本书创新性地将地方政府有关农村集体经营性建设用地入市制度划分为四个维度，即基础性制度、创新性制度、关键性制度、争议性制度等，试图重点分析每个维度下地方政府制度安排现状和对其制度效果进行评价。

第五节　研究的可能创新和不足

一　本研究的可能创新

本书立足背景比较复杂，处于2019年12月底国家首次、大规模农村集体经营性建设用地入市试点工作结束后、最新国家土地法律法规修改实施后以及党的十八大以来农村经济体制机制改革综合推进期。在此期间，学界对农村集体经营性建设用地入市改革进行了广泛的探讨，但以典型案例研究为主，或者是对某项制度的专门研究，更多地是呈现一种事实。区别于已有研究，本研究是基于一个这样全新的研究背景，以多组试点样本为研究对象，从不同维度不同视角审视农村集体经营性建设用地入市这项改革，并剖析其行为背后的逻辑。本书可能有三个方面的创新：

一是以多组独特且鲜活的试点样本为研究对象。集体建设用地流转一直是土地经济学重要的研究内容，推动农村集体建设用地流转也一直是学界、政府关注的重点。20世纪90年代以来，国家为回应地方集体建设用地流转需求，在部分省份开展集体建设用地流转试点工作，但由于制度的局限性，以及对当时的经济社会发展影响的不明朗，这些改革没有推动国家层面法的修订。（1）与已有研究相比，2015年国家层面首次、大规模开展的农村集体经营性建设用地入市试点为本研究提供了独特且鲜活的研究样本。特别是试点地区经历2016年的扩容，此后又经历了2017年、2018年的两次延期（于2019年12月底结束），33个农村集体经营性建设用地入市试点样本独特且鲜活。（2）集体经济组织成员资格认定是入市土地增值收益分配最具争议的议题。2015年，全国层面开展的29个农村集体资产股份权能改革试点，为国家出台成员资格认定制度提供了重要的研究样本。（3）除此之外，农村集体经营性建设用地入市试点期间，2017年原国土资源部启动利用集体建设用地建设租赁住房试点，13个第一批试点也是本研究的一组样本对象。这些独特且鲜活的研究样本，能够较好地诠释理论与实践的互动。

二是多维度多视角审视农村集体经营性建设用地入市制度。本研究从不同维度全面、系统地分析了农村集体经营性建设用地入市制度。视角1：从中央政府和地方政府视角，刻画了包括农村集体经营性建设用地形成制度和流转制度在内的制度变迁轨迹。视角2：注重从多学科研究视角阐释地方政府农村集体经营性建设用地入市制度安排背后的行为逻辑。地方政府作为农村集体经营性建设用地入市制度的制定者和执行者，这一特殊利益主体行为的发生有其价值取向和利益偏好。本书立足地方政府视角，尝试从政治经济学、新制度经济学等多学科领域，揭示地方政府推动农村集体经营性建设用地入市的行为逻辑。维度1：创新性地将地方政府有关农村集体经营性建设用地入市的制度安排划分为四个维度：基础性制度安排、创新性制度安排、争议性制度安排和关键性制度安排，以期能够全方位呈现试点地区有关农村集体经营性建设用地入市制度安排，客观地评价制度效果。维度2：时间维度。农村集体经营性建设用地入市试点并不是同时批复的，而是经历一次扩容、两次延期，这为纵向比较农村集体经营性建设用地入市制度安排，特别是制度效果提供了可能。本书借助试点地区进行农村集体经营性建设用地入市改革的时间不同，划分为首批试点和二次扩容后的试点，比较地方政府有关农村集体经营性建设用地入市制度安排的差异化。

三是注重理论研究与实践的互动。区别已有专门就事论事的研究，本书采用理论指导实践→实践检验理论的研究范式，在呈现事实的基础上，更注重揭示事实背后蕴含的经济学思想，试图为经济学理论提供中国证据。

二 本研究的可能不足

诚然，本研究也存在一些不足：

一是不同维度的制度划分，可能会存在内容交叉。本研究创新性地将试点地区农村集体经营性建设用地入市制度安排划分为四个维度，但研究中我们发现，很难将所有制度清晰地划分到某个维度，总是或多或少地存在制度交叉。如土地增值收益问题既是关键性的制度安排，同时也是一般性的制度安排，对于两种维度下都涉及的制度，我们采用"广度拓展，深度推进"的处理方式，即在一般性的制度安排中，我们从广度上将一般性的举措进行梳理和分析，但对专门制度进行研究时，将推进研究深度，从而尽可能避免交叉研究的重复性。

二是不同维度下的农村集体经营性建设用地入市制度效果不是纯粹的。由于制度效果更可能是综合性制度作用的结果，所以有些时候很难将不同维度下的制度效果进行清晰厘定。如我们讨论地方政府关键性农村集体经营性建设用地入市制度，由于不能够完美剥离出一般制度实施的效果，所以对土地入市关键性制度的效果评价是"不纯粹的"。但不可否认的是，关键性制度对制度综合效果的重要或者独特贡献。

第二章

概念界定及理论基础

首先，本部分对研究涉及的主要概念进行界定和辨析。其次，就已有研究文献按照一定逻辑框架进行梳理，在此基础上对已有研究进行客观评述。最后，提出本研究依托的理论基础。

第一节 概念界定及辨析

一 制度有关的概念

制度被界定为一个社会的博弈规则。制度设计的目的是减少交换中的不确定性，并通过对交换成本的影响来影响经济绩效（诺斯，1990）①。这些规则涉及社会、政治、经济等多方面（Schultz et al.，1987）②。依据约束强度的不同，制度可划分为正式的规则（如成文法和契约）和非正式的规则（如惯例）。其中的正式规则是由政治体制来定义和保证实施的。制度本身是客观的，但制度的选择是主观的。制度安排是指在经济单位之间作出的安排，是人类自身给人们之间的相互作用施加的约束，这些约束（和经济学中的标准约束条件一起）定义了经济中的机会集，决定了这些经济单位之间进行合作或竞争时所应遵循的方式（Davis，1970）③。政府

① ［美］道格拉斯·C. 诺斯：《制度、制度变迁与经济绩效》，杭行译，韦森译审，格致出版社、上海三联书店、上海人民出版社 2014 年版，第 15—24 页。

② ［美］R. H. 科斯、［美］阿尔钦、［美］诺斯：《财产权利与制度变迁》，刘守英等译，上海三联书店，上海人民出版社 1994 年版，第 253 页。

③ Davis, L., "Institutional Change and American Economic Growth", *Journal of Economic History*, Vol. 30, No. 1, 1970, pp. 131–149.

（包括中央政府和地方政府）作为正式制度的设计者，其自身有着独特的利益偏好。同时，正式制度被认为具有清晰的层级结构（hierarchy），一般分为底层的政府条例，中层的成文法和最高层的宪法。一般来说，底层正式制度的制定主体是地方政府，较高层级的制度是更高行政级别的政府，有学者也将中央政府制定的制度称为制度环境（唐健、谭荣等，2021）①。本书所指的制度或者制度安排是指地方政府或者中央政府正式的制度。

（一）土地制度

土地制度有广义和狭义之分，广义的土地制度包括有关土地所有的制度安排，涉及土地开发、利用、分配、交换等方面所形成的土地关系制度化后的总称（钱忠好，1999）②，狭义的土地制度则聚焦土地所有制、土地使用制和土地的国家管理三大方面（周诚，2003）③。本书农村集体经营性建设用地制度更倾向于广义的土地制度，是指与土地有关的社会经济制度，这些制度相互联系、相互制约，构成一个有机整体。

（二）制度创新

制度创新被诠释为制度的革新。可以理解为一种新的、更有效的制度对原来低效率制度的替代，在这个过程中会获取较之前更多的制度收益。制度创新的主体可以是个人也可以是团体，依据创新主体对制度创新的作用性质，可将创新主体分为初级行动团体和次级行动团体。初级行动团体被认为是制度创新的策划者，次级行动团体则是制度创新的实施者（陆吉勇，2003）④。农村集体经营性建设用地入市下，制度创新的次级行动团体可以是乡镇政府、农户、集体经济组织、土地投资者，初级行动团体一般是县级以上人民政府。

（三）制度成本

成本被解释为经济主体获得收益不得不支付的代价，这种代价的表现形式非常多元，可以是货币的也可以是非货币的，如时间的、精力或

---

① 唐健、谭荣、魏西云：《农村土地制度改革的中国故事——地方政府行为的逻辑》，北京大学出版社 2021 年版，第 71 页。

② 钱忠好：《中国农村土地制度变迁和创新研究》，中国农业出版社 1999 年版，第 56 页。

③ 周诚：《土地经济学原理》，商务印书馆 2003 年版，第 140—144 页。

④ 陆吉勇：《农村集体非建设用地流转创新研究》，硕士学位论文，南京农业大学，2003 年。

精神上的。交易成本被理解为一个经济体系运行的制度成本，张五常
(1996)① 认为，交易成本表现的形式是非常多的，比如早期观察到的信
息、谈判、起草和实施合约的成本，在这个概念基础上，Coase（1960)②、
Cheung（1987)③ 又拓展提出了制度成本，包括产权行使成本、监督管理
成本，以及制度变革成本等。除此之外，制度成本还包括各种制度安排
（比如管制、审批、法律限制等）强加给当事人的成本。制度成本是经济
运行所必须支付的成本，是绕不开躲不过的。制度运行之所以会产生成本，
根本原因是所有权分割下，不同权利归属主体不同（巴泽尔，2022)④。

二　农村集体经营性建设用地有关的概念

（一）农村集体经营性建设用地

2021 年实施的《中华人民共和国民法典》（以下简称《民法典》）第
三百四十七条，采用列举方式对"经营性建设用地"进行定义，即从事
"工业、商业、旅游、娱乐和商品住宅等的建设用地定义为经营性用地经
营性建设用地"。2008 年党的十七届三中全会上⑤虽然首次提出农村集体
经营性建设用地概念，但文件并没有对其进行诠释。直到 2015 年，国家
开展集体经营性建设用地制度改革试点工作，在配套出台的系列指导文
件中，如《农村集体经营性建设用地入市试点实施细则》⑥ 才对入市的
"农村集体经营性建设用地"概念进行了界定，即土地利用总体规划和城乡
规划（以下简称"两规"）确定为工矿仓储、商服等经营性用途的土地。
随后，试点地区出台的指导文件均直接援引该词条。2019 年修订的《土地

　①　张五常：《经济组织与交易成本：新帕尔格雷夫经济学大辞典》（第二卷），经济科学出版社 1996 年版，第 58—60 页。

　②　Coase R. H. , "Problem of Social Cost", *The Journal of Law & Economics*, Vol. 3, No. 4, 1960, pp. 1 - 44.

　③　Cheung, S. N. S. , "Economic Organization and Transaction Costs. Allocation, Information and Markets. The New Palgrave Dictionary of Economics", *Palgrave Macmillan*, Vol. 2, 1987, pp. 55 - 58.

　④　[以] 约拉姆·巴泽尔：《产权的经济分析》，费方域、段毅才、钱敏译，格致出版社、上海三联书店、上海人民出版社 2022 年版，第 132—133 页。

　⑤　参见《中共中央关于推进农村改革发展若干重大问题的决定》，中央人民政府网（http://www.gov.cn/jrzg/2008 - 10/19/content_1125094.htm）。

　⑥　参见 http：//law168.com.cn/doc/view? id = 174545。

管理法》亦有如此诠释。据此，综合国家相关的法律法规和 33 个试点地区出台的入市管理办法文件，本书将农村集体经营性建设用地界定为三个条件的叠加：一是存量农村集体建设用地；二是国土空间规划或者"两规"确定为工矿仓储、商服等经营性用途的土地；三是完成权属登记注册。符合条件的农村集体经营性建设用地主要分布在于乡镇企业发达的沿海地区，一般呈现小而散、不规则、土地利用效率低、建筑密度高、容积率低等特征。此类用地既无法满足当前发展需要，也不利于本地区的长远发展，节约用地能力不达标。值得一提的是，在新一轮深化农村集体经营性建设用地试点地区中，部分试点地区也曾尝试进一步列举"经营性"用途，如浙江省安吉县将入市土地用途在上述基础上，扩大到养老、教育、科研、医疗卫生、文化体育等项目。

（二）农村集体经营性建设用地入市

综合上述农村集体经营性建设用地的概念，相应地，本书所指的农村集体经营性建设用地入市是指在不改变集体所有权权属下，依法将农村集体经营性建设用地使用权按照依法、自愿、公平、公开的原则，在一定期限内以出让、租赁、作价出资（入股）等有偿方式交由其他单位或者个人使用，并以书面合同约定与土地使用者权利义务的行为。简单地说，就是农村集体经营性建设用地使用权进入土地一级市场。其中，集体经营性建设用地使用权转让是指，集体经营性建设用地以有偿方式取得后，在土地使用权出让合同规定的期限和条件范围内，土地使用者将农村集体经营性建设用地使用权或随同地上建筑物及其他附着物再转移的行为。农村集体经营性建设用地使用权出租是指，集体土地所有者或有偿取得集体土地的使用权人作为出租人将农村集体经营性建设用地使用权或随同地上建筑物、其他附着物出租给承租人使用，由承租人向出租人支付租金的行为。农村集体经营性建设用地使用权作价入股是指，农村集体组织以一定年期的集体土地使用权作价，作为出资投入企业，集体土地使用权作价入股形成的股权。

三　土地市场有关的概念

市场有两种概念，一种是商品交易的场所，是物质形态的实体；另一种市场被界定为商品交易关系的总和。经济学中一般采用后者的概念，并进一步将土地市场的概念解读为：人们进行土地商品交易所形成的相互关系（周诚，2003）[①]。实践中的土地市场包括一切围绕土地产权转移所形成的交易关系（朱道林，2022）[②]。

（一）土地一级市场和二级市场

依据不同的特征，土地市场有多种划分形式，本书依据土地使用权转让的主体不同，将土地市场划分为土地一级市场（也称为土地初级市场）和土地二级市场（也称为土地次级市场）。所谓的土地一级市场是指土地所有者将土地使用权让渡给使用者，是一种单向的有限期流动的市场。土地一级市场往往受政府政策左右。二级市场是指土地使用者将其部分土地使用产权进行转让、出租、入股、抵押等活动的市场。与土地一级市场相比，土地二级市场竞争的深度和广度大得多。本书中，农村集体经营性建设用地入市指的是土地的首次流转，即土地所有者与使用者之间在一级土地市场的交易行为。需要说明的是，本研究中的农村集体经营性建设用地使用权的流转是指市场化的流转，这意味着该行为的发生是基于权利主体双方的意志而发生的土地使用权的流转。

（二）土地交易

土地市场的形成目的是实现土地资源的再配置，保障社会生产对土地资源及其利用的需求。既然土地市场的形成是建立在土地交易的基础上的，那我们就要对土地交易作一下交代。土地交易由两层含义叠加构成，一层是产权的交易，二层是实物的交易，二者同时并存、密不可分。即使人们在交易时仅仅提到土地产权，在实质上也不可避免地包括土地实物在内。

四　土地增值收益有关的概念

（一）土地增值

土地增值一般是指在土地开发利用或土地交易过程中所发生或表现出来的土地价格的增加值，是构成土地价格的一部分。土地价值增值不是凭空而来的，其诱因可能是土地肥力、位置以及土地天然存在的条件

---

① 周诚：《土地经济学原理》，商务印书馆 2003 年版，第 283 页。
② 朱道林：《土地经济学论纲》，商务印书馆 2022 年版，第 314 页。

的变化产生的，也可能是投资者的投入促使土地集约利用而产生的。农村集体经营性建设用地入市之所以会产生增值，是因为政府对基础设施建设的大量投入，从而在特定区位土地上形成经济积累价值①，从而促进了土地增值。不可否认的是，有关土地利用的各种矛盾归根结底是土地增值收益及分配问题，其背后是资源利用效率和收益分配公平问题。

（二）农村集体经营性建设用地土地增值收益

农村集体经营性建设用地土地增值收益是指农村集体经营性建设用地使用权出让、出租入市收入扣除土地获取总成本后的净收入，以及转让、转租入市收入扣除土地获取总成本后的净收益。其中，土地入市收入是指农村集体经营性建设用地以出让、作价出资（入股）、转让方式入市的，成交总价款；土地开发成本包括复垦费用、测绘费用、地价评估费用、方案编制费用、建（构）筑物拆除补偿费用、土地平整费用、基础设施投入费用、受让人已投入建设成本等（更详细的农村集体经营性建设用地土地增值收益分析在本书的第六章论述）。

（三）农村集体经营性建设用地增值收益分配

农村集体经营性建设用地增值收益分配是指农村集体经营性建设用地入市后对取得的增值收益在利益主体间的分配，涉及的主体主要包括地方政府、集体和农户。

第二节　理论基础

农村集体经营性建设用地入市涉及农地转用、农地使用权转移，这实际是产权赋能的过程。但这个过程是在正式制度规范下进行的，并受当时的法律法规约束。

一　产权经济学理论

产权②的出现是为了缓解因争相获取稀缺资源而起的冲突（Dem-

① 贺雪峰：《论土地资源与土地价值——当前土地制度改革的几个重大问题》，《国家行政学院学报》2015年第3期。

② 学界对于所有权是否等同于产权一直是有争议的。由于不是本书研究的重点，不予争议，本书将所有权界定为指权利对所有物享有永久、充分且最全面的支配权，等同于产权。

setz，1967)①，因此经济学被认为是对稀缺资源的产权研究。通过产权设置，对社会中稀缺资源进行配置，实质上是如何界定产权、如何交换产权和如何保护产权的过程（Alchian，1967)②。产权要素包括产权主体、产权客体以及主体对客体享有的权利束，其中产权的基础和关键是产权主体，也就是说每份财产分配都要有明确的所有者，产权主体在制度安排下依法拥有财产（包括有形财产和无形财产），同时，产权主体具有民事行为能力和民事权利能力（李春洪，1995)③。土地产权是各个单项土地权利所组成的土地权利束，并允许单项权利以不同方式进行组合，可以分别掌握在不同的产权主体手中（伊利，1982④；巴洛维，1989⑤)。产权中较为重要的权利是转让权、使用权和收益权。至于它们之间的关系则可以表述为：边界清晰的转让权一定包含边界清晰的使用权和收益权，但是清晰的使用权和收益权并不意味着可以自由流转（周其仁，2004)⑥。

　　明晰的产权能够激励人们将收益效应或受损效应内部化，从而在市场机制作用下完成资源的优化配置（刘守英，1992)⑦，因此，清晰的产权和有效的经济组织被认为是经济增长的关键（North，1973)⑧。但当产权无法完全界定时，产权就变得模糊，产权的这种模糊可能是所有者边界的模糊，也可能是拥有权利束的模糊，导致所有者最终控制权无法得到保证或实现。这时产权的部分价值将留在"公共领域"并引发利益主体的"寻租"博弈。随着商品价值的显化，人们更有动力去清晰地界定依附在商品上的各种各样的权利。在这种情况下，土地上的各项权能通

　　① Demsetz H.，"Toward a Theory of Property Rights"，*American Economic Review*，Vol. 57，No. 2，1967，pp. 347－359.

　　② Alchian，A. The Pricing and Society，Occasional Paper No. 17，Westminster：The Institute of Economic Affairs，1967，pp. 2－3.

　　③ 李春洪：《关于产权主体和产权客体的认识》，《南方经济》1995 年第 11 期。

　　④ ［美］R. T. 伊利等：《土地经济学原理》，商务印书馆 1982 年版，第 163—164 页。

　　⑤ ［美］R. 巴洛维：《土地资源经济学》，北京农业大学出版社 1989 年版，第 247—248 页。

　　⑥ 周其仁：《农地产权与征地制度——中国城市化面临的重大选择》，《经济学（季刊）》2004 年第 4 期。

　　⑦ 刘守英：《产权，行为与经济绩效》，《经济社会体制比较》1992 年第 2 期。

　　⑧ North D. C.，Thomas R. P.，"The Rise of the Western World：A New Economic History"，*Cambridge University Press*，1973，pp. 34－47.

过不断分化和重新组合，最终由不同主体掌握，实现产权的再界定。这个过程虽然在绝大多数情况下并不突破既有框架限制，但是也并不完全是在既有制度框架下完成的。当然，界定这些权利的主体，可以是个人，也可以是政府。

研究产权的重要性来自交易费用大于零这一事实。产权经济学的中心命题就是：只要存在交易费用，产权制度就对生产产生影响。要想产权有效作用，产权就必须是可分割的（柯武刚等，2018）[①]，其中最关键的就是转让权（周其仁，2017）[②]。合法的产权转让可以大幅度降低交易费用（周其仁，2005）[③]。德姆赛思（2019）[④] 指出，产权可能是残缺的（the truncation of ownership）。也就是说，产权束可能是不完整的。之所以出现这种情况，是因为"控制废除私有权利束的权利已赋予了国家，或已由国家来执行"[⑤]。这种情况下，产权的残缺可能是国家强制力的一种结果。这就导致在传统或者其他制度禁止处置产权（如通过买卖）的地方，财产权利被束缚在既有者身上，即使其他人因具备更好的知识和技能可能对该财产定价更高，也不能对该财产进行更好的利用（柯武刚等，2018）[⑥]，从而导致国家为了某种利益，进行了无效的产权安排。这种情况下，就很容易产生所有权悖论逻辑，所谓的所有权悖论是指，一方面所有权不能完全离开国家而得到有效执行，另一方面，国家的引入又非常容易导致所有权的残缺，即使理性的国家也是无法完全避免的（周其仁，2017）[⑦]。需要指出的是，当以商品为载体的权利价值逐渐显化时，很容易导致纠纷，解决的办法就是对权利进行细分，并清晰地对每一项

① ［澳］柯武刚、［德］史漫飞、［美］贝彼得：《制度经济学：财产、竞争和政策》（第二版），韩朝华译，商务印书馆 2018 年版，第 248—250 页。

② 周其仁：《城乡中国》，中信出版社 2017 年版，第 388 页。

③ 周其仁：《同地、同价、同权——我对广东省农地直接入市的个人看法》，《中国经济周刊》2005 年第 33 期，第 20 页。

④ ［美］罗纳德·科斯等：《财产权利与制度变迁——产权学派与新制度学派译文集》，刘守英等译，格致出版社、上海三联出版社、上海人民出版社 2019 年版，第 137 页。

⑤ Harold Demsetz, "Ownership, Control, and the Firm", Oxford: Basil Blackwell. 1988, pp. 18 – 19.

⑥ ［澳］柯武刚、［德］史漫飞、［美］贝彼得：《制度经济学：财产、竞争和政策》（第二版），韩朝华译，商务印书馆 2018 年版，第 250—275 页。

⑦ 周其仁：《改革的逻辑》（修订版），中信出版社 2017 年版，第 124—125 页。

权利进行界定（巴泽尔，2022）[1]。产权经济学与传统经济学的最大区别是，前者把产权分析引入市场经济理论考察分析范围，而后者将产权作为既定前提排除在外（孙弘，2004）[2]。农村集体经营性建设用地归属集体经济组织所有，但这种集体公有制既不是一种共有的、合作的私有产权，也不是一种纯粹的国家所有权，它是由国家控制但由集体来承受其控制结果的一种农村社会主义制度安排（周其仁，2017）[3]，因此是有中国特色的制度安排。农民集体对其所有的工矿仓储、商服等经营性建设用地依法享有占有、使用、收益和处分的权利，这些权利都是从土地所有权中派生出来的。

长期以来，为满足当时经济的发展需求，我国集体土地的产权是残缺的[4]，而残缺的产权阻碍了土地资本化过程。以土地发展权为例，土地发展权（Land Development Right，LDR）也称土地开发权，是土地所有权派生的权利，是土地所有权重要的组成部分，可以理解为变更土地使用性质、转变土地用途（主要指对农地进行非农开发），以及提高土地利用强度的权利[5][6]，可以与土地所有权分离而单独处置。在我国土地管理制度中，国家出于用地安全、粮食安全等角度，采用土地用途管制、农地转用审批、土地利用年度计划管理等制度手段限制了农村土地发展权。特别是农地转为非农建设用地必经的制度环节是农地转用审批，这表明，国家集体土地发展权的限制往往是不支付任何补偿的（黄祖辉等，2002[7]；程雪阳，2014[8]）。与此同时，国家对集体建设用地发展权的限制

---

[1]　［以］约拉姆·巴泽尔：《产权的经济分析》，费方域、段毅才、钱敏译，格致出版社、上海三联出版社、上海人民出版社 2022 年版，第 95—108 页。

[2]　孙弘：《中国土地发展权研究：土地开发与资源保护的新视角》，中国人民大学出版社 2004 年版，第 26—27 页。

[3]　周其仁：《改革的逻辑》（修订版），中信出版社 2017 年版，第 129 页。

[4]　产权残缺是指土地拥有者对其中一种权利或是全部权利的享有受到限制或侵蚀。

[5]　毕宝德、柴强、李铃、周建春、吕萍：《土地经济学》（第七版），中国人民大学出版社 2015 年版，第 71—74 页。

[6]　张新平：《土地发展权》，载甘藏春等《当代中国土地法若干重大问题研究》，中国法制出版社 2019 年版，第 18—182 页。

[7]　黄祖辉、汪晖：《非公共利益性质的征地行为与土地发展权补偿》，《经济研究》2002 年第 5 期。

[8]　程雪阳：《土地发展权与土地增值收益的分配》，《法学研究》2014 年第 5 期。

还表现在用途约束上，在新的《土地管理法》实施之前，集体建设用地只能用于建设乡镇企业、宅基地以及乡镇村公共设施和公益事业（第六十三条）。此外，国家对土地交易权形式也进行了规范，即原则上只能出让、转让或者出租用于农业建设，远不及国有建设用地交易形式多样化。事实上在入市土地增值收益分配问题中，谁有资格参与入市土地增值收益分配的本质就是追溯土地发展权收益归属问题。土地发展权可以进行空间转移和跨区市场化交易，如农村集体经营性建设用地异地调整入市，就是将对 A 地块土地非农开发的权利通过市场交易机制转移到 B 地块土地上。正是土地发展权的这种可转移、可交易性，为发达地区城市化和工业化发展提供了用地指标（陶然，2022）[①]。

同时，土地产权的缺失导致市场机制难以发挥（程炼，2011[②]；Scott Rozelle et al.，2005）[③] 应有的调节机制。如对土地流转权的限制，由于产权不能让他人使用，因此就不可能在使用上物尽其用，事实上，在很多情况下，资源他用，生产率更高（周其仁，2017）[④]。产权不仅会影响激励和行为（Acemoglu，1995）[⑤]，而且决定谁是经济活动的主角，从而决定社会财富的分配（周其仁，2004）[⑥]。农民作为理性的经济人，势必会对此作出反应。比如早期，国家对农地非农化、集体建设用地流转权的限制，导致农村地区集体经营性建设用地灰色市场的存在。

二　制度变迁理论

制度变迁一般被诠释为制度的改变、变革、改进或交易，是一种制

---

①　陶然：《人地之间：中国增长模式下的城乡土地改革》，辽宁人民出版社 2022 年版，第152—188 页。

②　张曙光、刘守英执行主编：《中国制度变迁的案例研究》（土地卷 第八集），中国财政经济出版社 2011 年版，第 284 页。

③　Scott Rozelle、黄季焜：《中国的农村经济与通向现代工业国之路》，《经济学（季刊）》2005 年第 3 期。

④　周其仁：《城乡中国》，中信出版集团 2017 年版，第 547—551 页。

⑤　Acemoglu D.，"Reward structures and the allocation of talent"，*Cep Discussion Papers*，Vol. 39，No. 1，1995，pp. 17 - 33.

⑥　周其仁：《农地产权与征地制度——中国城市化面临的重大选择》，《经济学（季刊）》2004 年第 4 期。

度被另一种制度替代、转换与交易的过程。Demsetz（1967）[①] 认为，当一项活动引起了不断增加的外部效应时，一个规范就可能产生，规范是这种效应内生化的结果。也就是说当制度不能适当反映资源稀缺性时，经济中就会出现行为的扭曲（诺斯，2014）[②]，从而产生矫正制度的需求，发生所谓的制度变迁。制度变迁的动力是在制度变革中获得潜在的利润。制度变迁的过程类似于进化的过程（Alchian et al.，1950[③]），分为诱致性制度变迁和强制性制度变迁两种。强制性制度变迁是指通过经济或社会组织对政治组织施压，直接改变规则，诱致性制度变迁是改变规则的作用方式和作用力度。一般来说，前者是政府法令引发的变迁，后者是由某种在原有制度安排下无法得到的获利机会而进行的自发性变迁，是不同形式集体决策的结果（Lin，1989[④]；姚洋，2000[⑤]）。如果政府正式的产权制度供给不能与地方实践中需求的产权制度相匹配，就会增加政府的交易费用，如确认与保护产权成本（刘守英，2021）[⑥]，从而造成制度安排的低效率。事实上，造成低效制度安排的原因很多，主要包括执政者的偏好、有限理性、意识形态刚性等（Lin, et al.，1989）[⑦]。当然，政府可以采取行动来矫正这种制度供给不足，但更为麻烦的是这种无效率制度的持久性问题，思拉恩·埃格特森（Thrainn Eggertsson，1998）[⑧]、简·埃尔斯特（Jan Elster，1989）[⑨] 都证明了这种无效率规范的持久性。

① Demsetz H.，"Towards a theory of property rights"，*American Economic Review*，Vol. 57，No. 2，1967，pp. 61 – 70.

② ［美］道格拉斯·诺斯：《制度、制度变迁与经济绩效》，杭行译，韦森译审，格致出版社、上海三联书店、上海人民出版社2014年版，第8—10页。

③ Alchian, Armen A.，"Uncertainty, Evolution and Economic Theory"，*Journal of Political Economy*，Vol. 3，1950，pp. 211 – 221.

④ Lin J. Y.，"An Economic Theory of Institutional Change：Induced and Imposed Change"，*Cato Journal*，Vol. 9，No. 1，1989，pp. 1 – 33.

⑤ 姚洋：《中国农地制度：一个分析框架》，《中国社会科学》2000年第2期。

⑥ 刘守英：《现代社会秩序的制度基础》，商务印书馆2021年版，第40—41页。

⑦ Lin J. Y.，"An Economic Theory of Institutional Change：Induced and Imposed Change"，*Cato Journal*，Vol. 9，No. 1，1989，pp. 1 – 33.

⑧ Eggertsson T.，"Sources of Risk, Institutions for Survival, and a Game against Nature in Premodern Iceland"，*Explorations in Economic History*，Vol. 35，No. 1，1998，pp. 1 – 30.

⑨ Elster J.，"Social Norms and Economic Theory"，*Journal of Economic Perspectives*，Vol. 3，No. 4，1989，pp. 99 – 117.

诺斯（2014）[①] 认为在稀缺性的经济学框架下，制度是博弈的规则，组织（由具有某些相同目标的群体共同组成）是博弈的参与者。其中，组织由具有某些相同目标的群体组成，如企业、工会、合作社等团体是经济组织，政党、参议院、管制机构等团体是政治组织，宗教团体、俱乐部等则是社会组织。当他们发现新的或已改变的机会，制度和组织就会通过交互作用推进制度变迁。但无论是发生强制性制度变迁还是诱致性制度变迁，制度变迁都会受到原有体制的干扰和影响（Davis, et al., 1970）[②]。因此，制度变迁过程中大多数制度安排都可以从以前的制度安排结构中继承下来，产生所谓的路径依赖。路径依赖的根本原因是，沿着原有路径进行制度变迁，总比另辟蹊径来得方便，可节省大量的制度设计成本。

现实中，农村土地制度变迁的路径依赖于基本经济制度和宪法秩序。如我国沿海地区农村集体经营性建设用地制度变迁的基本诱因是中国 20 世纪 70 年代末期兴起的乡村工业化（仇叶，2020）[③]，也内嵌于二元土地产权制度（盖凯程，2021）[④]。需要说明的是，虽然制度会发生变迁，但变迁的速度是非常缓慢的，以至于我们要在较长的时间尺度下，以历史学家的眼光观察问题，方能察觉，因此制度变迁往往被认为是渐进性的，而非不连续的。

三　资源配置理论

资源配置涉及市场配置和政府配置。市场决定资源配置是市场经济的一般规律。市场机制是人类社会在长期演进中形成的，是有效降低土地资源配置中巨大信息搜集和处理成本的手段。土地资源只有依据市场规则、市场价格配置才能实现效益最大化和效率最优化。但市场配置由

---

① ［美］道格拉斯·诺斯：《制度、制度变迁与经济绩效》，杭行译，韦森译审，格致出版社、上海三联书店、上海人民出版社 2014 年版，第 3—7 页。

② Davis L., "Institutional Change and American Economic Growth", *Journal of Economic History*, Vol. 30, No. 1, 1970, pp. 131 – 149.

③ 仇叶：《乡村工业化模式与农村土地制度变迁——一项对沿海地区集体经营性建设用地制度的研究》，《中国农村经济》2020 年第 4 期。

④ 盖凯程：《基于农村集体经营性建设用地入市的土地利益协调机制研究》，经济科学出版社 2021 年版，第 160 页。

于存在市场失灵，因此往往需要政府配置辅助。一般来说，政府对土地开发的最主要的控制手段是规划，通过规划，政府直接控制、参与土地利用过程，从而获得经济发展的资本和土地积累。但当制度安排不符合市场经济规律时，就会导致资源的价格扭曲和资源的无效配置，例如农村集体建设用地使用完全依靠行政权力进行划拨和平调时，就会导致农村集体建设用地利用效率低下（陈利根，2008[①]；刘宪法，2011）[②]。又如，在21世纪初期，一些地区名义上打着出租、承租农地的幌子，实际上是"以租代征"方式非法获得农地使用权用于非农业项目建设，造成了大量的土地浪费。当政府采取法律限制、行政干涉、经济制裁等非市场手段干涉农村集体经营性建设用地流转时，却无法杜绝农村集体经营性建设用地流转隐形市场的存在。我国农村集体经营性建设用地制度演进是市场在资源配置中发挥主导地位显化的过程，也是土地资源优化配置的过程，经历了由早期政府主导切换到市场主导的转换。

但不可否认的是，资源配置规则的变化往往会产生权利和收益分配上的"受益方"和"损失方"，在这种情况下，即使资源配置规则的变化能够提高资源配置效率，但很可能并不符合帕累托效率，所谓的利益"损失方"也会有很强的动机阻碍资源配置规则的变化（Wang，2001）[③]。农村集体经营性建设用地只有进入市场，才能由市场决定这种商品如何最大化发挥作用。

四 马克思地租理论

当土地所有者通过向土地使用者让渡其土地使用权时，土地所有者就可以凭此获得一定的经济报酬，这就是地租。因此，地租是农村集体经营性建设用地入市价格的形成基础。马克思（2004）[④] 指出，土地价格

---

① 陈利根、龙开胜：《我国农村集体建设用地流转的发展历程及改革方向》，《中国农史》2008年第2期。

② 刘宪法：《南海模式的形成、演变与结局》，张曙光、刘守英：《中国制度变迁的案例研究》，中国财政经济出版社2011年版，第78—91页。

③ Wang, N., "The Coevolution of Institutions, Organizations, and Ideology: The Long lake Experience of Property Rights Transformation", *Politics & Society*, Vol. 29, No. 3, 2001, pp. 415 - 445.

④ 马克思：《资本论》（第三卷），人民出版社2004年版，第704—714页。

是地租的资本化，是土地所有权借以实现的经济形式。换成公式的表达
形式就是：土地价格＝地租／利息率。马克思的地租理论将地租分为绝对
地租、级差地租，前者产生的原因是土地所有权的垄断，后者产生的根
本诱因是超额利润。超额利润被认为是在土地上连续投资，引起的劳动
生产率的差别所产生的。他认为凡是有地租存在的地方，都有极差地租，
这也适用于建筑上使用的土地①。他又将级差地租进一步分为级差地租Ⅰ
和级差地租Ⅱ，其中由于土地肥力、位置以及土地天然存在的条件，产
生了级差地租Ⅰ。级差地租Ⅰ应主要归属农村集体，兼顾地方政府。但
就农村集体经营性建设用地而言，土地质量的差异或者说是土地肥沃程
度的差异对其级差地租的影响是不具有现实意义的。入市土地级差地租
Ⅰ的产生的诱因是土地的区位。级差地租Ⅱ被定义为，由于投资者对土
地进行连续投资所形成，并在使用期内归用地者占有。对应到农村集体
经营性建设用地入市，级差地租Ⅱ的产生就是投资者对土地进行连续投
资，从而促使土地集约利用而产生的。城乡地租与地价水平的提高，除
去供求、投机等因素外，实质上主要是极差地租Ⅱ的提高（周诚，
2003）②。农村集体经营性建设用地入市，政府对基础设施建设的大量投
入引起了土地区位环境的改善从而形成级差地租Ⅱ，因此，政府应参与
分享收益，以体现公平正义（韩松，2014）③。

五　委托—代理理论

委托—代理问题是制度经济学关注的一个核心问题。委托代理理论
作为契约理论的一部分，是建立在非对称信息博弈的基础上（Laffont &
Martimort，2002）④。委托代理理论主要是代理人代表委托人的利益行使
管理权、决策权、经营权。当一个或多个经济行为人能够代表另一个或
多个经济行为人作出决定或采取行动时，即产生委托—代理关系。农村

---

① 马克思：《资本论》（第三卷），人民出版社 2004 年版，第 871 页。

② 周诚：《土地经济学原理》，商务印书馆 2003 年版，第 309—326 页。

③ 韩松：《论农村集体经营性建设用地使用权》，《苏州大学学报》（哲学社会科学版）
2014 年第 3 期。

④ Laffont J. J. , Martimort D. , The Theory of Incentives: The Principal-Agent Model, 2002,
pp. 78 – 91.

集体经营性建设用地入市涉及三对委托代理关系。一是村集体与集体经济组织、村委会之间的代理关系。根据我国土地管理法，农村土地，除由法律规定属于国家所有的以外，属于农民集体所有，并赋予村集体经济组织或者村民委员会资产管理代理权限。这意味着，集体只有通过委托代理关系，才能成为行动的主体。二是村干部与村委会之间的代理关系，其中村干部代表村民管理村级事务，行使相应权利。三是地方政府对国家的代理。地方政府作为国家的地方代理人，能够合法地占有土地增值收益。一般而言，由于信息不对称，代理人比委托人更了解情况。同时由于信息不对称，委托人对代理人的行为细节不了解或保持着"理性无知"，在这种情况下，委托人预判到自己采取投机行为而不受惩罚，代理人就会受诱惑而采取投机行事，从而陷入道德风险（moral hazard）。考虑到村民自治的实际情况，发生这种风险的可能性不应被低估。不可忽视的是，代理人的生命、任期及其理性程度都是有界的（周其仁，2017）①，因此即使处于共同的利益集团，代理人与委托人也可能产生利益冲突。现实中农村集体经营性建设用地入市试点地区普遍存在村委会与集体经济组织功能混为一谈的问题，而村委会的行政色彩决定了其与地方政府存在依附关系，在这种情况下，如果由村委会代替农民集体行使土地权利决策，则其难以完全独立地扮演一个中间人角色，从而不可避免损害农民利益。

---

① 周其仁：《改革的逻辑》（修订版），中信出版社2017年版，第124页。

第 三 章

农村集体经营性建设用地制度变迁

不断深化农村土地制度改革历来是党领导农村工作的重点。历史经验显示，制度的破冰和建设不是架空的，也不是一蹴而就的，而是受当时政府所面临的经济社会发展条件影响，经过不断试错、调整和验证逐渐形成的。因此，过程分析对于认识制度是如何形成的，未来又会如何发展是十分重要的，如果我们不能够理解政策制定过程中的来龙去脉，就很难理解政策演变和发展的逻辑（Peters，1999）[①]。回归到本研究，这就意味着，要完善农村集体经营性建设用地制度首先就要追根溯源，梳理在当时经济社会发展条件下，农村集体经营性建设用地制度的演变脉络，从而在总结过去实践经验中深化对改革规律性的认识。

事实上，由于农村集体经营性建设用地最早是在 2008 年正式被提出来的，因此早期有关农村集体经营性建设用地制度的研究是与农村宅基地制度一并探讨而不加以区分的。然而，这两类用地形态无论是在形成时间，还是在土地用途上都存在显著的差异，显然一并分析是不适宜的，也是不够充分的。2008 年之后，学者们更侧重对农村集体经营性建设用地使用权流转制度研究，对其形成制度的研究并不多。基于此，本部分以农村集体经营性建设用地为研究对象，结合当时经济社会发展背景，在较长时间尺度下，梳理国家有关其形成和流转的制度安排。

[①] Peters，B. G.，*Institutional Theory in Political Science：The "New Institutionalism"*，London：Pinter，1999，pp. 87 - 90.

第一节　农村集体经营性建设用地形成制度变迁

党的十七届三中全会①上中央首次正式提出农村集体经营性建设用地概念。但比较遗憾的是，当时文件并没有对该概念进行界定。直到2015年，国家开展农村集体经营性建设用地制度改革试点工作，在配套的系列文件中对农村集体经营性建设用地概念进行了诠释。按照文件中的定义，乡镇企业用地、保留集体所有权性质的征地安置留用地，以及依规转变用途的农村建设用地都是农村集体经营性建设用地的重要来源。

一　乡镇企业②用地

事实上，农村集体经营性建设用地一般都是从农用地转化而来。最早的农村集体经营性建设用地可以追溯到形成于20世纪50年代末期的社队企业，也就是后来的乡镇企业。根据1979年《国务院关于发展社队企业若干问题的规定（试行草案）》③（该文件已于2001年废止）的规定：队社企业是社会主义集体所有制经济，社办社有，队办队有。社队企业是由农民办的集体所有制的农村合作经济，厂点建设在农村。农村乡镇企业用地只需办理用地批准手续和农用地转用审批手续即可安排使用集体土地。由于用地者是集体经济组织本身或其成员，因此在取得土地的过程中不涉及土地补偿问题。同时，由于我国法律没有明确规定集体土地使用期限，据此，集体建设用地取得后可以无限期使用。社队企业经历了两个重要发展阶段，第一个阶段是1958—1960年以挖煤、炼钢为主的农村小型工业发展。第二个阶段是1970年北方地区农业工作会议后，

---

① 参见《中共中央关于推进农村改革发展若干重大问题的决定》，中央人民政府网（ht-tp：//www. gov. cn/jrzg/2008 – 10/19/content_1125094. htm）。

② 依据1996年颁布的《中华人民共和国乡镇企业法》的界定：乡镇企业是指农村集体经济组织或者农民投资为主，在乡镇（包括所辖村）举办的承担支援农业义务的各类企业。农村集体经济组织或者农民投资为主，是指农村集体经济组织或者农民投资超过百分之五十，或者虽不足百分之五十，但能起到控股或者实际支配作用（第二条）。

③ 参见百度文库，https：//wenku. baidu. com/view/1c95083901020740be1e650e52ea55181 0a6c9be. html？fr = sogou&_wkts_ = 1687495571981。

全国各地大力发展小钢铁厂、小煤矿、小农机厂、小化肥厂、小水泥厂"五小工业"的发展，其间推进大量农地转为建设用地。由于当时经济发展战略导向，这一时期政府对农地转用持有积极鼓励态度。如 1975 年，邓小平就当时工业发展做出了重要指示①，他提出：工业区、工业城市要帮助农村发展小型工业。在接下来的 1982 年中央一号文件——《全国农村工作会议纪要》② 中更是明确鼓励社员在承包地上发展加工经营。但对于农村社队企业用地实行用地限额，标准由省级社队企业主管部门根据不同行业和生产规模来决定，报省级人民政府批准后实行（第十一条）③。至此，村建设使用集体建设用地的行政审批制度的基本框架正式得以确立。

这时期，在经济发达地区，特别是沿海地区，大量耕地被用于非农产业的发展，具有了经营属性（王小映，2014④；张曙光等，2011）⑤。根据新的经济形势和改革形势，1984 年，中共中央、国务院转发农牧渔业部关于发展队社企业的 4 号文⑥，同意农牧渔业部提出的将社队企业改称乡镇企业的建议，并将乡镇企业的外延拓展为社（乡）队（村）举办的企业、部分社员联营的合作企业以及其他形式的合作工业和个体企业，统称为乡镇企业。

农村土地非农化使用最早走向市场的是乡镇企业用农地（周其仁，2017）⑦。1985 年发布的中央一号文件⑧，大力支持农村地区性合作经济

---

① 邓小平：《邓小平文选》（第二卷），人民出版社 1983 年版，第 132—138 页。

② 参见中国经济网，http://www.ce.cn/cysc/ztpd/08/ncgg/ngr/200809/24/t20080924_16903498.shtml。

③ 参见北京法院法规检索网，http://fgcx.bjcourt.gov.cn: 4601/law? fn = chl346s135.txt&truetag = 2&titles = &contents = &dbt = chl。

④ 王小映：《论农村集体经营性建设用地入市流转收益的分配》，《农村经济》2014 年第10 期。

⑤ 刘宪法：《南海模式的形成、演变与结局评论》，载于张曙光、刘守英执行主编《中国制度变迁的案例研究》（土地卷 第八集），中国财政经济出版社 2011 年版，第 88—91 页。

⑥ 参见《关于开创社队企业新局面的报告》［中发〔1984〕4 号］，中国经济网（http://www.ce.cn/xwzx/gnsz/szyw/200706/07/t20070607_11633904.shtml）。

⑦ 周其仁：《城乡中国》，中信出版集团 2017 年版，第 382 页。

⑧ 参见《中共中央、国务院关于进一步活跃农村经济的十项政策》，中国经济网（http://www.ce.cn/xwzx/gnsz/szyw/200706/14/t20070614_11750188.shtml）。

组织以土地入股方式参与（小城镇）建设。1986 年国家首次颁布实施的《土地管理法》①第三十九条以及在 1988 年第一次修订中，都明确规定：在不改变集体权属性质下，乡镇村兴办企业可以依法有偿将农地转为集体经营性建设用地。1992 年，国务院出台了《国务院关于发展房地产业若干问题的通知》（国发〔1992〕61 号）②，也就是后来经常被提及的 61 号文。该文载明，鼓励农村集体经济组织以集体土地作价入股的方式兴办乡镇企业。一直到 20 世纪 90 年代后期，国家对乡镇企业农地转用保留通道。如 1995 年，原国家土地管理局印发的国土〔籍〕字第 26 号文③，提出"乡（镇）村办企业事业单位和个人依法使用农民集体土地进行非农业建设的，可依法确定使用者集体土地建设用地使用权"（第四十三条）。这时期，北方乡镇企业虽然发展缓慢，但依托原有重工业基础，建设了诸多"工业大院"。据不完全统计，北京市这一时期共建立了 300 余个"工业大院"，后被整改规范，成为产业园区。

据统计，1985—1995 年，乡村集体企业占用耕地达 75.07 万公顷，占当时农地转用的 57.5%（黄小虎，2006）④。此时，农地非农化现象大量发生在经济相对发达的沿海和东部地区，特别是这些地区的城镇附近，而这些耕地往往具有相对较高的肥力和复种指数。很快，大量耕地的非农使用引起了中央政府的高度重视，作为回应，1996 年国家颁布实施《乡镇企业法》，对乡镇企业用地手续和用地要求进行了严格的规范，在符合土地利用总体规划下，要"严格控制、合理利用和节约使用土地"，凡是有劣地可用的，不得占用好地（第二十八条）⑤。在 1998 年对《土地管理法》进行第二次修订时，纳入了"严格限制农用地转为建设用地"（第四条）、"任何单位和个人进行建设，需要使用土地的，必须依法申请

---

① 参见 1986 年《土地管理法》第三十九条，云南农业大学网（https：//gzc. ynau. edu. cn/info/1065/1227. htm）。

② 参见《国务院关于发展房地产业若干问题的通知》（国发〔1992〕61 号），中央人民政府网（http：//www. gov. cn/zhengce/content/2010 - 12/19/content_4913. htm？ trs = 1）。

③ 参见《确定土地所有权和使用权的若干规定》，北京市人民政府网（http：//www. beijing. gov. cn/zhengce/zhengcefagui/qtwj/200607/t20060728_776456. html）。

④ 黄小虎：《新时期中国土地管理研究》（下），当代中国出版社 2006 年版，第 57—67 页。

⑤ 参见中央人民政府网，https：//www. gov. cn/banshi/2005 - 06/01/content_3432. htm。

使用国有土地"（第四十三条）等法条。同时，将乡镇企业使用集体建设用地的主体资格限定为农村集体经济组织（第六十条）①，只有农村集体经济组织兴办或参与举办企业的，方可使用集体建设用地。

虽然兴办乡镇企业仍然可以使用农民集体所有的土地，但引入了农地转用审批制加以管控。同时，在我国建立土地用途管制制度，叠加1986 年的土地利用总体规划、1999 年国家开始实施的土地利用年度计划管理，特别是 1999 年国务院办公厅针对炒卖土地印发了 39 号文②，第一条就对乡镇企业用地边界做进一步厘定，乡镇企业用地"要严格限制在土地利用总体规划确定的城市和村庄、集镇建设用地范围内"，强调"严禁非法占用农民集体土地进行房地产开发"，这些制度规定极大抑制了农村集体经营性建设用地的扩张。

到了 20 世纪 90 年代末期，随着乡镇企业的改制，农地依法转变为集体经营性建设用地的渠道越发收窄。这表明国家开启对农村集体经营性建设用地供给严格管控模式。这时期虽然乡镇企业退出了历史舞台，但其占用的一部分土地则作为存量农村集体经营性建设用地得以保留。与此同时，随着乡镇企业的改制，其占用的大部分土地由企业与土地管理部门补缴相关税费和土地出让金后，直接转变为了国有用地，另一部分则作为存量农村集体经营性建设用地得以保留和延续使用。值得一提的是，近十年来，在珠三角地区由于低端产业的淘汰和产业向西部转移，该地区的农村集体经营性建设用地开始呈现闲置状态，伴随的是租金基本没有增长。

二 保留农村集体所有权性质的征地安置留用地

除了乡镇企业用地以外，具有集体所有权性质的征地留用地（以下简称"留用地"）也是农村集体经营性建设用地的重要来源。如广东省南

---

① 1986 年《土地管理法》所涉的乡（镇）村企业，包括农民个人等社会主体独资投资举办的企业，均可使用集体土地（第三十七条），在 1998 年《土地管理法》修订时，规定只有农村集体经济组织使用乡（镇）土地利用总体规划确定的建设用地兴办企业或者与其他单位、个人以土地使用权入股、联营等形式共同举办企业的，方可使用集体土地（第六十条）。

② 参见《国务院办公厅关于加强土地转让管理严禁炒卖土地的通知》（国办发〔1999〕39号）（第一条），海南省人民政府网（https：//www.hainan.gov.cn/data/zfgb/2019/10/5225/htm.）。

海区、海南省文昌市、浙江省义乌市等试点县（市、区）① 等地都有留用地的制度安排。留用地作为一种制度探索，目前在全国层面尚未形成明确统一的规范，各地对留用地所有权性质的规定并不一致，可以是集体所有（如广东省、海南省），也可以是国有性质的（如上海市）。就本书而言，我们所指的留用地是指集体所有性质的。留用地一般由政府负责办理农地转用手续，如广东省佛山市南海区、海南省文昌市、浙江省金华市义乌市等试点地区② 都允许将留用地作为农村集体经营性建设用地进行入市。

留用地政策作为一项安置失地农民的制度性安排，在我国 10 多个省区得到广泛应用，一般出现在民营经济相对发达，民营企业用地需求旺盛，而且民间社会组织力量也相对更强的地区。留用地最早源于 20 世纪 90 年代广东省深圳市的实践探索，并且在后来的 20 年间逐渐将留用地安置政策以行政法规的形式加以确认。留用地最早是为保障被征地农民长远生计而设计出来的。政府按征地面积一定比例（5%—10%）给予被征地村集体，用于建设如标准厂房、商铺、仓储等不动产项目发展第二、第三产业的建设用地，一般由政府负责办理农转用手续。1998 年，在国家对《土地管理法》③ 第二次修订时，纳入了建设用地只能使用国有土地的条款。为此，地方有关征地留用地的政策被迫中止。虽然在 2005 年得以恢复，但留用地制度作为地方的一种实践探索，仅得到国家层面有限认可（鹿心社，2003）④。关于留用地安置的规范性文件主要散见于国土资源部的部门规范性文件或地方文件。如 1999 年原国土资源部指导征地安置工作的 480 号文⑤ 提及："经济发达地区或城乡结合部，可按照规划

---

① 2015 年，按照党中央、国务院部署要求，首批农村集体经营性建设用地入市 15 个，2016 年 9 月，原中央全面深化改革领导小组决定将集体经营性建设用地入市扩大到全部 33 个试点县（市、区）。该项工作历经 2017 年、2018 年两次延期，于 2019 年 12 月 31 日结束。

② 2015 年国家在 15 个试点开展农村集体经营性建设用地入市改革试点，2018 年该项改革扩大到 33 个试点地区，并经过 2017 年、2018 年两次延期，试点工作于 2019 年 12 月底结束。

③ 参见北京法院法规检索网，http：//fgcx. bjcourt. gov. cn：4601/law? fn = chl101s083. txt。

④ 鹿心社：《统一思想 狠抓落实 全面推进土地开发整理工作——在全国土地开发整理工作会议上的总结讲话》，《国土资源通讯》2003 年第 11 期。

⑤ 《国土资源部关于加强征地管理工作的通知》（国土资发〔1999〕480 号），自然资源部网（http：//f. mnr. gov. cn/201702/t20170206_1436309. html）。

用途预留一定比例的国有土地,确定给被征地的农村集体经济组织使用,发展农业生产或从事多种经营。"此外,地方政府也出台了规范性文件,对留用地制度加以规范指导。做得比较早且比较规范的是广东省,早在2005年广东省针对征地制度改革印发了51号文①,提出仍可试行留用地的方式妥善安置被征地农民,并在2009年出台41号文②对征地留用地制度进行规范。2016年,广东省人民政府办公厅出台了专门针对农村集体土地留用地安置的30号文③等,这些文件进一步明确了留用地安置具体要求。如留用地安置比例,一般来说按实际征收农村集体经济组织土地面积④的10%—15%安排,但具体比例需要依据城乡规划和留用地安置的位置、用途等情况确定。如果征收土地用于农村基础设施、公益事业、拆迁安置、旧村改造等建设,允许留用地留置比例低于10%,当然这尊重农村集体经济组织意愿。经农村集体经济组织成员表决通过并出具书面意见后,可按实际情况确定留用地安置比例或不安排留用地。

留用地作为地方的一种实践探索事实上具有很大的争议性,特别是政府制度设计初衷与用地实际效果的较大偏差,导致留用地制度并没有被纳入国家后续制定的政策文件中。目前除广东省外,在海南省、浙江省、江苏省、广西壮族自治区等地也建立了留用地制度。留用地有的在全省推行如广东省,大部分地区仅在部分所辖县市区域推行。随着土地制度改革的深化,特别是征地制度改革的推进,很多地区留用地安置政策因建设用地指标不足而难以落地⑤,如广东省留用地总计欠账接近承诺总量的六成(陶然,2022)⑥。因此,诸多地区不再鼓励实物留地,如浙

---

① 参见《广东省国土资源厅关于深入开展征地制度改革有关问题的通知》(粤国土资发〔2005〕51号),广东省自然资源厅(http://nr.gd.gov.cn/dawenku/land/content/post_2214232.html)。

② 参见《广东省征收农村集体土地留用地管理办法(试行)》(粤府办〔2009〕41号),广东从化区人大网,http://chrenda.cn/showNew.php? id=1056。

③ 《广东省人民政府办公厅关于加强征收农村集体土地留用地安置管理工作的意见》(粤府办〔2016〕30号),广东省人民政府办公厅网(https://www.gd.gov.cn/gkmlpt/content/0/144/post_144896.html#7)。

④ 不包含征收后用于安置该农村集体经济组织的土地面积。

⑤ 根据我国现行农用地转用审批制度,留用地需要单独申请和报批,也就是说留用地所需的农地转用指标占年度建设用地指标。

⑥ 陶然:《人地之间:中国增长模式下的城乡土地改革》,辽宁人民出版社2022年版,第188—190页。

江温州乐清市自 2007 年起就不再采取留用地安置措施，取而代之货币安置。2020 年广西南宁颁布的《南宁市征地安置留用地开发利用管理暂行办法》①，自 2021 年 1 月 1 日起，原则上不再安排实物留地。作为留用地的发源地和留用地大省，广东省针对留用地欠账问题，2016 年广东省人民政府办公厅 30 号文②、2020 年广东省自然资源厅 4 号文③两次发文予以推进。这些文件提出，鼓励各地推动多方式兑换长期难以落实的实物留用地落实，建议实物留用地转以折算货币补偿④、置换物业方式予以落实，或以折价出资、入股方式参与各类城市新区、产业园区建设。自此，留用地作为农村集体经营性建设用地的来源，其增加空间有限。

三　依法转变的闲置宅基地、废弃的集体公益性建设用地

除了历史存量形成的集体经营性建设用地外，农村集体经营性建设用地入市试点期间，诸多试点地区允许农村闲置集体建设用地（如闲置宅基地、晾晒场、废弃的学校、村委会办公场所等）可依法转变为经营用途后入市。该举措在尽可能扩大存量集体建设用地范围下，以"两规"确定的土地用途性质为准，允许通过补办相关手续，"依规转正"为农村集体经营性建设用地。如福建晋江依托全国土地第二次调查或第三次调查，允许宅基地通过补办相关手续，"依规转正"为农村集体经营性建设用地⑤。又如，东北地区目前入市地块多是过去的工矿废弃地，以及村委

---

① 参见兴宁区征地拆迁中心，http：//www. nnxn. gov. cn/zssydw/fwzdcqb1/zcfg_27818/t4624886. html。

② 参见《广东省人民政府办公厅关于加强征收农村集体土地留用地安置管理的工作意见》（粤府办〔2016〕30 号），广东省人民政府办公厅网（https：//www. gd. gov. cn/gkmlpt/content/0/144/post_144896. html#7）。

③ 参见《广东省自然资源厅关于推进征收农村集体土地留用地高效开发利用的通知》（粤自然资规字〔2020〕4 号），广东省自然资源厅，http：//nr. gd. gov. cn/zwgknew/tzgg/tz/content/post_3070000. html。

④ 留用地折算货币补偿标准由各地级以上市人民政府参照基准地价和本地区经济社会发展水平、平均土地收益制定，留用地折算货币补偿标准不得低于所在地相对应《全国工业用地出让最低价标准》的 70%。同时规定，各地级以上市、县（市、区）基准地价调整的，留用地折算货币补偿标准要及时作相应调整。

⑤ 马翠萍：《集体经营性建设用地制度探索与效果评价——以全国首批农村集体经营性建设用地入市试点为例》，《中国农村经济》2021 年第 11 期，第 35—54 页。

会、村学校等农村公益性用地。该条件下，农村集体经营性建设用地必须是建设用地，经营属性并不是必要条件。

除了历史存量形成的农村集体经营性建设用地外，部分试点地区允许新增农村集体经营性建设用地入市，这意味着如果"两规"确定为经营性用途的农村集体土地，即使现状是农用地，只要具有规划的经营属性，即使地类现状为农用地、未利用地，只要依法履行相应手续，如依法办理农转用审批手续、纳入土地利用年度计划、履行耕地占补平衡义务下，就可以转变为新增农村集体经营性建设用地。据此，2018 年 12 月，国务院在总结农村集体经营性建设用地入市试点情况的总结报告①中提及试点地区的这些具体做法，并建议破除对农村集体经营性建设用地入市的存量限制。2019 年，国务院出台的关于建立健全城乡融合发展体制机制文件中②对该建议予以肯定："允许村集体在农民自愿前提下，依法把有偿收回的闲置宅基地、废弃的集体公益性建设用地转变为农村集体经营性建设用地入市。"2020 年，自然资源部在修订《中华人民共和国土地管理法实施条例（修订草案)》③（征求意见稿）中提及，要严格控制新增农村集体经营性建设用地规模（第三十六条）。但在 2021 年正式公布的《中华人民共和国土地管理法实施条例》（以下简称《土地管理法实施条例》）（国令第 743 号)④ 修订案中，对农村集体经营性建设用地存量和新增并没有区分和提及。

事实上，除了上述三种主要来源外，地方结合实际积极拓展其他形式的集体土地纳入农村集体经营性建设用地入市范围。如浙江义乌试点将符合规划的农村更新改造节余的建设用地、实施"异地奔小康"工程后腾退出的建设用地、城乡新社区集聚建设中的产业用房用地都作为农村集体经营性建设用地的来源。海南省将符合市县总体规划划定为建设

---

① 参见《国务院关于农村土地征收、农村集体经营性建设用地入市、宅基地制度改革试点情况的总结报告》，中国人大网（http：//www. npc. gov. cn/npc/c12491/201812/3821c5a89c4-a4a9d8cd10e8e2653bdde. shtml)。

② 参见《中共中央国务院关于建立健全城乡融合发展体制机制和政策体系的意见》，中国人大网（http：//www. npc. gov. cn/zgrdw/npc/xinwen/lfgz/2019－05/06/content_2086815. htm)。

③ 参见中国人大网，https：//zrzyhgh. mas. gov. cn/content/article/10079845? isSummary =1。

④ 参见自然资源部网，http：//www. gov. cn/zhengce/content/2021－07/30/content_5628461. htm? trs =1。

用地、详细规划以及村庄规划确定为租赁性住房及自建住房等经营性用途的集体建设用地也纳入入市的合法范围。需要特别说明的是，2022 年自然资源部印发的《自然资源部关于做好采矿用地保障的通知》（自然资发〔2022〕202 号）[①] 将采矿用地拓展为农村集体经营性建设用地的重要来源，即不符合法定可以征收情形的，农村集体经济组织可在办理农用地转用审批手续后，按照《土地管理法》规定通过集体建设用地土地使用权入股、联营，或者按照国家统一部署进行农村集体经营性建设用地入市。

综上所述，可入市的集体建设用地既包括存量农村集体经营性建设用地也包括新增的农村集体经营性建设用地，其存量形成于产业用地（如社队企业用地或者乡镇企业用）、留用地，新增农村集体经营性建设用地主要来源于依法转变用途的用地（主要包括的闲置宅基地、废弃的公共设施用地以及依规转变的农用地）。农村集体经营性建设用地的形成受益于早期乡镇企业的发展经历急剧扩张期，20 世纪 90 年代后进入严格管控通道，尽管保留着农民利用自己的土地进行非农建设的空间，但国家对农地转用实行指令性计划管理，严控农地进入非农建设市场（见图 3–11）。

目前，有关农村集体经营性建设用存量的数据尚未正式公布，根据土地调查数据的推算，截至 2013 年，全国农村集体经营性建设用地约为 4200 万亩（叶兴庆，2015）[②]，占全国集体建设用地总量的 13.3%，是农村宅基地总面积 1.7 亿亩的四分之一。学界的研究进一步验证了该数据，认为目前全国存量农村集体经营性建设用地在 3000 万—5000 万亩（陶然，2022）[③]。

需要说明的是，存量农村集体经营性建设用地分布不均衡，主要分

---

① 参见中央人民政府网，http://www.gov.cn/zhengce/zhengceku/2022–11/26/content_5728859.htm。

② 叶兴庆：《农村集体经营性建设用地的产权重构》，《中国经济时报》2015 年 5 月 27 日第 5 版。

③ 陶然：《人地之间：中国增长模式下的城乡土地改革》，辽宁人民出版社 2022 年版，第 152 页。

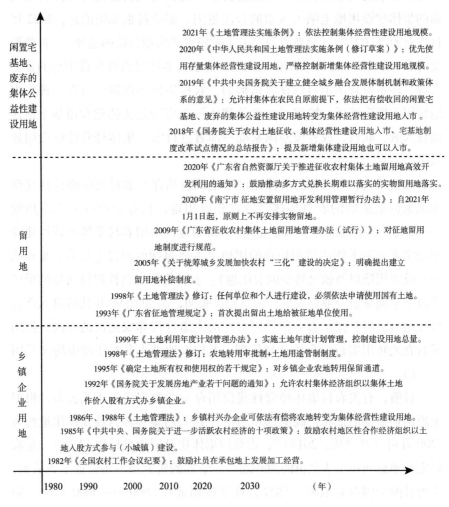

图 3 - 1　有关农村集体经营性建设用地形成的制度安排

布在相对发达的沿海和东部地区（Yang, et al., 2000[1]；贺雪峰等，2019）[2]。同时，农村集体经营性建设用地呈现地块小而散、产权归属主体多的特点。如土地资源丰富的黑龙江安达试点，集体经营性建设用地

---

① Yang, H., and X. Li, "Cultivated Land and Food Supply in China", *Land Use Policy*, Vol. 17, No. 2, 2000, pp. 73 - 88.

② 贺雪峰、桂华、夏柱智：《论土地制度改革的方向与思路——〈土地管理法修正案（草案）〉解读》，《西北农林科技大学学报》（社会科学版）2019 年第 4 期。

入市面积主要集中在 100 亩到 130 亩，江苏武进试点入市土地面积主要集中在 100 亩以下。山甘肃陇西试点存量集体经营性建设用地平均每宗仅为 1 亩左右，且分布零散。

第二节　农村集体经营性建设用地流转制度变迁

我国城市经营性建设用地使用权自 1982 年就开始尝试有偿有限期出让，但受当时的土地制度约束，农村集体经营性建设用地则经历了比较漫长的入市之路。从早期的绝对禁止流转到赋予农村集体经营性建设用地流转合法地位，不仅在制度上实现了从"0"到"1"的突破，而且通过有破有立的制度设计，引导农村集体经营性建设用地改革向纵深发展。

一　1956 年到 20 世纪末：国家对农村集体经营性建设用地流转实施严格管控

农村集体建设用地由集体经济组织本身或其内部成员无偿取得，因此，其流转也就受到严格限制。这时期对农村集体经营性建设用地流转制度的管制延续了 20 世纪 60 年代以来的做法，即绝对禁止流转，参见 1962 年的《农村人民公社工作条例（修正草案）》（以下简称"人民公社六十条"）第二十一条。但此时国家对农村集体经营性建设用地流转的管制是包含在集体土地大盘子里，并不具有针对性。如人民公社六十条[1]规定："生产队所有的土地，……一律不准出租和买卖。"在 1982 年修订《中华人民共和国宪法》时，上升到最高法，将农村集体经营性建设用地流转一并纳入第十条第四款，即"任何组织或者个人不得侵占、买卖或者以其他形式非法转让土地"[2]，并在《中华人民共和国民法通则》（以下简称《民法通则》）（第八十条）、《国家建设征用土地条例》（第二条）[3]

---

[1]　参见中国经济网，http://www.ce.cn/xwzx/gnsz/szyw/200706/11/t20070611_11694837.shtml。

[2]　参见中国人大网，https://wb.flk.npc.gov.cn/xffl/WORD/2e446484eb9945-b9bcdc2d204a7d35ac.docx。

[3]　参见土流网，https://www.tuliu.com/read-39646.html。

中采用法条形式进一步强化。1982 年发布的中央一号文件①用三个"不准"(不准买卖,不准出租,不准转让)鲜明表达对社员承包地流转的态度。针对当时一些农村社队买卖和租赁集体所有土地的情况,1983 年,国务院印发了关于制止买卖、租赁土地的 182 号文②,该文明确提出:"对于买卖、租赁土地的行为,必须坚决制止。"这一时期的社队企业用地与其他农村建设用地(如农民宅基地、社队公益用地和公共设施用地)的流转一并受到全面禁止。

20 世纪 80 年代,乡镇企业的快速发展激发了农村集体流转集体建设用地使用权的需求,很快中央就意识到问题的严重性,对农地的政策实施了固化在农业农村的导向。如 1986 年《土地管理法》对乡镇企业用地作出了"不得转让"的规定。虽然 1988 年《中华人民共和国宪法修正案》(以下简称《宪法修正案》)③ 中明确了"土地使用权可以依法律的规定转让",但并没有作具体规定,这也被后来学者解读为农村集体建设用地流转留白。同年修订的《土地管理法》④ 对该法条予以遵循,并细化了"集体所有的土地使用权可以依法转让",但遗憾的是,当时该法条并没有阐释何种情况下集体土地使用权可以转让(结合当时语境来看,更多的是农地承包经营权的转让),只是提出"由国务院另行规定"(第二条)。直到 1992 年,国务院针对房地产行业出台的 61 号文⑤,对农村集体经营性建设用地流转有了相对较为明确的规定,在第一条目中规定:"集体所有土地,必须先行征用转为国有土地后才能出让。"⑥ 虽然对集体经济组织以集体土地入股兴办乡镇企业留了口子,但这个口子并不大,因为集体土地股份是"不得转让"

---

① 参见《全国农村工作会议纪要》,成都市人民政府网(http: //gk. chengdu. gov. cn/govInfo/detail. action? id = 1172942&tn = 2)。

② 参见《国务院关于制止买卖、租赁土地的通知》(国发〔1983〕182 号),中央人民政府网(http: //www. gov. cn/zhengce/content/2016 – 10/20/content_5122237. htm)。

③ 参见中国气象局网,https: //www. cma. gov. cn/2011xzt/2020zt/20201126/2020112603/202112/t20211229_4337338. html。

④ 参见温州市自然资源和规划局网,http: //zrzyj. wenzhou. gov. cn/art/1987/4/29/art_1503386_18656361. html。

⑤ 参见《国务院关于发展房地产业若干问题的通知》(国发〔1992〕61 号),http: //www. gov. cn/zhengce/content/2010 – 12/19/content_4913. htm? trs = 1。

⑥ 参见 1992 年《国务院关于发展房地产业若干问题的通知》(第一条),中央人民政府网(http: //www. gov. cn/xxgk/pub/govpublic/mrlm/201012/t20101219_63321. html)。

的。1998 年国家修订《土地管理法》时，在总则中进一步规定，严格限制
农用地转为建设用地①。虽然兴办乡镇企业可以使用本集体经济组织农民集
体所有的土地，但实施严格管控，体现在：一是实施申请制；二是实施农
地转用审批制；三是按照乡（镇）村企业的不同行业和经营规模设置用地
标准②。同时提出，在我国建立土地用途管制制度，叠加 1999 年国家提出
实施的土地利用年度计划管理制度，我国农用地向建设用地转用的通道收
窄。1999 年，国务院办公厅出台了严禁炒卖土地的 39 号文③，进一步明确
了乡镇企业用地边界，后续几年颁布的法规文件都是对该条目的强化。
2009 年国家在修订《中华人民共和国城市房地产管理法》（以下简称
《城市房地产管理法》）④ 时，又将集体建设用地流转限制范围扩大到城
市规划区内的集体所有的土地，规定集体土地只有依法转为国有土地后
方可流转。此时，农村集体建设用地的流转完全依靠行政权力配置⑤。自
此，农村集体经营性建设用地供给进入严格管控阶段并一直延续至今。

　　可以看出，这时期的我国农村土地制度改革立足的背景比较复杂，
一方面是国家对农村社会经济活动管控开始放宽，另一方面是农村集体
自身的成长和发展。该时期，国家对农村集体经营性建设用地的管控符
合国家对集体建设用地管控大方针，实施自有自用封闭运行模式。但由
于土地非农用与农用相比具有更高的报酬率，不可避免地引发农地自发
向非农部门转移，导致土地市场秩序的混乱。尤其在那些经济发展迅速、
民营经济发展较好的地区，集体建设用地在制度外的流转已经是事实，
违法违规用地现象非常普遍（刘守英，2018⑥；周其仁，2004⑦）。如在

---

　　①　参见 1998 年修订的《土地管理法》（第四条），中国人大网（http：//www. npc. gov. cn/
npc/c30834/201909/d1e6c1a1eec345eba23796c6e8473347. shtml）。

　　②　参见 1998 年修订的《土地管理法》第四十三条，中国人大网（http：//www. npc.
gov. cn/npc/c30834/201909/d1e6c1a1eec345eba23796c6e8473347. shtml）。

　　③　参见《国务院办公厅关于加强土地转让管理严禁炒卖土地的通知》（国办发〔1999〕39
号）（第一条），海南省人民政府网（https：//www. hainan. gov. cn/data/zfgb/2019/10/5225/）。

　　④　参见中华人民共和国住房和城乡建设部网，https：//www. mohurd. gov. cn/gongkai/fdzdgknr/zf-
hcxjsbwj/gkzhudongfalvfagui/gkzhudongfalv/200709/20070904_159508. html。

　　⑤　黄小虎：《新时期中国土地管理研究》（下），当代中国出版社 2006 年版，第 118 页。

　　⑥　刘守英：《土地制度与中国发展》（增订本），中国人民大学出版社 2018 年版，第 178—
188 页。

　　⑦　周其仁：《农地产权与征地制度——中国城市化面临的重大选择》，《经济学（季刊）》
2004 年第 4 期。

东部沿海一带，当时较为普遍的做法是：农村集体将一定年期的集体建设用地使用权流转给乡镇企业，村或乡（镇）集体作为土地所有者收取转让金。受利益驱使，受让主体由最初的农村集体企业逐渐扩展到个体工商户（叶艳妹等，2002）①，甚至城市企业（王小映，2003）②。

　　历史实践显示，农村集体并没有因国家对农村集体土地流转的限制，放弃对土地利益的追逐。20世纪90年代后期的乡村土地呈现一个奇特的现象，一方面，随着乡镇企业倒闭，农村产生了大量闲置的集体建设用地；另一方面，工业化、城镇化的发展产生了急迫的用地需求，特别是在城乡结合部、沿海发达地区（如珠三角、长三角、环渤海地区），于是在这些地区集体自发进行了农村集体建设用地流转（刘守英，2018③；周其仁，2004；钱忠好等，2007④）。乡、村集体将土地租给外乡、外村、城镇集体或国有企业或外商办企业用作仓库，或者乡、镇集体自行建房后出租。针对出现的集体非法出租土地、变相买卖土地的现象，中央在1998年修订《土地管理法》⑤时，首次对农民集体所有土地的使用权流转作出规定，即"不得出让、转让或者出租用于非农业建设"，但却赋予其有限的流转权，允许部分情形下⑥乡镇企业土地使用权依法流转。1999年，国务院办公厅在严禁炒卖土地的39号文⑦中提出，各地区，特别在城乡结合部应加强对农民集体土地的转让管理，坚决查处农民集体土地非法交易的行为。

　　随着我国工业化和城市化的加速，农村集体建设用地资产属性得到快速显化。这时期，农村集体建设用地随意占用耕地，变通流转用于非

---

　　①　叶艳妹、彭群、吴旭生：《农村城镇化、工业化驱动下的集体建设用地流转问题探讨——以浙江省湖州市、建德市为例》，《中国农村经济》2002年第9期。

　　②　王小映：《全面保护农民的土地财产权益》，《中国农村经济》2003年第10期。

　　③　刘守英：《土地制度与中国发展》（增订本），中国人民大学出版社2018年版，第178—198页。

　　④　钱忠好、马凯：《我国城乡非农建设用地市场：垄断、分割与整合》，《管理世界》2007年第6期。

　　⑤　参见1998年修订的《土地管理法》第六十三条，中国人大网（http：//www. npc. gov. cn/npc/c30834/201909/d1e6c1a1eec345eba23796c6e8473347. shtml）。

　　⑥　如乡镇企业发生破产、兼并等情形。

　　⑦　参见中华人民共和国住房和城乡建设部网，https：//www. mohurd. gov. cn/gongkai/fdzdgknr/zg-zygwywj/200105/20010529_155371. html。

农业建设的现象非常普遍。而且随意改变土地建设用途的事情时有发生，给国家农村集体建设用地管理造成很大的困难，制约了农村经济的发展。原国家国土资源部一项涉及五省市的土地流转调查数据显示①，这一时期集体建设用地自发流转的土地面积甚至接近国有建设用地土地供地量。并且作为集体建设用地所有者代表，流转主体形式非常多元，既有乡（镇）、村集体经济组织，也有村民委员会，还有乡（镇）政府、土地股份制公司等。土地流转用途多以工业用地为主（宋志红，2017）②。

　　这时期，国家对农村集体经营性建设用地流转态度是十分明确的，且是一脉相承的，即要将集体土地使用权封闭在农业农村运行。但政府对农村集体建设用地流转的法律法规限制与集体强烈的流转需求表现出明显的不匹配。在这种情况下，农民集体便自发地将集体建设用地流转游走于法律的灰色地带。

二　20 世纪末到 21 世纪初期：地方自发进行农村集体经营性建设用地入市探索

　　经济快速发展下，各行各业对建设用地的急迫需求促使地方政府跃跃欲试对土地制度进行创新。为配合城镇化、工业化、乡镇企业改制等对土地改革的需求，地方层面和国家层面分别开展了自下而上、自上而下的农村集体经营性建设用地合法入市渠道的双向探索。此时，在广东南海区、江苏昆山、湖南长沙等一些地方，农村集体经营性建设用地通过各种形式进入建设用地市场，使农民的土地转让权从农地扩大到非农用地领域。特别是广东省南海区、中山市等地在 20 世纪 90 年代初期，自发进行了集体建设用地入市探索。由于这些问题大部分是在 1998 年新修订的《土地管理法》出台前形成的，因此在 2000 年以前，广东省各级政府对此举措采取既不支持也不严格禁止的态度，于是农村集体经营性建设用地入市隐形市场逐渐活跃起来。随后，福建省古田县（1994）、江苏

---

　　①　国土资源部土地利用司调研组关于河南、浙江、上海、江耳、广东五省（市）集体在世用地流转情况的调查：《中国国土资源报》2001 年 7 月 24 日。

　　②　宋志红：《中国农村土地制度改革研究：思路、难点与制度建设》，中国人民大学出版社 2017 年版，第 193 页。

省苏州市（1995）①、浙江省湖州市（1997）等地也开始自发进行农村集体经营性建设用地入市的地方探索并出台相关文件。在实践基础上，2003年广东省人民政府正式出台了有关农村集体建设用地使用权流转的51号文②，文件以行政条例的方式承认了集体建设用地入市的合法性，并在2005年上升到地方人大立法层面③，明确农村集体建设用地使用权可以依法流转用于商业、旅游、娱乐等经营性项目，但这里的集体建设用地不包括村民住宅用地。之后，湖北省（2006）④、河北省（2008）⑤、四川省成都市（2008）⑥、浙江省温州市（2011）⑦等地也相继出台政策规范区域内农村集体建设用地使用权流转。但我们也应注意到，各地对入市建设用地范围界定差异较大。如湖北省、四川省成都市规定符合土地利用总体规划和城市规划的村庄、集镇、建制镇中权属合法、界址清楚的集体建设用地⑧使用权都可以流转。浙江省温州市将入市土地界定在土地利用总体规划确定的城镇建设用地范围外。这个时期的珠江三角洲地区，超过半数的农村集体建设用地已经流转（孔祥智等，2014）⑨。

　　与此同时，很快中央便采用设置试验区和出台文件形式回应地方的做法。原国土资源部（国务院原有组成部门）统计数据显示，自20世纪

---

① 参见《苏州市农村集体存量建设用地使用权流转管理暂行办法》苏府〔1996〕87号，百度文库（https：//wenku. baidu. com/view/c270b0fc26d3240c844769eae009581b6bd9bdce. html? fr = sogou）。

② 参见《关于试行农村集体建设用地使用权流转的通知》（粤府〔2003〕51号），广东省人民政府网（http：//www. gd. gov. cn/zwgk/gongbao/2003gongbao/4/content/post_3361086. html）。

③ 参见2005年《广东省集体建设用地使用权流转管理办法》第十五条，广东省人民政府网（http：//www. gd. gov. cn/zwgk/wjk/zcfgk/content/post_2712728. html）。

④ 参见潜江市农村综合产权交易中心，http：//www. qjnccq. cn/qjcqjy/gy_news_info. do? newId = 15777。

⑤ 参见唐山市自然资源和规划局网，http：//zygh. tangshan. gov. cn/ts/xxgk/zcfg/fafg/10147 5977588696. html。

⑥ 参见《成都市集体建设用地使用权流转管理暂行办法》（国土资发〔2008〕124），成都市自然资源和规划局网（http：//mpnr. chengdu. gov. cn/ghhzrzyj/sjwj/2008 - 10/10/content_503b4a 02d3124e08871ed9ac0cca4a96. shtml）。

⑦ 参见《温州市农村集体建设用地使用权交易实施办法（试行）》，温州市农村产权服务中心网（http：//www. law168. com. cn/doc/view? id = 174979）。

⑧ 包括集体经营性建设用地、宅基地和本集体公共设施、公益事业用地等。

⑨ 孔祥智、马庆超：《农村集体经营性建设用地改革：内涵、存在问题与对策建议》，《农村金融研究》2014年第9期。

90 年代以来，前后共有 22 个省份（广东省、浙江省、江苏省、安徽省、湖北省等）承担了决策部门探索农村集体建设用地流转路径的任务（张晓山等，2019）①。做得比较好的是安徽芜湖试点。1999 年，原国家土地管理局批准和指导安徽芜湖探索农村集体经营性建设用地入市工作。之后，广东、安徽、湖北等省先后出台了指导各自管辖内集体建设用地流转的规范性文件。如 2012 年，广东省深圳市印发了《深圳土地管理制度改革总体方案》②，其中最具争议的就是允许农村集体经济组织工业用地进入土地一级市场，在全国引发较大反响，这也为后来我国农村集体经营性建设用地入市奠定了坚实基础。在国家层面，2000 年，原国土资源部颁布了促进土地使用权规范交易的 11 号文③，提出要依法允许集体建设用地流转。2003 年，国务院发布了做好农业和农村工作的 3 号文④。该文件第九条对农村集体建设用地流转定了基调，"通过集体建设用地流转……等形式，合理解决企业进镇的用地问题"。2004 年出台的中央一号文件⑤更是直接提出，积极探索集体非农建设用地进入市场的途径和办法。同年 10 月，国务院针对深化改革严格土地管理 28 号文⑥出台，提出农民集体所有建设用地使用权可以依法流转，但要符合相关规划，并将该类可流转用地限制在村庄、集镇、建制镇。2008 年，党的十七届三中全会⑦正式提出：要逐步建立城乡统一的建设用地市场，允许依法取得的农村集体经营性建设用地转让土地使用权。这是国家首次在中

---

①　张晓山、苑鹏、崔红志、陆雷、刘长全：《农村集体产权制度改革论纲》，中国社会科学出版社 2019 年版，第 132—134 页。

②　参见深证政府在线，http://www.sz.gov.cn/zfgb/2012_1/gb794/content/post_4980219.html。

③　参见《关于建设土地有形市场促进土地使用权规范交易的通知》（国土资发〔2000〕11 号），中央人民政府网站（http://www.gov.cn/gongbao/content/2000/content_60331.htm）。

④　参见 2003 年《中共中央国务院关于做好农业和农村工作的意见》第九条，载中共中央文献研究室编《十六大以来重要文献选编（上）》，中央文献出版社 2005 年版，第 125—128 页。

⑤　参见《中共中央国务院关于促进农民增加收入若干政策的意见》（中发〔2004〕1 号），农业农村部网（http://www.moa.gov.cn/ztzl/jj2022zyyhwj/yhwjhg_29034/201301/t20130129_3209956.htm）。

⑥　参见《发国务院关于深化改革严格土地管理的决定》（国发〔2004〕28 号），中央人民政府网（http://www.gov.cn/gongbao/content/2004/content_63043.htm）。

⑦　参见《中共中央关于推进农村改革发展若干重大问题的决定》，中央人民政府网（http://www.gov.cn/jrzg/2008-10/19/content_1125094.htm）。

央层面针对农村集体经营性建设用地使用权转让作出指示，突破了自1984 年以来国家法对农村集体建设用地"非国家征用不能流转"的限制。

　　该时期，虽然地方政府通过管理办法、指导意见等形式允许农村集体经营性建设用地流转，但受限于国家上位法的限制，各地在推动集体建设用地流转实践中还是非常谨慎的，表现在对农村集体经营性建设用地流转范围、流转形式、流转用途等方面设置了限制条件，如福建省古田县将集体经营性建设用地流转限制在本集体内部，如果在本集体外部流转，则需将集体土地所有权转为国家所有方可流转。江苏省苏州市将集体经营性建设用地流转设置在主城区外①。浙江省湖州市②将农村集体经营性建设用地使用权流转范围限定在工业园区和城市重大基础设施建设的项目用地，且严禁利用集体建设用地从事商贸和房地产开发。安徽省芜湖市农村集体经营性建设用地流转采取镇级统筹，虽然保留了集体对土地的所有权，但从收益上来看，与国家征收并没有显著差异（刘守英，2018）③。所以，该时期自下而上推动的农村集体经营性建设用地流转的改革探索并未取得大面积的、实质性进展。简而言之，地方政府对农村集体经营性建设用地的规范化管理并没有推动国家层面建立正式的制度。

三　党的十八大以来：国家赋予农村集体经营性建设用地流转合法性地位

　　2013 年，党的十八届三中全会④对农村集体经营性建设用地入市作出了重要战略部署，提出在符合规划和用途管制前提下，允许农村集体经营性建设用地流转，实行与国有建设用地同等入市、同权同价。为贯彻

---

①　即城区规划区、县级人民政府所在地的镇以及国家、省级开发区范围以外。

②　参见《湖州市农村集体建设用地使用管理试行办法》湖政办发〔2001〕104 号，百度文库（https://wenku. baidu. com/view/1de00bd6195f312b3169a5f8. html? fr = sogou）。

③　刘守英：《中国土地问题调查：土地权利的底层视角》，北京大学出版社 2018 年版，第267 页。

④　《中共中央关于全面深化改革若干重大问题的决定》，人民网（http://cpc. people. com. cn/n/2013/1116/c64094 - 23561785. html）。

执行该次会议有关建立城乡统一的建设用地市场的意见精神，2014 年 12
月，中央全面深化改革领导小组第七次会议审议通过了《关于农村土地
征收、集体经营性建设用地入市、宅基地制度改革试点工作的意见》（以
下简称《意见》）①，并于 2015 年 1 月由中共中央、国务院办公厅联合印
发。该《意见》决定，在全国 33 个县（市、区）（2015—2019）分批次
开展农村集体经营性建设用地入市试点工作。随之财政部、原国土资源
部、中国银监会等相关部委出台配套文件，就农村集体经营性建设用地
入市实施细则②、入市土地增值收益分配、集体经营性建设用地入市土地
抵押贷款③等问题予以明确和规范。其中，集体经营性建设用地使用权抵
押是指：以农村集体经营性建设用地使用权作为债权担保的行为。以出
让、作价出租（入股）和转让取得的农村集体经营性建设用地使用权参
照国有建设用地使用权抵押的相关规定办理。

　　历来中共中央每年发布的第一份文件即中央一号文件被认为是统领
当年农业农村工作的纲领性文件（见图 3 - 2）。自 2013 年以来，中央一
号文件连续 11 年就农村集体经营性建设用地入市作出重要部署。2013 年
中央一号文件提出要规范集体经营性建设用地流转，并明确表态"农村
集体非经营性建设用地不得进入市场"④。2014 年中央一号文件首次以单
列条目形式对农村集体经营性建设用地作出专门规定，并对农村集体经
营性建设用地入市方式、入市目的、入市收益分配等问题予以明确，在
此基础上对该项工作作了具体部署⑤。同年 12 月，国家在全国 15 个县
（市、区）启动农村集体经营性建设用地入市试点。顺理成章，2015 年发
布的中央一号文件将"实施农村集体经营性建设用地入市试点"纳入工

---

　　①　2014 年 12 月 2 日，中共中央总书记、国家主席、中央军委主席习近平主持召开中央全
面深化改革领导小组第七次会议。

　　②　参见《农村土地征收、农村集体经营性建设用地入市和宅基地制度改革试点实施细
则》，法律服务网（http：//law168. com. cn/doc/view？ id = 174545）。

　　③　参见广东省人民政府网，http：//czt. gd. gov. cn/GD_ZWGKRESOURCES/P020160628578-
455464631. pdf。

　　④　参见中央人民政府网，http：//www. gov. cn/gongbao/content/2013/content_2332767. htm。

　　⑤　要求"有关部门要尽快提出具体指导意见，并推动修订相关法律法规。各地要按照中央
统一部署，规范有序推进这项工作"。参见农业农村部，http：//www. moa. gov. cn/ztzl/2023yhwj/
yhwjhg_29330/201502/t20150202_4378630. htm。

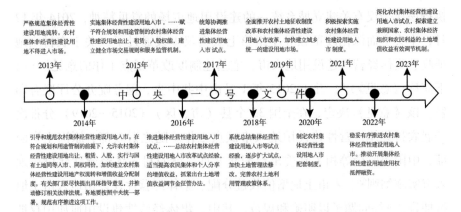

图 3 - 2　2012 年以来中央一号文件有关农村集体
经营性建设用地入市的工作部署

资料来源：中华人民共和国中央人民政府网，历年中央一号文件整理。

作安排，以期"赋予符合规划和用途管制的农村集体经营性建设用地出让、租赁、入股权能"[①]。2016 年出台的中央一号文件中，对该项工作的推进作出回应，提出要"总结农村集体经营性建设用地入市改革试点经验"。在入市土地增值收益分配方面，提出要适当提高农民集体和个人分享的收益，并对农村集体经营性建设用地入市下一步工作作出安排，即"抓紧出台土地增值收益调节金征管办法"[②]。根据"三块地"改革试点地区实践效果的反馈，2016 年 9 月，原中央全面深化改革领导小组决定将农村集体经营性建设用地入市扩大到"三块地"改革涉及的 33 个试点县（市、区）。

据此，在 2017 年发布的中央一号文件中，提出农村集体经营性建设用地入市要与农村土地征收、宅基地制度改革试点统筹协调推进[③]。随着改革试点第一次延期接近收尾[④]，2018 年发布的中央一号文件对试点工作

---

① 参见国务院网，http：//www.scio.gov.cn/xwfbh/xwbfbh/wqfbh/2015/20150203/xgbd32546/Document/1393928/1393928.htm。

② 参见农业农村部，http：//www.moa.gov.cn/nybgb/2016/dierqi/201711/t20171122_5915116.htm。

③ 参见中国经济网，http：//www.ce.cn/xwzx/gnsz/szyw/201702/05/t20170205_19971828.shtml。

④ 2017 年 11 月 4 日，十二届全国人大常委会第三十次会议决定，授权在试点地区暂时调整实施有关法律规定的期限延长至 2018 年 12 月 31 日。

提出"系统总结农村集体经营性建设用地入市试点经验"①的要求，并对农村零星分散的存量集体建设用地的使用作出具体安排。2018 年 12 月，全国人大常委会审议决定，为进一步深入推进"三块地"改革试点，并做好试点工作与土地管理法修改工作的衔接，将农村集体经营性建设用地入市试点时间第二次延长至 2019 年 12 月 31 日。2019 年中央一号文件以加快建立城乡统一的建设用地市场为目标，提出修法和配套制度建设。②随着土地入市试点工作的结束，试点地区探索的部分制度成果以国家法律文本形式修订在《土地管理法》《土地管理法实施条例》当中，还有部分成果吸收到《中共中央国务院关于建立健全城乡融合发展体制机制和政策体系的意见》等国家政策文件中。至此，国家有关农村集体经营性建设用地入市试点完成了阶段性使命，进入巩固提升期。2020 年中央一号文件将该年有关农村集体经营性建设用地入市工作锚定在"制定农村集体经营性建设用地入市配套制度"③上。随着基础工作的不断扎实推进，2021 年发布的中央一号文件正式提出"积极探索实施农村集体经营性建设用地入市制度"④。2022 年中央一号文件强化"稳妥有序推进农村集体经营性建设用地入市"⑤。2023 年发布的中央一号文件，提出开启新一轮试点工作⑥，明确提出"探索建立兼顾国家、农村集体经济组织和农民利益的土地增值收益有效调节机制"的工作重点。

10 年间，结合试点工作，中央一号文件以年度分解任务、逐年推进形式贯彻落实党中央的战略部署，农村集体经营性建设用地入市制度体系不断完善。在中央系列文件指导下，各地在中央既定目标下进行差异化的农村集体经营性建设用地入市制度探索（见图 3 - 3）。试点改革的重要成果之一就是直接推动了 2019 年《土地管理法》的修订，新土地管理法将农村集体经营性建设用地入市上升为法律制度，允许农村集体经营

---

① 参见中央人民政府网，http：//www. gov. cn/zhengce/2018 - 02/04/content_5263807. htm? tdsourcetag = s_pctim_aiomsg。

② 参见中央人民政府网，http：//www. gov. cn/xinwen/2019 - 02/19/content_5366917. htm。

③ 参见中央人民政府网，http：//www. gov. cn/xinwen/2020 - 02/05/content_5474884. htm。

④ 参见求是网，http：//www. qstheory. cn/yaowen/2021 - 02/21/c_1127122149. htm。

⑤ 参见求是网，http：//www. qstheory. cn/yaowen/2022 - 02/22/c_1128406852. htm。

⑥ 参见中央人民政府网，http：//www. gov. cn/zhengce/2023 - 02/13/content_5741370. htm。

1999《年国务院办公厅关于加强土地转让管理严禁炒卖土地的通知》：加强对农民集体土地的转让管理。坚决查处农民集体土地非法交易行为。

1998年《土地管理法》修订：农民集体所有土地的使用权不得出让、转让或者出租。乡镇企业的集体土地股份不得转让。

1992年《国务院关于发展房地产业若干问题的通知》：集体所有土地必须先行征用转为国有土地后才能出让；乡镇企业的集体土地股份不得转让。

1988年《土地管理法》土地使用权的转让由国务院另行规定。

1988年《宪法修正案》：土地使用权可以依照法律的规定转让。

1986年《土地管理法》：乡镇企业用地不得转让。

1983年《国务院关于制止买卖、租赁土地的通知》：对于买卖、租赁土地的行为，必须坚决制止。

1982年《国家建设征用土地条例》：禁止任何单位直接向农村社队购地、租地或变相购地、租地。

1982年《全国农村工作会议纪要》：社员承包的土地，不准买卖，不准出租，不准转让。

1982年《中华人民共和国宪法》修订：任何组织或个人不得侵占、买卖或者以其他形式非法转让土地。

1962年《农村人民公社工作条件修正草案》：生产队所有的土地一律不准出租和买卖。

2011年《温州市农村集体建设用地使用权交易实施办法（试行）》，在城镇建设用地范围外，经批准用于非公益性项目的农村集体建设用地使用权；已依法取得的农村集体经营性建设用地使用权。

2008《成都市集体建设用地使用权流转管理暂行办法》：依法合规的集体建设用地使用权可以流转。

2008年《河北省集体建设用地使用权转让管理办法（试行）》：允许乡镇企业和乡（镇）村公共设施、公益事业建设用地，以及其他经依法批准用于非住宅建设的集体所有土地使用权流转。

2008年《中共中央关于推进农村改革发展若干重大问题的决定》：允许依法取得的农村集体经营性建设用地转让土地使用权，与国有土地享有平等权益。

2006年《湖北省农民集体所有建设用地使用权流转管理试行办法》：依法合规的集体建设用地使用权可以流转。

2005年《广东省集体建设用地使用权流转管理办法》：明确农村集体建设用地使用权可以依法流转用于商业、旅游、娱乐等经营性项目。

2004年《国务院关于深化改革严格土地管理的决定》："在符合规划的前提下，村庄、集镇、建制镇中的农民集体所有建设用地使用权可以依法流转"。

2004年《中共中央国务院关于促进农民增加收入若干政策的意见》：探索集体非农建设用地进入市场的途径和办法。

2003年《中共中央国务院关于做好农业和农村工作的意见》：各地要制定鼓励乡镇企业向小城镇集中的政策，通过集体建设用地流转……等形式，合理解决企业进镇的用地问题。

2003年广东省《关于试行农村集体建设用地使用权流转的通知》：允许农村集体经营性建设用地入市，并对土地入市规范。

2000年《关于建设土地有形市场促进土地使用权规范交易的通知》：要促进法律允许的集体建设用地的流转，包括乡镇企业用地的转让、租赁等交易。

2023年《集体经营性建设用地使用权出让合同》《集体经营性建设用地使用权出让监管协议》示范文本（试点试行）：规范集体经营性建设用地使用权出让合同管理。

2021年《土地管理法实施条例》：规范集体经营性建设用地管理。

2019年修订《土地管理法》：赋予农村集体经营性建设用地流转合法地位。

2016年《农村集体经营性建设用地使用权抵押贷款管理暂行办法的通知》：规范推进农村集体经营性建设用地使用权抵押贷款工作部署。

2016年《农村集体经营性建设用地土地增值收益调节金征收使用管理暂行办法》：法外配种集体经营性建设用地土地增值收益管理。

2015年《农村土地征收、集体经营性建设用地入市和宅基地制度改革试点实施细则的通知》：对农村集体经营性建设用地入市做工作部署。

2014年《关于农村土地征收、集体经营性建设用地入市、宅基地制度改革试点工作的意见》：全国开展集体经营性建设用地入市试点。

2013年《中共中央关于全面深化改革若干重大问题的决定》：在符合规划和用途管制前提下，允许农村集体经营性建设用地流转，实行与国有土地同等入市、

| 1956年至20世纪90年代：国家对农村集体经营性建设用地流转实施严格管控 | 20世纪末至21世纪初期：地方自发进行集体经营性建设用地入市探索 | 党的十八大以来：国家部署集体经营性建设用地入市战略 |

图3-3 有关农村集体经营性建设用地流转的制度安排

性建设用地所有权人在依规且依法登记的前提下，可以将农村集体经营性建设用地使用权流转给单位或者个人使用，允许集体经营性建设用地

出让、出租、转让、互换、出资、赠与、抵押等参照同类用途的国有建设用地执行，从而在权能上赋予与国有建设用地同等地位，推动我国割裂了近 30 年的城乡建设用地市场整合。在 2022 年 9 月召开的中央全面深化改革委员会第二十七次会议上，习近平总书记对农村集体经营性建设用地入市工作提出总体要求，定调需要稳慎推进农村集体经营性建设用地入市，坚持集体经营性建设用地入市工作需要试点先行，暂不全面推开。2023 年，自然资源部对新一轮深化农村集体经营性建设用地入市试点工作作出具体要求和部署。

该时期，国家对农村集体经营性建设用地流转持肯定和谨慎态度，试点地区的实践探索，直接推动了上位法有关农村集体经营性建设用地入市的修订，实现了从"0"到"1"的突破。同时，通过法规、指导意见持续扩大试点等方式等不断完善农村集体经营性建设用地入市制度。随着 2019 年 12 月底试点工作的结束，农村集体经营性建设用地入市改革任务也从"审慎稳妥推进"改革转向"深化"改革。这个过程中，国家对农村集体经营性建设用地入市改革的要求和目标随着地方试点工作的进度，都在不断尝试进行调整和推进。特别是 2023 年中央一号文件将农村集体经营性建设用地入市改革推上一个新台阶，开启了深化改革的新篇章。

综上所述，国家有关集体经营性建设用地流转制度的安排并没有非常清晰的时间节点。集体经营性建设用地使用权流转经历了从早期的一揽子禁止→严格限制流转→有条件地放开→集体经营性建设用地流转合法化的过程。在顶层制度设计一脉相承下，地方政府对留白制度进行不断探索和创新。

第三节　农村集体经营性建设用地
制度变迁的特征

国家有关农村集体经营性建设用地的制度安排是包含土地产权制度和土地管理制度等在内的多层次制度体系，该制度的完善是在地方自下而上探索和国家自上而下共同推动下，通过不断实验、试错、调整而形成的，在近三十年的制度变迁中呈现出一定的特征性。

一 中央政府角色从早期的"积极应对"问题转换到"主动引导"制度改革

在农村集体经营性建设用地制度演变过程中，无论是农村集体经营性建设用地形成还是流转，中央政府都发挥着极其重要的作用，但角色发生了根本变化。早期，当土地制度改革效果呈现问题时，中央政府的解决思路是"积极应对"，即在意识到问题后积极去解决问题，但这种"头痛医头，脚痛医脚"的解决思路很快就跟不上问题出现的速度，毕竟地方经济发展对土地的迫切需求，总是能激励地方政府不断对制度进行创新。中央政府角色的转变始于党的十八大，为建立农村集体经营性建设用地制度，国家进行了一系列战略部署，最典型的是2015—2019年国家层面推动的农村集体经营性建设用地入市试点，为我国探索建立农村集体经营性建设用地制度奠定了坚实的基础。此时，中央政府的角色已转变为土地制度改革的引导者，推进农村集体经营性建设用地改革始终向着社会主义市场经济的方向前进。

二 农村集体经营性建设用地形成制度和流转制度演变是交织互动影响的

我国农村集体经营性建设用地制度可以解构为形成制度和流转制度，国家通过一系列的法律法规、通知条例、管理办法、决定意见等对集体经营性建设用地形成和流转进行制度建设。虽然对农村集体经营性建设用地土地形成和流转是两种不同的制度安排，但二者之间并不是割裂存在的，而是在交织互动中推进的。如农村集体建设用地具有了经营属性后，极大地诱发了中小微企业或者民营企业对农村集体经营性建设用地流转的需求，土地流转促进了隐形市场的存在。据此，国家不得不采用行政指令、法律法规、经济制裁等手段对农村集体经营性建设用地流转进行规范。反过来，农村集体经营性建设用地流转下土地资源数十倍数百倍的价值显化，使得村集体有动力将越来越多的农地非农化。此时，国家不得不出台更严格的土地管理办法以应对农地非农化对耕地的威胁。时间尺度越长，两项制度交织影响的效果越明显。

三　农村集体经营性建设用地制度变迁与当时经济发展紧密相关

中国共产党在带领人民百年奋斗历程中，始终将建立适应各个历史阶段的土地制度作为推动社会发展的重要手段和基础建设。当制度需求和制度供给不能完全匹配时，制度就会通过不断调整以满足制度需求，解决经济呈现的问题。我国农村土地制度变迁受政府所面临的经济社会发展条件影响（韩长赋，2019）[①]。特别是早期我国工业化、城镇化的经济发展战略，国家有关土地制度的安排就是服务于这时期经济发展战略的重要工具之一。这也意味着土地制度改革要在这个大目标约束下才能顺利推进。因此，适应和促进经济发展一直是深化农村土地制度改革的方向，如为了发展乡镇经济，国家制定了一系列用地制度以满足乡镇企业发展的用地需求，如在 1998 年修订《土地管理法》时，对乡镇企业用地流转留了口子，允许乡镇企业因破产、兼并等特殊情形下土地使用权流转（第六十三条），且该项规定一直沿用到 2018 年。

第四节　农村集体经营性建设用地制度变迁的内在逻辑

我国农村集体经营性建设用地制度变迁表现为农村集体经营性建设用地形成的制度安排和流转制度的安排，制度变迁向强化产权保护和农村土地市场化的方向演进，正在广泛地改变资源利用的产权形式和效率，其间表现出较强的路径依赖性。

一　农村集体经营性建设用地制度改革始终向着产权完备方向演进

产权理论是制度经济学重要的组成部分。产权是一束权利的组合，能够根据实际需求分割成不同的权利，正因为产权的这种可分割性使得所有者能够物尽其用（柯武刚等，2018）[②]。当产权中的一种权利或是某

---

① 韩长赋：《中国农村土地制度改革》，《农业经济问题》2019 年第 1 期。

② ［澳］柯武刚、［德］史漫飞、［美］贝彼得：《制度经济学：财产、竞争和政策》（第二版），韩朝华译，商务印书馆 2018 年版，第 249—268 页。

些权利的享有受到限制或侵蚀，就被认为产权是残缺的。如在 20 世纪 50 年代之前，农地被牢牢限制在第一产业，农民集体对土地开发使用的权利受到限制。乡镇企业的发展、留用地都打破了农地农用的局面，允许农民在农地发展工矿仓储产业，从而使土地具有了经营属性。虽然受制于国家土地管理制度约束①，但农村集体切实获得了部分土地发展权；另外，土地流转权受到限制。不可转让的产权由于不能让他人使用，因此就不可能在使用上物尽其用，事实上，在很多情况下，资源他用，生产率更高（周其仁，2017）②。但需要指出的是，产权主体如果不能够清晰界定，那么利益集团中少数人通过掌握的信息或者权利，则会攫取这部分收益。

制度被认为是能够提供产权变迁的机制。我国农村集体经营性建设用地制度演变有两条主线，一条主线是形成制度，另一条主线是土地使用权流转制度，制度变迁的阶段性成效是农村集体经营性建设用地使用权进入土地一级市场，本质是围绕着土地发展权（从农用地转为农村集体经营性建设用地）和流转权（或者可让渡权）进行的演变。虽然这个过程是曲折的、漫长的，但始终是向着赋予集体土地完整的产权方向演进。党的十八大以前，农村集体经营性建设用地流转权始终被严格管控，经历了从绝对禁止到严格管控，再到 2020 年后赋予其流转合法地位，其实质是对集体土地产权的赋能，将土地残缺的产权还权于农民集体。在这个过程中，我们发现如果顶层正式的产权制度安排不能匹配地方实践诱发的产权制度需求，就会增加政府产权交易成本，如确认产权和保护产权成本（刘守英，2021）③。

二 市场决定资源配置是市场经济的一般规律

土地资源只有依据市场规则、市场价格配置才能实现效益最大化和效率最优化。我国农村集体经营性建设用地制度演进是市场在资源配置中发挥主导地位显化的过程，也是土地资源优化配置的过程，经历了由

---

① 主要指土地用途管制制度、农地转用审批、土地利用总体规划、土地利用年度计划管理等。

② 周其仁：《城乡中国》，中信出版集团 2017 年版，第 547—551 页。

③ 刘守英：《现代社会秩序的制度基础》，商务印书馆 2021 年版，第 40—41 页。

早期政府主导切换到市场主导的转换。为了当时经济发展需要，政府采用行政手段安排农村集体经营性建设用地的形成和流转，从而获得经济发展的资本和土地积累。但当制度安排不符合市场经济规律时，就会导致资源的价格扭曲和资源的无效配置，这意味着农村集体建设用地使用完全依靠行政权力进行划拨和平调时，就会导致农村集体建设用地利用效率低下（陈利根，2006①；刘宪法，2011）②。如在 21 世纪初期，一些地方为规避法律，名义上打着出租（承租）、承包农村集体土地，实际上"以租代征"方式将农地转变为建设用地，从而产生了大量的违法用地。又如，当政府采取法律限制、行政干涉、经济制裁等非市场手段干涉农村集体经营性建设用地流转时，却无法阻挡市场机制对土地资源配置的作用，从而自发产生农村集体经营性建设用地交易的隐形市场。

三 农村集体经营性建设用地制度变迁具有较强的路径依赖

制度经济是经济学研究方向的拓展。当制度不能反映资源稀缺性和经济机会时，经济中就会出现行为的扭曲，从而产生矫正制度的需求，发生所谓的制度变迁。也就是说，当制度需求和制度供给不能完全匹配时，制度就会通过不断修正和调整来满足制度需求，而这个过程会受到原有制度的干扰和影响，而沿着既定方向前进，呈现所谓的路径依赖。这意味着制度调整很难在非常短的时间内有所突破（Davis.，1970③；诺斯，2014④）。深究其原因，一个共同体共享的基本价值系统及其原规则是相对稳定的，具有黏滞性（stickiness），这种黏滞性有利于稳定的制度演化和路径依赖⑤。如果外部环境没有发生明显变化，中央政府更倾向于

① 刘宪法：《南海模式的形成、演变与结局》，张曙光、刘守英执行主编：《中国制度变迁的案例研究》（土地卷 第八集），中国财政经济出版社 2011 年版，第 69—71 页。

② 陈利根、龙开胜：《我国农村集体建设用地流转的发展历程及改革方向》，《中国农史》2008 年第 2 期。

③ Davis, L., "Institutional Change and American Economic Growth", *Journal of Economic History*, Vol. 30, No. 1, 1970, pp. 131 – 149.

④ ［美］道格拉斯·诺斯：《制度、制度变迁与经济绩效》，杭行译，韦森译审，格致出版社、上海三联书店、上海人民出版社 2014 年版，第 126—135 页。

⑤ ［澳］柯武刚、［德］史漫飞、［美］贝彼得：《制度经济学：财产、竞争和政策》（第二版），韩朝华译，商务印书馆 2018 年版，第 527—567 页。

维持现行的制度安排（唐健等，2021）①。例如，虽然我国农村集体经营性建设用地自20世纪90年代开始就有急迫的入市需求，但出于国家经济利益的考虑，自1998年《土地管理法》实施的20多年，中央政府一直将保护农地作为农村土地管理的核心和重点，从而对农村集体建设用地流转设置严格的限制。

在2019年以前，中央采取意见通知、实施细则、管理办法以及之后对土地上位法的修订都是针对这两个条目的强化。如1999年国务院办公厅针对当时炒卖土地发出了著名的39号文②，要求加强对农民集体土地的转让管理，坚决查处农民集体土地非法交易的行为。2000年，国土资源部颁布了促进土地使用权规范交易的11号文③，该文提出要严格禁止和严肃查处"以租代征"转用农用地的违法违规行为。2007年，国务院办公厅专门针对农村集体建设用地发布了一项通知④，对乡镇企业用地作出了进一步规范，指出，"要严禁以兴办'乡镇企业''乡镇村公共设施和公益事业'为名，非法占用、租用农民集体所有土地进行非农建设"（第二条）。2009年，国家在修订《中华人民共和国城市房地产管理法》（以下简称《城市房地产管理法》）⑤时，又将限制范围扩大到城市规划区内的集体所有的土地，之后，集体土地只有依法转为国有土地后方可流转。但当预期净收益超过预期成本，制度就会发生创新。例如，农村集体经营性建设用地流转被地方赋予合法流转地位，在农村现实中普遍发生，而中央要进行监管和违法处置，其成本是非常高的，因此，顺势推动制度创新是最好的选择。

---

① 唐健、谭荣、魏西云：《农村土地制度改革的中国故事——地方政府行为的逻辑》，北京大学出版社2021年版，第42—63页。

② 参见《国务院办公厅关于加强土地转让管理严禁炒卖土地的通知》（国办发〔1999〕39号），最高人民法院数字图书馆（http：//eastlawlibrary. court. gov. cn/court-digital-library-search/page/fullTextSearch/lawNReguDetail. html？id＝191889）。

③ 参见关于建设土地有形市场促进土地使用权规范交易的通知》（国土资发〔2000〕11号），中央人民政府网（http：//www. gov. cn/gongbao/content/2000/content_60331. htm）。

④ 参见《国务院办公厅关于严格执行有关农村集体建设用地法律和政策的通知》，中央人民政府网站（http：//www. gov. cn/gongbao/content/2008/content_881184. htm）。

⑤ 参见清镇市人民政府网站，http：//www. gzqz. gov. cn/zxfw/bmlqfw/zffw/zcfg_5723775/202106/t20210608_68451915. html。

综上所述，我国农村集体经营性建设用地入市制度演变的背后经济学显示，不断深化农村土地制度改革实际是产权赋能的过程，其间强制性制度变迁与诱致性制度变迁交织互动发挥作用。从初始，国家对农村集体经营性建设用地限制了可让渡性而保留了排他性的制度安排，之后入市制度的变迁始终是围绕着土地转让权合法性演进的，最终在权力中心从最初容忍到最终追认地方政府自发的制度创新活动下完成了制度变迁①，呈现了较强的路径依赖特征。最终，自上而下的政策制度，通过与地方实践积极互动的方式，在交织互动的过程中，完成对土地制度改革的合法性背书。

第五节　本章小结

我国农村集体经营性建设用地制度是从早期的一揽子农村建设用地管理制度中逐渐分离出来的。我国有关农村集体经营性建设用地的制度安排刻画了包括农村集体经营性建设用地形成制度和流转制度在内的制度变迁轨迹。从内在逻辑看，形成制度和流转制度在交织互动下共同推动农村集体经营性建设用地制度向产权完善方向演进。从外在作用力看，推动农村集体经营性建设用地制度变迁的外力由早期的政府主导切换到了市场主导，是市场在资源配置中主导地位显化的过程。

首先，我国农村集体经营性建设用地构成复杂且缺乏合法手续的"占问题用地"数量不可忽视。梳理农村集体经营性建设用地形成历史可以发现，其主要来源于乡镇企业用地、保留集体所有权性质的征地安置留用地以及依规转变用途的农村建设用地，国家有关这些用地的制度安排复合为集体经营性建设用地制度。

其次，国家有关农村集体经营性建设用地形成制度和流转制度的安排，是在近70年的交织互动下，共同刻画了其制度演变轨迹。当然，制度变迁的主线是围绕着土地发展权（从农用地转为农村集体经营性建设用地）和流转权（或者可让渡权）演变的。虽然这个过程是曲折的、漫

① 杨瑞龙：《我国制度变迁方式转换的三阶段论——兼论地方政府的制度创新行为》，《经济研》1998年第1期。

长的，但始终是向着赋予集体完整的土地产权方向演进的，其间呈现了较强的路径依赖性。

最后，我国农村集体经营性建设用地制度变迁是强制性制度变迁和诱致性制度变迁交织互动下完成的。其间，如果政府（可能是地方政府也可能是中央政府）的正式产权制度供给不能满足实践中自发的产权制度需求，这在很大程度上会增加政府产权交易成本。例如中央对农村集体经营性建设用地流转的监管和违法处置，其成本是非常高的。

据此，深化农村集体经营性建设用地入市试点工作应在"用好土地"上下功夫，在土地用途管制下，以节约集约利用土地资源为导向，切实发挥市场在土地资源配置中的决定性作用，推动农村集体经营性建设用地入市改革从"审慎稳妥推进"走向"持续深化"。

第 四 章

农村集体经营性建设用地入市
制度现状及效果评价[*]

——以国家首轮农村集体经营性建设用地
入市 33 个试点为例

农村集体经营性建设用地作为农村建设用地的重要用地形态，其制度改革一直备受关注。历史经验显示，好的制度是实践的产物，基层丰富的创新实践始终是改革完善我国土地管理制度的动力源泉（王世元，2014)①。2023 年 7 月 11 日，习近平主持召开中央全面深化改革委员会第二次会议时强调，要把顶层设计同基层探索有机结合起来，允许和鼓励不同地区因地制宜探索，善于发现和总结基层的实践创造②。

本部分立足农村集体经营性建设用地入市试点工作结束大背景，以国家 33 个农村集体经营性建设用地入市试点为研究对象，通过整理分析试点地区出台的相关文件并结合实际调研，全面、系统地梳理和分析 2015—2019 年试点期间，地方政府有关农村集体经营性建设用地入市的制度安排，并结合试点效果对农村集体经营性建设用地入市制度进行综合评价。

---

* 本章主要内容已发表，详见马翠萍《集体经营性建设用地制度探索与效果评价——以全国首批农村集体经营性建设用地入市试点为例》，《中国农村经济》2021 年第 11 期。

① 王世元主编：《新型城镇化之土地制度改革路径》，中国大地出版社 2014 年版，第 29—33 页。

② 参见新华社网，http://www.news.cn/politics/2023-07/11/c_1129744148.htm。

第一节 我国农村集体经营性建设用地 入市试点工作推进情况

　　2015—2019 年，国家首次、大规模开展的农村集体经营性建设用地入市试点工作，是在中央政府直接领导下的一次农村土地制度改革。该项试点工作主要由县（市、区）级地方政府推动。这是因为从国家行政单元来看，县（市、区）级政府拥有相对完整的行政权和经济自主权。围绕该项改革，中央出台了有关入市土地增值收益、入市土地融资的系列指导文件，如《农村集体经营性建设用地土地增值收益调节金征收使用管理暂行办法》《农民住房财产权抵押贷款试点暂行办法》等配套指导文件。我们以集体经营性建设入市改革的四次关键节点，即 2014 年年底启动试点、2016 年拓展试点范围、2019 年试点结束、2022 年 11 月启动新一轮试点，将该项改革划分为四个阶段，如图 4-1 所示。

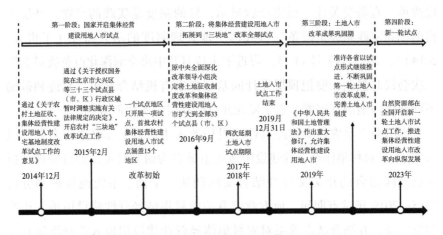

图 4-1　农村集体经营性建设用地入市改革推进情况

　　第一阶段：国家拉开农村集体经营性建设用地入市试点帷幕（2014年至 2015 年）。2014 年 12 月，原中央全面深化改革领导小组第七次会议和中央政治局常委会会议，审议通过了"三块地"的工作意见。2015 年2 月，十二届全国人大常委会第十三次会议审议通过配套法律暂时调整实施的决定，农村集体经营性建设用地入市作为重要的改革任务之一，正式拉开改革帷幕。按照党中央、国务院部署要求，改革初始，一个试点地区只开展一项改革，首批农村集体经营性建设用地入市试点涵盖15个地区，具体包括北京市大兴区、山西省泽州县、辽宁省海城市、吉林省长春市九台区、黑龙江省安达市、上海市松江区、浙江省德清县、河南省长垣县、广东省佛山市南海区、广西壮族自治区北流市、海南省文昌市、重庆市大足区、四川省成都市郫都区、贵州省遵义市湄潭县、甘肃省陇西县等。

第二阶段：农村集体经营性建设用地入市试点范围拓展、试点期限延长阶段（2016年至2019年12月）。为更好地显化农村土地制度改革三项试点改革效果，2016年9月，原中央全面深化改革委员会决定将土地入市试点扩大到全部33个试点县（市、区）（二次纳入天津市蓟县、河北省保定市定州市、内蒙古自治区呼和浩特市和林格尔县、四川省泸州市泸县、云南省大理州大理市、江苏省常州市武进区、西藏自治区拉萨市曲水县、陕西省西安市高陵区、浙江省金华市义乌市、青海省西宁市湟源县、安徽省六安市金寨县、福建省泉州市晋江市、宁夏回族自治区石嘴山市平罗县、江西省鹰潭市余江县、新疆维吾尔自治区伊犁州伊宁市、山东省德州市禹城市、湖北省襄阳市宜城市、湖南省长沙市浏阳市18个试点）。之后2017年、2018年两次延期农村集体经营性建设用地入市试点期限，最终该项工作于2019年12月31日结束。其间，为确保风险可控，试点工作采取封闭运行方式。

第三阶段：农村集体经营性建设用地入市改革进入成果巩固期（2020年至2022年年底）。随着农村集体经营性建设用地入市试点工作的结束，我国最新修订的《土地管理法》作出了重大修订，即允许农村集体经营性建设用地入市。

第四阶段：深化农村集体经营性建设用地入市试点阶段（2022年11月—2024年年底）。为贯彻落实党中央、国务院深化农村集体经营性建设用地入市战略部署，2022年11月，中共中央办公厅、国务院办公厅正式印发《关于深化农村集体经营性建设用地入市试点工作的意见》，明确开展新一轮试点工作，时间到2024年年底。2023年3月，自然资源部会同有关部门研究制定了《深化农村集体经营性建设用地入市试点工作方案》，并于 2023 年 3 月印发自然资办函〔2023〕364 号文。新一轮试点工作以健全城乡统一的建设用地市场为目标，以符合国土空间规划、用途管制和依法取得为前提，以落实农村集体经营性建设用地使用权权能、形成竞争公平有序的市场配置机制和监管规则、有力保护市场交易主体权利为主线，工作重点包括：(1) 探索农村集体经营性建设用地市场交易规则和服务监管体系；(2) 完善规则明晰、程序规范、监管到位的入市流程；(3) 建立分类别、有级差的入市土地增值收益分配机制；(4) 探索推动农村集体经营性建设用地与国有建设用地使用权同等进入土地二级市场等几个方面。

新一轮试点地区涵盖全国 31 个省（自治区、直辖市）、350 余个县（市、区、旗），其中海南省在全域开展。试点县（市、区、旗）选取原则是：在保留原有 33 个试点县（市、区）的基础上，各省（自治区、直辖市）综合考虑经济社会发展水平和区位，优先选择存量农村集体经营性建设用地多、国土空间规划和不动产登记等基础性工作扎实、集体和农民有共同意愿、产业发展有需求的县（市、区、旗）。其中每省（自治区、直辖市）选择试点县（市、区、旗）具体数量原则上不得超过本省份县（市、区、旗）数量的 10%。同等条件下，试点县（市、区、旗）优先安排在有改革基础的地区，如正在开展或者已经开展过农村宅基地制度改革试点地区、国家城乡融合发展试验区以及农村改革试验区等。

为简化表述，本章采用试点所在"某（省、市、自治区）＋某（县、市、区）＋试点"的表述方式，如北京市大兴区试点，我们表述为北京大兴试点，以此类推（如没有特殊说明，本研究以下同）。另外，文中出现的"地方政府"主要是指试点层面的县（市、区、旗）级政府。而非国家试点地区，本章采用"某（省、市、自治区）＋某（县、市、区）"的表述方式加以区分。

第二节　试点地区有关农村集体经营性建设
用地入市共性的制度安排

统计数据显示，经过初步梳理，我国 33 个农村集体经营性建设用地入市试点地区共查明可入市用地约 11. 9 万宗、141. 5 万亩①，占全国可入市土地面积的 3%—5%。截至 2018 年 12 月底，33 个试点县（市、区）集体经营性建设用地已入市地块 1 万余宗，面积 9 万余亩，总价款约 257 亿元，收取调节金 28. 6 亿元，办理集体经营性建设用地抵押贷款 228 宗、38. 6 亿元（国务院，2018）②。

从试点地区实践来看，试点地区围绕农村集体经营性建设用地入市的关键问题作了规范的制度安排，在制度设计的方向上和原则上与中央指导文件精神保持高度的一致性，在具体操作上进行了差异化的探索（见表 4 –1）。

表 4 –1　　　　　　　　　　　　　　试点地区制度探索

关键制度	具体制度安排
入市条件	第一，存量建设用地；第二，符合土地利用总体规划和城乡规划确定为工矿仓储、商服等经营性用途；第三，完成土地产权登记
入市主体	拥有土地所有权的乡镇、村或村民小组等农村集体经济组织或者经集体土地所有权人委托授权，具有法人资格的组织
入市用途	工矿仓储、商服等经营性用途
入市途径	就地入市、异地调整入市、综合整治入市
入市交易方式	出让、出租、作价出资（入股）
入市土地增值收益分配	地方政府：以土地增值收益调节金分成土地增值收益； 集体：村集体经济组织可按照一定比例提取土地增值净收益； 农户：以公平为前置条件，具体分配方案由村集体民主协商决定
入市程序	入市准备→入市方案编制及决议→方案审批→公开交易→成交及公示→签订合同→缴纳税费和权属登记

资料来源：笔者依据调研信息整理。

一　对农村集体经营性建设用地入市条件的设置较为统一

依据中央文件土地入市指导意见，试点地区对入市土地一般设置三

---

① 参见自然资源部网，https：//www. mnr. gov. cn/dt/mtsy/201810/t20181023_2329070. html。

② 参见《国务院关于农村土地征收、集体经营性建设用地入市、宅基地制度改革试点情况的总结报告》，中国人大网（http：//www. npc. gov. cn/npc/c12491/201812/3821c5a89c4a4a9d8cd-10e8e2653bdde. shtml）。

个门槛条件：第一，要满足土地用途分类为存量建设用地。第二，"两规"①确定为经营性用途的土地，如用于工矿仓储、商服等用途。第三，集体经营性建设用地在入市前，须完成集体土地所有权登记。这项规定对应的是入市土地必须权属清晰、没有争议，可根据情况申请办理不动产权首次登记。从字面可以理解，农村集体经营性建设用地入市必须满足三个门槛条件。云南大理试点在上述三个门槛条件下，又设置了入市土地起步面积 2 亩的要求。其中，试点地区采用不同时间节点诠释"存量"的概念，如天津蓟州试点、云南大理试点、广东南海试点将存量建设用地截止时间划定在 2014 年。2022 年 12 月启动新一轮深化集体经营性建设用地入市试点，诸多试点对存量建设用地本底结合第三次全国国土调查进行重新厘定，如天津规定，以第三次全国国土调查、自然资源部下发的 2021 年国土变更调查现状共享版为基础，认定存量建设用地。

二 对农村集体经营性建设用地入市主体的规定高度一致

依据产权经济学，完整的转让权应包含自主的缔约权，允许集体自发缔结各种市场性合约来节约交易费用（周其仁，2017）②，并在自愿的基础上选择合约组织。实践显示，试点县（市、区）严格遵照国家入市指导文件《农村集体经营性建设用地入市试点实施细则》③的规定，依据农村集体经营性建设用地归属主体不同，入市主体可以是拥有土地所有权的乡镇、村或村民小组集体经济组织，或经集体土地所有权人委托授权，具有法人资格的农村股份经济合作社（联社）、土地股份合作社、土地专营（联营）公司、有限责任公司（如四川郫都试点）、集体资产管理公司（如山西泽州试点）等，由其代表农民集体行使农村集体经营性建设用地的使用权（见图 4-2）。针对那些尚未取得法人资格的集体经济组织，也有变通的余地——可以委托其他具有法人资格的组织机构代理实施入市，为了避免期间产生的争议，规定需就委托事项明确各方权利义务关系。

---

① 指土地利用总体规划和城乡规划。
② 周其仁：《产权与中国变革》，北京大学出版社 2017 年版，第 126 页。
③ 参见法律服务网（http://law168.com.cn/doc/view? id=174545）。

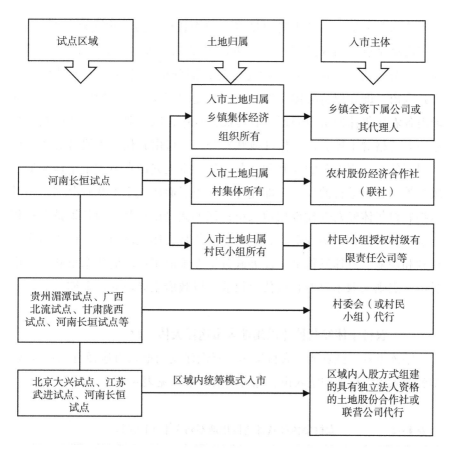

图4-2 农村集体经营性建设用地入市主体示意

试点实践显示，入市土地归属乡镇集体经济组织所有的，目前由于镇集体经济组织法人建设的缺位，一般由镇（街道）全资下属公司或其代理人作为入市实施主体，可由乡镇资产经营公司等乡镇全资下属子公司或其代理人作为入市实施主体，如河南长垣试点、广东汕尾市等都有此规定；对入市土地归属村集体所有的，一般由农村股份经济合作社（联社）作为入市实施主体，如截至2018年12月底，浙江德清试点依法注册登记成立了160个村股份经济合作社，以独立法人的资格作为入市主体；对入市土地归属村民小组的，允许村民小组采取委托授权方式，授权村级有限责任公司等作为入市主体。

相比之下，还有一部分试点地区由于集体经济组织的发展滞后，往往通过村民小组、村委会、乡镇政府来行使土地权利。如贵州湄潭试点县、广西北流试点、甘肃陇西试点、河南长垣试点、黑龙江安达试点、辽宁海城试点、山西泽州试点、重庆大足试点等地区是由村委会（或村民小组）代行入市主体。除此之外，部分试点地区采取区域内统筹模式入市，即在保持集体土地所有权不变的前提下，镇域内或者一定区域内各农村集体经济组织通过履行民主程序，以入股方式组建的具有独立法人资格的土地股份合作社或联营公司，可由其代表入股各集体经济组织行使与入市有关的权利和义务。如北京大兴试点对入市土地采取镇级统筹、封闭运行的模式，即允许在镇级层面成立土地联营公司，由其承担农村集体经营性建设用地入市；江苏武进试点和河南长垣试点都创新了出让主体权能实现形式，由镇政府代替集体经济组织行使入市主体权利和职能。具体操作上，江苏武进试点采取了镇政府代章形式，河南长垣试点则采取了政府直接代行权能，以政府主导成立产业园区。

三 农村集体经营性建设用地入市途径大体一致

整体来看，试点地区农村集体经营性建设用地入市途径有三种方式，即就地入市、异地调整入市、综合整治入市（见表4-2）。

表4-2　　　　　农村集体经营性建设用地不同入市途径辨析

入市途径	入市地块条件	主要做法	入市现状
就地入市	地块符合入市条件且完成三通一平或者五通一平等开发建设	可直接进入当地土地交易市场	存量少，但是易于操作，是目前主要入市方式
调整入市	主要针对农村小而散的、偏远的农村集体经营性建设用地，但一般情况下，该入市模式不改变地块所有权	采取"先垦后用"、异地置换方式。由集体经济组织结合土地利用总体规划和土地整治规划，先复垦后形成建设用地指标再易地入市。调整入市地块一般限定在产业集中区、农业示范园区	试点地区采用调整入市方式进入土地一级市场交易的农村集体经营性建设用地约占入市总量的五分之一。但可以研判出，调整入市将是未来农村集体经营性建设用地入市主要方式

入市途径	入市地块条件	主要做法	入市现状
综合整治入市	针对城中村、连片农村城边村、村级工业园、空心村等可连片开发区域土地	首先，对整治区各类用地统一进行复垦，优先划定配套基础设施用地；其次，对其余土地重新划分地类并确认权属；最后，允许集体经济组织将规划用途为经营属性的集体建设用地入市。当然，入市土地的前提是未列入征收或者储备范围	由于环节多，涉及面广，实践中很多试点地区没有采用该方式

（一）就地入市

就地入市是指集体经营性建设用地在符合入市三项条件的情况下，且具备开发建设所需要的基础设施条件，如三通一平、五通一平等，就可直接进入土地一级市场进行交易。试点实践显示，存量农村集体经营性建设用地可通过直接入市的宗地一般占比较小，如浙江德清试点存量可入市宗地1881宗、10691亩，其中可直接入市的有1036宗、5819亩，可就地入市宗地数、面积分别占存量宗地数和面积的55%、54.4%。但由于直接入市易于操作，是很多地区首选的入市方式，如截至2020年年底，江西余江试点就地入市占农村集体经营性建设用地入市宗数的75%。如截至2020年年末，黑龙江安达试点就地入市占农村集体经营性建设用地入市宗数的100%。

（二）异地调整入市

依据《农村集体经营性建设用地入市试点实施细则》[①]的指导意见，异地调整入市主要针对的是农村零星、分散的集体经营性建设用地。在确保耕地数量不减少、质量有提高的前提下，由集体经济组织依据"两规"，将这些零散的宗地先进行复垦，从而获取建设用地指标，再易地选

---

① 参见 http://law168.com.cn/doc/view? id=174545。

择相应地块进行入市的方式。复垦验收后的耕地指标由地方政府向集体经济组织所有权人进行回购。之后，入市地块申请人向县（市、区）国土资源局提出申请，经县（市、区）人民政府批准后进入指标交易平台购买指标并缴纳有关费用，集体经济组织可对该地块按入市有关程序组织入市。该种操作方式下，能够确保农村集体经营性建设用地指标与耕地指标都保持不变。异地调整入市的农村集体经营性建设用地可以在本村内，也可以跨村、跨镇。①跨村调整。入市土地如果是通过跨村调整入市，一般采用土地所有权调换，按照集体经营性建设用地市场价找补差价。②跨乡镇调整入市。跨乡镇调整入市一般通过入市土地指标调换。如农村集体经济组织将农房改造腾挪出的建设用地指标调整到县域内经济开发区或其他乡镇产业园区。入市土地指标调换下，村集体经济组织可以选择支付同等面积的土地征收成本，也可以按用地面积与用地指标按比例折算。

调整入市的主体为入市地块所属的农村集体经济组织。对于入市土地增值收益分配，有约定的按照约定执行，一般由入市地块所在的集体经济组织采用一定的标准和方式向复垦地块所属的农村集体经济组织支付复垦补偿金。在实践中，异地调整入市更倾向于采用货币补偿方式调换。当然，这也并不是绝对的。在一些试点地区，如江苏武进试点、天津蓟州试点、浙江义乌试点、广东汕尾市等地区规定，如果异地调整入市地块涉及不同集体经济组织的，可相互调换土地所有权。如浙江德清试点规定，对未规划调整入市建新区块的，允许集体经济组织"以地换地"，调换地块所有权，从而实现调整入市。但浙江义乌试点将跨村异地调整入市的用地限制在农村更新改造节余的存量建设用地和城乡新社区集聚建设中的产业用房用地。

需要指出的是，试点地区会对调整入市加以管控，如规划控制拆旧复垦规模和调整入市建新规模。调整入市施行项目区管理方式，项目区由拆旧复垦区和调整入市建新区组成。拆旧复垦区主要是低效、零散的农村存量集体经营性建设用地。建新区一般设置在产业园区。

据此，调换土地所有权入市主要涉及三个步骤，第一步：集体经济组织之间自愿协商，形成土地所有权调换方案（具体包括：拟复垦地块和拟入市地块的地类、面积、权属等基本情况和影像资料；拟复垦地块和拟入市地块土地勘测定界图；拟复垦地块和拟图示地块的土地利用规划区位图和土地利用现状图；拟复垦地块基本复垦方案），并经双方集体经济组织成员依法表决同意后，向所属镇（街道）人民政府申请批准；涉及跨镇（街道）调换的，应当分别向所属镇（街道）人民政府申请批准；第二步：双方农村集体经济组织根据所属镇（街道）人民政府批准的方案，签订集体土地所有权调换合同，报所属镇（街道）人民政府备案；第三步：双方农村集体经济组织依法提供相关材料，向不动产登记部门申请不动产登记（见图4-3）。

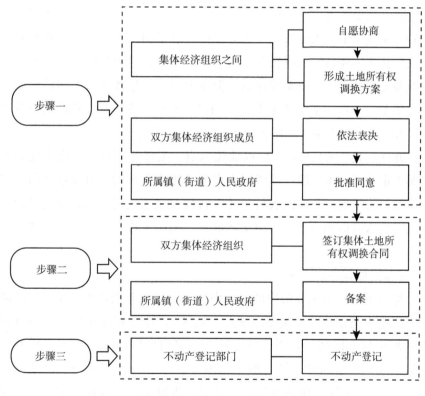

图4-3 异地调整入市步骤（调换土地所有权）

调整入市主要借鉴了城乡建设用地增减挂钩政策的经验，在实际操作中和城乡建设用地增减挂钩政策大体相同。不同之处在于，增减挂钩中建新地块必须先征为国有建设用地才能发生流转，而集体经营性建设用地调整入市下土地归属集体所有的属性不变。此外，试点地区一般将调整入市地块限定在产业集中区、农业示范园区等，如北京大兴试点农村集体经营性建设用地以调整入市为主，全区 4200 多宗用地调整到产业集中区入市的比例达到 95% 以上①。

就目前土地入市进展来看，现阶段调整入市并不是农村集体经营性建设用地入市的主要方式。统计数据显示，试点地区通过调整入市的农村集体经营性建设用地面积约占集体经营性建设用地入市总面积的五分之一②。这主要源于调整入市往往涉及两个不同的集体经济组织，即入市地块所属集体经济组织和复垦地块所属集体经济组织，协商农村集体经营性建设用地入市后的增值收益分配就成为横亘在两个集体经济组织的难题。实践显示，入市地块所属集体更愿意采用一次性货币方式对复垦地块所属集体经济组织进行补偿。当然，也有通过协商解决入市土地增值收益分配的，如贵州湄潭试点。但就全国农村集体经营性建设用地入市自然条件来看（如整体来看，全国存量农村集体经营性建设用地都呈现"小而散"的特征），调整入市必然是未来大趋势。

此外，北京大兴试点、广西北流试点、浙江德清试点允许土地异地调整入市镇级统筹，即在镇级层面设立土地专营机构，引导辖区内集体经济组织将零星、分散的农村集体经营性建设用地复垦后，以复垦面积入股、按入股份额分红、事项集体决策、统一委托入市的形式实现调整入市。

（三）综合整治入市

综合整治入市主要解决的是城中村（如广西北流试点、辽宁海城试点、海南文昌试点、贵州湄潭试点等地区）、连片农村（如广东南海试点）城边村、村级工业园、空心村（如河南长垣试点）等可连片开发区域土地的入市问题。结合城中村改造、"空心村"整治、"批新退旧"、"三旧改造"和易地扶贫搬迁等工程退还集体的建设用地，在保障一定需求下，可整治后入市。具体操作步骤是，首先，对整治区各类用地统一进行复垦，优先划定配套基础设施用地；其次，对其余土地重

---

① 北京大兴区农村土地制度改革试点工作报告。

② 参见乡村发现网（https://www.zgxcfx.com/zhubiantuijian/97321.html）。

新划分地类并确认权属；最后，允许集体经济组织将规划用途为经营属性的集体建设用地入市。当然，入市土地的前提是未列入征收或者储备范围。

从试点操作层面来看，农村集体经营性建设用地入市一般遵循"先易后难"的规律。由于就地入市简单、易于操作，截至目前，就地入市占比非常高，占到全部农村集体经营性建设用地入市交易的六成到七成（陈明，2018）[①]。当然，并不是所有试点地区都涵盖全部入市方式，如吉林九台试点、江西余江试点、湖南浏阳试点、浙江德清试点虽然设置了农村集体经营性建设用地入市的三种方式，但截至目前，这些地区尚未有通过综合整治入市的地块。究其原因，综合整治入市对复垦土地规模有门槛限制，如果腾退面积小、布局零散，对入市土地综合整治成本就很高，现实中很难推进。浙江德清试点存量可入市宗地（1881 宗）中，可就地入市与异地调整入市的土地宗数分别占 55.1%、44.9%。江西鹰潭全市乡镇入市成交覆盖率 100%[②]，也采用该两种方式入市。湖南浏阳在试点期间农村集体经营性建设用地就地入市与异地调整入市的土地宗数分别占 53.9%、46.1%（浏阳市自然资源局，2020）。但贵州湄潭试点则主要以调整入市为主，如截至 2017 年 6 月底，全县调整入市出让地块占全部入市总宗数的 60%，通过调整入市的农村集体经营性建设用地占入市总面积的 77.4%。

此外，试点地区农村集体经营性建设用地入市方式的选择也可能是动态调整的，如 2016—2019 年，吉林九台试点通过异地调整入市的宗地数占当年入市土地总宗数的比例从 2016 年的 25%，2017 年的 33%，2018 年的 53.8%，提高到 2019 年的 65.1%，逐渐成为最主要的入市途径，预计这一占比将持续提高。

四　对农村集体经营性建设用地入市方式共识性较强

试点期间，农村集体经营性建设用地入市方式一般包括出让、出租、

---

① 陈明：《农村集体经营性建设用地入市改革的评估与展望》，《农业经济问题》2018 年第 4 期。

② 参见 https：//www.mnr.gov.cn/dt/dfdt/202210/t20221019_2762530.html。

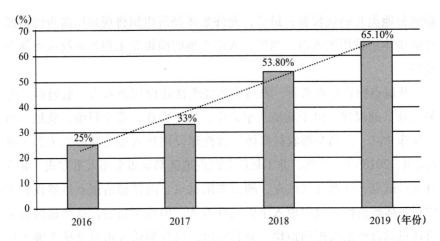

图4-4 2016—2019年吉林九台试点调整入市情况

资料来源：吉林九台自规局。

作价出资（也称为入股）三种，其中，出让是指集体经营性建设用地所有者把一定年限的土地使用权让渡给土地使用者，并由土地使用者一次性支付土地使用权对价的行为，而出让是体现土地市场化配置最重要的形式，也被认为是比较彻底的集体经营性建设用地市场化改革方式（王小映，2022）[①]。集体经营性建设用地出让方式下，土地使用权进一步衍生出转让、出租、抵押的用益物权，并且与集体经营性建设用地所有权的产权边界清晰，具有独立性和排他性。出让又可进一步细分为协议出让和挂牌出让两种。河南长垣试点在2015年1月—2019年8月，共入市农村集体经营性建设用地252宗，其中以协议出让入市的宗地占入市宗地总数的75%（有189宗）。截至2018年12月，浙江德清试点农村集体经营性建设用地入市方式包括出让和租赁两种，其中出让宗地数占比高达79%。湖南浏阳在试点期间，土地以出让方式入市的占所有入市宗地总数的96%。

就全国试点地区操作层面来看，农村集体经营性建设用地入市现阶段以出租为主，其中主要原因是全国农村集体经营性建设用地入市体量

---

① 王小映：《农村集体经营性建设用地出让性质和特征的分析——兼论国有土地出让合同的性质》，《农村经济》2022年第12期。

最大的江苏武进试点。调研统计数据显示，截至 2019 年年底，江苏武进试点农村集体经营性建设用地有偿使用合同签订率达到 98%，一级市场入市总量突破 1 万宗、面积 8.67 万亩。按入市方式分，出让入市 1254 宗、15850 亩，作价出资入股 7 宗、512.5 亩，金额 3.93 亿元，租赁入市 8902 宗、70349 亩。其中以租赁方式入市的宗地数占入市宗地总数的 87.6%。从入市宗地面积上来看，采用租赁方式入市的宗地面积占入市宗地总面积的 81.12%[1]。当然，部分试点地区，如广东南海试点也以租赁入市为主，统计数据显示，截至 2016 年 6 月，其以租赁方式流转的集体建设用地面积占集体土地流转总面积的 89.74%。究其原因，相对于出让，租赁方式降低了用地者的前期成本（见图 4 - 5）。

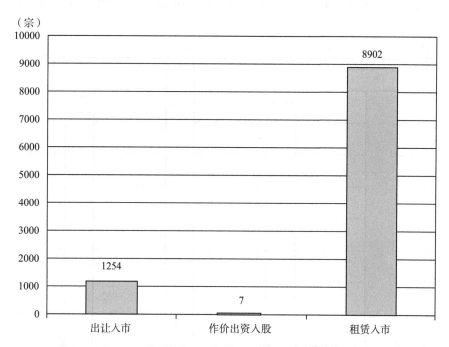

图 4 - 5　2016—2019 年江苏武进试点农村集体经营性
建设用地入市方式情况

---

[1] 南京农业大学不动产研究中心，常州市武进区农村土地制度改革三项试点办公室：《中国农村土地制度改革"武进样本"的探索与思考》，中国社会科学出版社 2021 年版，第 98—102 页。

五 农村集体经营性建设用地入市后用途比较集中

2021 年颁布实施的《中华人民共和国乡村振兴促进法》（以下简称《乡村振兴促进法》）① 第六十七条对农村集体经营性建设用地入市土地用途进行了规定，要求"优先用于发展集体所有制经济和乡村产业"。试点地区对入市土地用途采用列举方式限定，如用于工业仓储、商业、旅游、娱乐、服务等生产性、经营性项目。调研显示，90% 的试点地区将入市土地用于工矿仓储与商服用地两类（见图 4-6），如江苏武进试点 98% 的入市土地用途为工矿仓储与商服用地两类。进一步来看，农村集体经营性建设用地入市后用于工矿仓储的比例要远远高于商业用地比例。如截至 2019 年 10 月，山东禹城试点入市地块 239 宗，其中用于工业用途

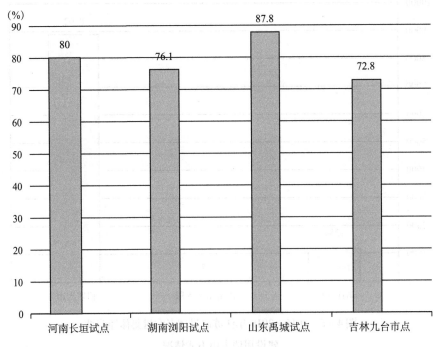

图 4-6 不同试点地区入市土地用途比较

资料来源：作者根据试点地区自然资源局网站公布数据整理。

---

① 参见中央人民政府网，http：//www. gov. cn/xinwen/2021 - 04/30/content_5604050. htm。

的占 87.8%。截至 2021 年 10 月，湖南浏阳试点入市地块 423 宗，其中，以工矿仓储用途、商服用途、公共管理与公共服务用途入市的地块分别占入市宗地地块总数的 76.12%、20.8%、2.36%。同期，吉林九台试点入市地块 222 宗，其中用于工业用途的占 72.8%，河南长垣试点这一比例也在 80% 左右。

六　规范的农村集体经营性建设用地入市程序

在上述基础上，试点地区同时建立了较为规范的农村集体经营性建设用地入市程序，即"入市准备→入市方案编制及决议→方案审批→公开交易→成交及公示→签订合同→缴纳税费和权属登记"，大体分解为四个步骤（见图 4 - 7）。

第一，制订出让计划。这主要是农村集体经营性建设用地入市前的准备。由入市实施主体提出入市动议，组织编制入市方案，方案需要载明宗地的位置、面积、四至、用途等详细信息，同时需要明确入市土地是否符合规划条件、入市土地用途是否符合产业准入和生态环境保护要求等，并就交易方式、入市地价等进行明确，除此之外，还要对土地入市后土地使用期，特别是集体收益分配安排、土地使用权收回等事项予以详细明确。需要说明的是，之后须依法在本集体内部履行民主决策程序，形成入市决议。入市决议[①]事项应当经本集体经济组织成员至少 2/3 成员或者 2/3 以上村民代表的同意。对农村集体经济组织而言，土地入市内部议事程序大同小异，以吉林九台试点为例，其主要流程是：首先，由村民委员会提议。由村民委员会拟定事项初步意见，提交村"两委"联席会议商议。其次，村"两委"研究讨论形成议案。并报乡镇（街道）党委审批。再次，乡镇（街道）党委审批的入市方案先经由村党委委员讨论及审议，通常情况下向村民代表大会提交，然后以书面形式在村务公开栏或者农民容易集中的场所进行公开，听取群众意见。需要说明的是，公开过程要形成书面材料，由 3 名以上村民代表签字后存档备查。之后，村民会议或村民代表会议决议。将公开期间村民反映的问题及意

---

① 入市决议并作为后续申请入市、拟定合同和履约监管协议的依据，以及政府有关部门受理、审批入市的要件。

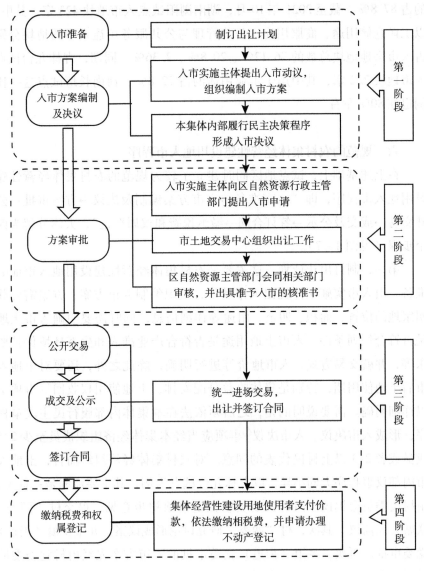

图4-7 试点地区农村集体经营性建设用地入市程序

见同议案一并进行讨论表决。其间，乡镇、街道应派人参加会议，对会议程序监督，并将决议带回。最后，结果公开。对于属于乡镇所有的集体经营性建设用地，其入市程序参照以上步骤。

第二，提出入市申请并接受方案审查。由入市主体向区自然资源行政主管部门提出入市申请，申请要件应包括土地权属证明、入市方案、入市决议等材料。由市土地交易中心组织出让工作。区自然资源主管部门会同相关部门审核拟入市宗地是否履行民主决策程序，是否符合国土空间规划、用途管制、生态环境保护、产业准入要求、收益分配原则等入市条件并出具准予入市的核准书。

第三，统一进场交易。用地双方就入市土地使用权签订书面合同，合同示范文本由试点县（市、区）人民政府统一制定并发布，需要明确成交地块详细四至信息、面积、交易方式、成交总价款、调节金金额、缴纳义务人和缴纳期限等，合同文本制定参照国家自然资源主管部门指导意见。

第四，缴费和办理登记。农村集体经营性建设用地使用者应当按照合同约定时间、方式向入市主体付清土地总价款，并依法缴纳相关税费。试点期间，税费主要包括入市土地增值收益调节金和契税。土地增值收益调节金原则上由农村集体经营性建设用地的出让方缴纳，这在第六章入市土地增值收益部分有详细的介绍，本部分不再赘述。除缴纳土地增值收益调节金外，过渡时期，在契税暂无法覆盖土地入市环节，土地受让方须再按成交价款的3%—5%征收与契税相当的调节金。当然，契税适用税率具体比例由试点县（市、区）确定。之后，自然资源部门按规定为受让方办理《不动产权证书》。

除此之外，试点地区对集体经营性建设用地入市工作进行了较为明确的责任划分，形成了规范的管理体系。

如图4-8所示，各县（区、市）人民政府负责用地入市审批和协调相关监管服务工作；自然资源部门和农业农村部门负责拟入市集体经营性建设用地的确权、选址、测绘、估价、规划条件出具、调换方案审核、复垦方案审核和验收等工作；市发改部门负责拟入市集体经营性建设用地的产业导入和审核等工作；生态环境部门负责集体经营性建设用地入市建设的建设项目环境影响文件审批工作；公共资源交易部门负责集体经营性建设用地入市交易工作；农业农村部门负责集体经营性建设用地入市收益的分配和使用监督等工作；财政部门负责集体经营性建设用地增值收益调节金的收缴等工作；人民银行负责指导集体经营性建设用地使用权的抵押工作；金融部门负责集体经营性建设用地工作的金融贷款支持工作。

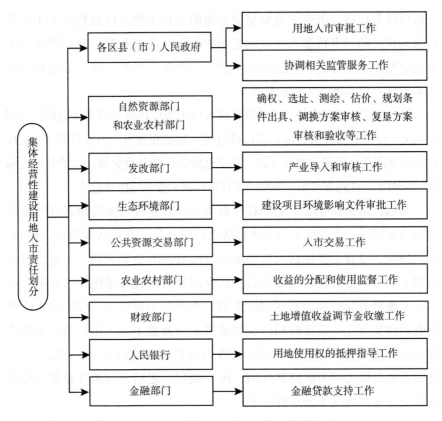

图 4-8 农村集体经营性建设用地入市责任划分

第三节 试点地区有关农村集体经营性建设 用地入市差异化的制度安排

由于经济社会发展程度的不一样、各地经历过的改革发展路径的不同，面临的激励和约束条件不同，地方政府对集体经营性制度安排进行了差异化的探索。2015—2019 年国家自上而下推动的全国范围的农村集体经营性建设用地入市试点工作，是在中央政府直接领导下的一次农村土地制度改革，地方政府作为土地制度改革落地执行者，在遵循中央政府有关农村集体经营性建设用地入市指导框架内，对农村集体经营性建设用地入市制度进行差异化的制度探索。试点地区差异化的制度安排，一方面源于地方政府对顶层制度设计理解的不同，如农村集体经营性建设用地入市范围"圈内"与"圈外"的争议，另一方面源于顶层制度落地时地方制度环境的不一样，如农村集体经营性建设用地入市土地收益分配问题。

一　入市范围的"圈内"与"圈外"争议

需要说明的是，部分试点地区未将农村集体经营性建设用地入市与土地征收区分，而是采用划定"圈内"和"圈外"的界限，划清这两块地的范围。对入市土地究竟是限制在"圈内"还是"圈外"，试点地区依据口径不同的国家法律设置了差异化的制度安排。争议的法律根源是《宪法》第十条规定"城市的土地属于国家所有"，依据该法条，所谓的"圈内"和"圈外"是土地利用规划确定的城镇建设用地边界，规划区边界范围内的为"圈内"，边界范围外的为"圈外"。其争议的焦点无非是"圈内"土地应该是逐步国有化，还是依旧保持国有和集体并存结构的现状。

事实上，中央文件有关农村集体经营性建设用地入市范围边界的划定最早可追溯到 2008 年，在党的十七届三中全会上通过的有关农村改革发展若干重大问题文件中①，将可入市土地限定在城镇建设用地范围外，且"经批准占用农村集体土地建设非公益性项目，……对依法取得的农村集体经营性建设用地……"但该约束并没有在中央后续制定的文件中沿用。从全国范围看，"圈外"仍有大量的农村集体经营性建设用地，面积甚至还可能超过城郊的农村集体经营性建设用地。按照陶然（2022）②的估计，我国存量农村集体经营性建设用地体量在 4000 万—5000 万亩，其中 50%—60% 的可入市用地处在"圈外"，按照这个口径，圈外用地面积高达 2000 万—3000 万亩。由于这些土地主要是过去的村办企业和乡镇企业用地，因此目前大部分土地处于闲置状态，只有很少一部分用于农产品加工、制造业发展、乡村文旅开发，以及未来相关产业发展还可能再使用一小部分，除此之外，未来用于工业、商业并实现增值的潜力并不大。

---

① 参见《中共中央关于推进农村改革发展若干重大问题的决定》，中国人大网（http://www.npc.gov.cn/zgrdw/huiyi/lfzt/nctdcbjyjfzcfca/2008 - 10/20/content_1462644.htm）。

② 陶然：《人地之间：中国增长模式下的城乡土地改革》，辽宁人民出版社 2022 年版，第 152 页。

试点实践中，将农村集体经营性建设用地入市范围限定在"圈外"的做法很普遍。如浙江省余姚市、浙江德清试点将农村集体经营性建设用地入市范围划定在城镇扩展边界外。也有部分试点将农村集体经营性建设用地入市范围限定在"圈内"，如上海松江试点将入市土地明确在城市控制性详细规划均已覆盖的城市开发边界线以内或以外周边。截至2021年3月，上海松江试点82.6%的入市土地位于城镇开发边界内的。当然，也有部分试点地区认为，依据试点文件指导意见，符合条件的就应该入市，而不应区分所谓的"圈内""圈外"，如广东省广州市、天津蓟州试点、四川泸县试点、广西北流试点、江苏武进试点、海南文昌试点等不区分"圈内""圈外"。特别是2022年年底启动的新一轮集体经营性建设用地入市试点，上海市印发了《深化农村集体经营性建设用地入市试点工作方案》，该方案明确提出，试点区应优先选择城镇开发边界外农村地区作为农村集体经营性建设用地入市区域。需要说明的是，位于"圈内"或"圈外"的入市土地在办理规划许可时是有差别的，如江苏武进试点规定，拟入市的农村集体经营性建设用地在各镇控制性详细规划覆盖范围之内的，由入市主体或受委托的实施主体凭入市计划单委托区国土资源主管部门，向区规划主管部门申请规划条件，企业（或个人）以改革试点允许的方式取得农村集体经营性建设用地使用权后，参照城镇国有用地规划管理相关要求，向区规划主管部门申请办理后续相应的规划建设管理手续，如果入市土地在各镇控制性详细规划覆盖范围之外的，由入市主体或受委托的实施主体凭入市计划单委托区国土资源主管部门，向试点办申请乡村规划土地使用条件，企业（或个人）以改革试点允许的方式取得农村集体经营性建设用地使用权后，委托具有相应资质的设计单位编制建设工程。武进区规划主管部门按照本次改革试点的要求，依据经批准的村庄规划对建设工程设计方案进行技术审查后，由发改、住建、消防、环保、镇政府等部门参照区流转模式管理。

二 政府与集体间土地增值收益分配的权衡

除征收一般税项外，试点地区政府对入市土地征收增值收益调节金

（以下简称调节金）①。调节金是指村（居）集体经济组织以土地所有者
身份将集体经营性建设用地使用权在一定年限内出让给土地使用者，应
向政府缴纳的费用，是地方政府参与农村集体经营性建设用地入市增值
收益分配的形式。依据中央出台的农村集体经营性建设用地入市指导意
见，试点期间省市政府不参与土地增值收益分配，因此，在谈及试点地
区地方政府时，如没有特别指出政府层级，均是指试点层面的县市区级
政府（见表 4－3）。

表4－3　　　　　　　试点地区计征调节金基数及比例情况

试点地区	计征比例 （计征基数：土地增值收益）	试点地区	计征比例 （计征基数：土地总价款）
河南长垣试点	30%—60%	北京大兴试点	8%—15% *
重庆大足试点	20%—50%	四川郫都试点	13%—30%②
辽宁海城试点	20%—40%	浙江德清试点	16%—48%
黑龙江安达试点	15%	广东南海试点	15%、10%、5%
海南文昌试点	5%—28%	上海松江试点	50%或20%
甘肃陇西试点	20%—50%	广西北流试点	5%—40%
吉林九台试点	20%—50%	四川泸县试点	20%（工业）、 30%（商业）
山西泽州试点	20%—50%		
天津蓟州试点	12%—20%	上海松江试点	50%或20%
浙江义乌试点	30%—50%		
贵州湄潭试点	统一计征12%		

资料来源：作者根据各试点地区文件整理。

注：交易方式仅限于采取招标、拍卖、挂牌公开方式入市。浙江义乌试点按照三级超率累进
征收率征收调节金。具体计征分类在第六章有详细介绍，本部分不予赘述。

*：北京大兴试点规定入市地块用途为工业用地性质，调节金暂按上述标准的40%比例征收。

———————————

①　参见《农村集体经营性建设用地土地增值收益调节金征收使用管理暂行办法》（财税
〔2016〕41号），中华人民共和国财政部网（http://szs.mof.gov.cn/zhengcefabu/201606/t201606
06_2315042.htm）。

②　交易方式仅限于采取招标、拍卖、挂牌公开方式入市。

　　一般来看，调节金计征以简便、科学为基本原则，计征的比例设置遵循国家相关指导意见，即按照农村集体经营性建设用地入市取得的土地增值收益在国家和集体之间分享比例大体平衡以及保障农民利益的原则。调节金征收方式分两种，第一种是按照农村集体经营性建设用地入市成交总价款的一定比例征收，这种计征方式简单，易于操作，包括北京大兴试点、四川郫都试点、浙江德清试点（见表4-4）、广东南海试点、上海松江试点、贵州湄潭试点等地区，采用该种方式，且集中在西部和东部地区，调节金计征比例一般在总价款的5%—50%。

表4-4　　　　　　　　浙江德清试点计征调节金情况

入市土地用途	入市地块区位情况		
	县城规划区	乡镇规划区	其他位置
商服类	48%	40%	32%
工矿仓储类	24%	20%	16%

资料来源：笔者根据各试点地区文件整理。

　　第二种是按照农村集体经营性建设用地入市收入扣除土地取得成本、土地开发成本及相关税费等支出后的土地净增值额为计征基数。主要集中在中部地区，如河南长垣试点、重庆大足试点、辽宁海城试点、黑龙江安达试点、海南文昌试点、甘肃陇西试点、吉林九台试点、山西泽州等试点地区，调节金计征比例为土地增值净增值额的5%—60%，其中河南长垣试点采取四级分类计征调节金（见图4-9）。值得一提的是天津蓟州试点，依据是否能够核算土地开发整理成本，将调节金设置为两个档，能够核算土地开发整理成本的，按入市土地增值收益的20%收取，反之按照入市土地总价款的12%收取。

　　但无论是不同计征方式，还是同一计征方式，试点地区计征调节金比例跨度都很大，究其背后的原因，无非是保证利益主体在土地征收转用与农村集体经营性建设用地入市两者之间获得相对平衡的收益。如为平衡试点县政府在征地转用和入市条件下获得相对平衡的收益，四川郫都试点参考前期城乡统筹改革中政府可计提的收益，从而确定调节金计征比例下限为13%，参考国有建设用地使用权出让中政府获得的收益水

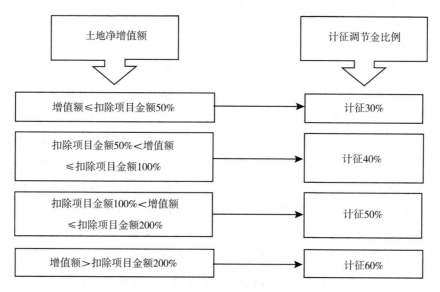

图4-9　河南长垣试点计征调节金示意

平，确定调节金计征比例上限为40%；浙江德清试点为平衡政府收益，参照国有土地出让提取基金①的比例（约占出让总价的16%）设置调节金计征比例下限为16%，经对入市地块实际测算。入市土地在现有比例调节金计征下，农村集体和农民获得的入市土地增值收益为20万元/亩，与土地征收下农民和集体获得的补偿安置约21万元/亩基本持平。如甘肃陇西试点引入"权益价"均衡合理分配收益，即以近5年来国有土地出让数据为基准，测算出不同用途土地的权益价（经测算集体工矿用地权益价为出让价款的30%、商业用地为15%），在土地收益分配时，原使用权人先获得土地权益价，然后将剩余部分收益作为土地增值收益，在国家和集体、集体内部议定原则的方式进行分配。

　　相比之下，吉林九台试点调节金的计征比例设置是确保农村集体经营性建设用地入市情况下集体和农民所得平均土地增值收益与征地情况下集体和农民获得的收益大体相当。根据对已入市地块的测算，集体和农民所得平均土地增值收益54元/平方米，开展征地试点后，集体和农

---

① 主要包括用于社会公共利益的社会保障、教育、农业发展、生态补偿等7项基金。

民两费补偿（49元/平方米）与集体和农民直接分得土地增值收益（9.2元/平方米）之和58.2元/平方米，略高于入市，两项试点的土地增值收益在国家和集体间的分享比例大体平衡。实践中，在入市之初，吉林九台试点农村集体经营性建设用地市场并不活跃，交易案例较少，因此只能参照国有土地出让后政府取得的纯收益数据测算入市过程中土地增值收益调节金的比例（工业仓储按50%收取、商业按60%收取）。随着农村集体经营性建设用地入市改革的不断深入、入市地块增加，实践中显示，不同区位、不同等级、不同用途的地块价格差距非常大，显然原有的分配比例已不具有实际意义。吉林九台试点通过设置专题研究，更科学地确定了土地入市增值收益分配比例，即商业用地、工业用地按土地级别高低，分别按照入市地价总价款的50%—30%、50%—20%计征调节金。这些规定，一方面有利于鼓励发展农副产品加工业，适应农业大省特点；另一方面有利于支持以租赁方式用地，防止因企业生命周期短但用地年期过长而带来的土地闲置浪费和再开发难题。

第四节　农村集体经营性建设用地入市制度效果评价

试点地区探索显示，在推进农村集体经营性建设用地入市改革过程中，注重加强配套制度设计和供给，政策体系基本完备，试点地区对入市的重点问题、主要环节、工作程序作出了科学系统的安排。

一　农村集体经营性建设用地入市制度探索的积极效果

2019年12月，农村集体经营性建设用地入市试点工作全面结束，该项改革取得的制度性成果已在新《土地管理法》中得到体现，在国家上位法层面扫清了农村集体经营性建设用地进入市场的法律障碍，打破了土地一级市场由政府垄断的格局。

（一）通过矫正历史形成的集体建设用地交易行为，一定程度上解决了历史遗留的"问题用地"

由于历史原因，各地中小企业不仅存在不同程度的使用集体建设用地资产权属不清问题，而且用地缺手续、无手续现象比较多，这既打击了企业的经营积极性，也对企业参与招商引资的信心产生了潜在影响，一定程度掣肘了区域民营经济发展。调研显示，各地存量农村集体经营性建设用地中都有不同程度的违法用地，全国农村集体经营性建设用地中有大约五分之一的"问题用地"[①]，总数有 1000 万亩左右，这还不包括 1978 年以前的社队企业用地，以及 1987 年《土地管理法》实施前的乡镇企业用地（这类用地总数在 3000 万亩左右）（陶然，2022）[②]。如 2000 年以来，东北地区为促进经济建设、搞活民营经济发展，在企业用地上"先上车，后买票"的实际情况大量存在。吉林九台试点在"双千工程"[③] 发展起来的大量企业都建在了集体土地上，虽然当时对这类用地采取了"用地备案制"管理（国土部门不查处、不审批的临时措施），但治标不治本，并没有根本解决落户企业的用地审批和后续保障问题，造成大量企业用地不符合现行用地监管政策，在用地手续上仍然长期处于"有实无名"的尴尬局面。事实上，这类问题在珠江三角洲、长江三角洲、环渤海等民营企业活跃的沿海地区尤为严重。如广东南海试点依据 2014 年度土地变更调查成果界定存量农村集体建设用地范围，这意味着参照南海区标图建库成果确定的农村集体建设用地，既包括手续完善的农村集体建设用地，也涵盖历史遗留的那些用地手续不齐全的集体建设用地。

对于上述历史遗留的非法用地问题，试点地区依托集体经营性建设用地入市改革契机，积极采取举措化解这些"问题用地"。对现状已实际使用但尚未取得用地手续的各类存量农村集体经营性建设用地，按规定对其违法占地行为进行行政处罚，用地业主缴交罚款后，可以按照相关规定办理入市交易。如广东南海试点对涉及因历史原因形成的事实存量农村集体经营性建设用地，如在 2011 年 9 月 1 日前，村（居）集体

---

① 需要说明的是，这类用地虽然审批不规范、手续不完善，但由于是特定历史条件下形成的，应该尊重历史可不算为"违法用地"。

② 陶然：《人地之间：中国增长模式下的城乡土地改革》，辽宁人民出版社 2022 年版，第 152—155 页。

③ "双千工程"指的是"千名小老板培育工程"和"千所牧业小区建设工程"。该项工程原是九台市为促进民营经济发展，繁荣城乡经济，扩大社会就业，推进社会主义新农村建设，在 2009 年至 2012 年间举长春市全市之力开展的一项重要工作。

经济组织已将农村集体经营性建设用地使用权出让或租赁的，本着实事求是的原则，可对历史遗留问题进行交易合同鉴证；江西余江试点、河南长垣试点对已形成用地事实的，若用地人已向农民集体付清买地款，可按出让方式入市，若以租赁方式用地的地块，可按租赁方式入市；吉林九台试点明确"改革期间属于历史遗留未办理相关手续的入市企业，按规定缴纳相关规费后，使用集体存量建设用地的，自然资源部门不再予以行政处罚，其他各部门依法从轻、减轻或不予处罚。使用存量建设用地以外用地，区分情况自然资源部门和其他部门可以依法从轻、减轻或不予处罚"。特别针对 2000 年以来"双千"企业已建成的集体农村集体经营性建设用地入市项目进行了联席会议研究，通过了"经规划、土地、环保部门进行属地踏查后，对未来长远发展不影响，就算通过"的决议，为解决"双千工程"为代表的企业用地入市开拓了思路（见表 4 - 5）。

表 4 - 5　　　　　　　　　　　不同"问题用地"处理方式

问题用地形式	试点地区	处理方式
没有履行农地转用手续的	四川泸县试点	在 1999 年 1 月 1 日前的，可直接按土地登记颁证的法定程序将使用权直接登记给农村集体经济组织
		1999 年 1 月 1 日以后，由申请初始登记的集体经济组织缴纳相关税费后，可依法获得土地登记证书
农村集体经营性建设用地已发生事实出让或租赁	广东南海试点	2011 年 9 月 1 日前，本着实事求是的原则，可对历史遗留问题进行交易合同鉴证
对未取得合法用地手续但已形成用地事实的	吉林九台试点	按规定缴纳相关规费后，自然资源部门不再予以行政处罚，其他各部门依法从轻、减轻或不予处罚
对未取得合法用地手续但已形成用地事实的	江西余江试点、河南长垣试点	若用地人已向群众或农民集体付清买地款，可进入农村集体经营性建设用地入市

续表

问题用地形式	试点地区	处理方式
对未取得合法用地手续但符合相关规划的存量建设用地	江苏武进试点	2018 年 6 月 30 日前办理入市并向区财政缴纳相关规费，国土资源部门不再予以行政处罚
已取得集体建设用地使用权证但未完善入市手续		由镇政府负责审核落地项目是否符合产业政策要求

资料来源：作者根据各试点地区文件整理。

江苏武进试点作为全国最大体量的入市地区，不同试点地区历史上形成的问题用地处理方式是非常多样化的，如图 4 - 10 所示，对未取得合法用地手续但符合相关规划的存量建设用地，在 2018 年 6 月 30 日前办理入市并向区财政缴纳相关规费的，国土资源部门不再予以行政处罚。对已取得集体建设用地使用权证但尚未完善入市手续、尚未签订入市有偿使用合同的农村集体经营性建设用地使用权转让时，按照 2017 年江苏武进试点土地改革 9 号文件要求，由镇政府负责审核受让企业经营项目是否符合产业政策要求，符合产业要求的转让双方在镇政府鉴证下签订格式转让合同，至不动产登记交易中心办理不动产登记，等等，这些创新性的举措在一定程度上解决了规划地类与现状地类不一致的问题。

四川泸县试点采用划分时间节点区别处理，即对现状是农村集体经营性建设用地，2014 年最新土地更新调查成果不是建设用地，如果建设用地形成时间在 1999 年 1 月 1 日之前的，可以按土地登记颁证的法定程序将使用权直接登记给农村集体经济组织。如果建设用地形成时间在 1999 年 1 月 1 日以后，且未能提供相关部门批准将该宗地由农用地转为建设用地审批手续的，由申请初始登记的集体经济组织按 10.54 万元/亩（其中参照耕地开垦费 6.54 万元/亩，新增建设有偿使用费 1.87 万元/亩，耕占税 2.13 万元/亩）缴纳费用后可按土地登记颁证的法定程序将农村集体建设用地使用权登记给农村集体经济组织。

（二）农村集体经营性建设用地入市提高了土地需求方和供给方的契合度

土地交易不仅能提高增加土地拥有者在需要的时候找到土地需求者

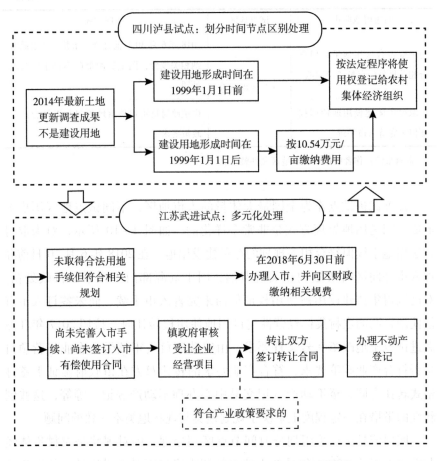

图 4 – 10　典型地区对历史"问题用地"的化解措施

的概率，同时通过压缩审批流程，简化审批手续，也缩短了土地供给方和需求方的等待时间，更好地实现土地的价值。如果按照过去的土地征收办法，土地入市要经过国土部门先收储、再报批、再招拍挂，程序缓慢、时间会拖很长，至少一二年，而农村集体经营性建设用地直接入市由于省略了国有土地征收、储备等一系列程序，节约了 2—3 个月的入市地块报批时间，企业拿到地的时间缩短到几个月甚至一个多月，大幅降低了企业拿地的时间成本，企业项目可以早建设、早收益，增强了企业发展信心。

（三）集体经营性建设用地入市促进了土地集约利用、提高了土地资源配置效率

试点地区效果显示，农村集体经营性建设用地入市有效盘活了农村地区大量本已闲置的集体建设用地，包括原来乡镇企业保留下来的工业厂房、晾晒场，也包括一些废弃校舍和荒废的村委会大院等低效土地资源。如吉林九台区龙嘉街道翻身村有一占地 7705 平方米的废弃校舍，因不能变更土地性质，学校易地搬迁后闲置长达 15 年之久。以此轮农村集体经营性建设用地入市为契机，在新一轮镇街、村屯规划中，将其划定为农村集体经营性建设用地。翻身村村委会通过就地入市方式，将该地块使用权出让给长春市东源汽车塑料制品有限公司用于建设汽车零部件厂房，有效盘活了闲置土地资源。云南大理试点在开展集体经营性建设用地入市改革前，形成出租事实的集体经营性建设用地面积仅占存量集体经营性建设用地面积的 6.7%，九成以上的集体经营性建设用地都是闲置状态。调整入市的探索，更是将本身不具备区位优势的地块通过打破地域限制，实现了建设用地指标的去"区位化"。同时，综合整治入市、调整入市下农村集体经营性建设用地入市向产业园区集中、向新城集中、向新市镇集中的方式，实现了土地资源的集约利用。

在以往的土地相关调研中我们发现，当地群众都能很好辨识建筑物下的用地是集体性质的还是国有性质的。一般来说，集体自用或者自发向外出租的土地资源配置都比较低，浪费情况比较严重，相比之下，国有建设用地总能物尽其用，集约用地水平比较高。2015 年农村集体经营性建设用地入市试点工作的开展，有效扭转了这个局面，如吉林九台试点、河南长垣试点通过集体经营性建设用地入市探索设立的小微企业集聚发展区就较好地实现了"地尽其用"。具体是在符合用地政策的基础上，以相对集中的几个项目用地为核心，打造小微企业创业孵化园，在创业园区建设标准厂房，采取租赁或协议出让的方式，集中为小微企业提供用地保障。如江苏武进试点作为最大体量的农村集体经营性建设用地入市试点地区，其土地利用现状数据显示，平均建筑密度仅为 0.51，平均容积率也只有 0.64①。

① 王文景：《常州市武进区农村集体经营性建设用地入市问题及对策研究》，硕士学位论文，中国矿业大学，2020 年。

一般来说，建筑密度低于0.5或者容积率低于0.6的用地，被认为是低效用地。整体来看，江苏武进试点入市土地利用效率正处于低效用地的边缘。进一步来看，江苏武进试点下辖的13个乡镇中，有9个乡镇的建筑密度低于0.5，有7个乡镇容积率低于0.6，处于用地低效水平。于是，江苏武进试点实施差异化租金标准促进节约集约用地，依据《武进区工业企业资源集约利用综合评价办法（试行）》① 规定，集体经营性建设用地实行与国有建设用地相同的入市后跟踪监管机制。对集约节约评价结果分别为A、B、C、D的四类企业在资源要素供应、政策优惠、金融扶持等方面实施差别化的用电、用气、城镇土地使用税、排污税、水资源费、工程水费等政策（主要体现在：优先发展A类企业，支持发展B类企业，监管调控C类企业，限制调控D类企业），倒逼企业提高集约用地水平。如果再考虑试点地区结合复合使用低效用地减量、超级增减挂钩等政策工具，那么将更有效提高区域间资源优化配置效率。

（四）切实赋予了农民更多的土地财产权益

以天津蓟州试点为例，2016—2019年，蓟州区农村集体经营性建设用地入市7宗②，地方政府以调节金形式分享土地入市增值收益，地方政府与农民集体之间的分配比例为13∶87。同期土地征收情况下③，国家和地方政府与农民集体之间的分配比例约为71∶28。显然，相比于土地征收，农村集体经营性建设用地入市下农民集体获得了颠覆性的土地增值收益。又如，截至2021年年底，吉林九台试点土地入市净收益10495万元，其中农民与集体分享土地增值收益占净收益的53.5%④。

二 农村集体经营性建设用地入市制度探索呈现的问题及原因分析

统计数据显示，截至2018年3月底，33个试点地区入市土地面积仅占存量集体经营性建设用地面积的1.13%，入市总体效果不及预期。并

---

① 参见常州市武进区人民政府网，http：//www.wj.gov.cn/html/czwj/2018/BENKPFOC_0510/227589.html。

② 入市土地平均价格为8万元/亩。

③ 土地出让平均价格为54万元/亩。

④ 参见九台区自然资源局，http：//www.jiutai.gov.cn/zjjt/jjshfz/202202/t20220223_2986585.html。

且试点地区在农村集体经营性建设用地入市过程中，呈现不同区域进展速度、体量差距大，同一区域入市进展呈现典型倒"U"曲线的趋势，折射出目前制度仍有改进的空间。

一方面，农村集体经营性建设用地入市在试点地区呈现进展速度差距大的特征。如截至 2019 年年底，江苏武进试点集体经营性建设用地一级市场入市总量就突破 1 万宗、面积 8.67 万亩①。截至 2020 年 12 月底，浙江德清试点农村集体经营性建设用地入市面积 1928.56 亩，交易总价达 5.37 亿，已经入市土地实现有效投资近 35 亿元。截至 2019 年 10 月，北京大兴试点集体经营性建设用地入市 15 宗、1958 亩，交易额 210 亿元。相比之下，截至 2020 年 12 月，江西余江试点入市土地仅有 4 宗，入市土地面积 132.03 亩，成交价 922.04 万元。2016—2019 年湖南浏阳试点共入市土地 141 宗。截至 2018 年年底，天津蓟州试点农村集体经营性建设用地入市 7 宗，面积共计 71 亩。调查显示，山西泽州试点约有存量集体经营性建设用地 4 万亩，其中约 1.1 万亩符合流转条件的土地，而近三年内有流转意愿的仅有 2000 亩土地（见表 4 - 6）。

表 4 - 6　　　　试点地区农村集体经营性建设用地入市进展情况

试点地区	截止时间	入市土地宗数（宗）	入市土地面积（亩）	成交总价款（亿元）
北京大兴试点	2019 年 10 月	15	1958	210
天津蓟州试点	2019 年 12 月	27	202.5	3.3
浙江德清试点	2020 年 12 月	191	1928.56	5.37
上海松江试点	2022 年 10 月	31	1265	26
广西北流试点	2019 年 12 月	158	8275.05	22.2
贵州湄潭试点	2019 年 12 月	194	788.56	1.74
海南文昌试点	2021 年 12 月	60	984	7.26
甘肃陇西试点	2019 年 5 月	122	568.5	0.93
吉林九台试点	2021 年 12 月	222	1530	1.52
山西泽州试点②	2020 年 12 月	117	4464.12	

---

① 江苏武进内部资料。

② 截至 2018 年 12 月，农地入市累计完成 56 宗 1789.19 亩，入市面积排名全国第三，国务院给全国人大的专项报告中多次提到"泽州经验"。2019 年农地入市累计完成 85 宗 3008.5 亩。

续表

试点地区	截止时间	入市土地宗数 （宗）	入市土地面积 （亩）	成交总价款 （亿元）
江苏武进试点	2019 年 12 月	11710	86700	87.5
江西余江试点	2020 年 12 月	4	132.03	0.09
湖南浏阳试点	2021 年 10 月	423	8367	13.69
宁夏平罗试点	2021 年 12 月	139	1153.56	0.74
山东禹城试点	2019 年 10 月	239	2533.85	

资料来源：作者根据试点地区自然资源局网站公布数据整理。

另一方面，不同试点地区在土地入市速度、入市体量上的差异也比较显著。同一试点地区农村集体经营性建设用地入市速度经历较快发展，但随着试点工作的收尾，农村集体经营性建设用地入市速度迅速下降，呈现典型的倒"U"曲线趋势，折射出农村集体经营性建设用地入市效果不及预期，如吉林九台试点（见图 4－11）、山西泽州试点（见图 4－12）。

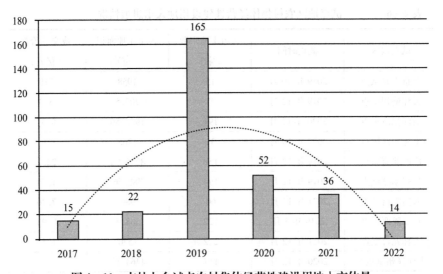

图 4－11 吉林九台试点农村集体经营性建设用地入市体量

资料来源：笔者根据试点地区内部资料以及政府历年经济社会公报公布数据校对整理。

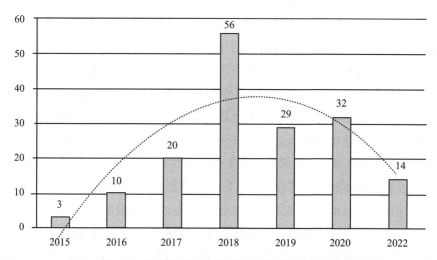

图 4 - 12　山西泽州试点农村集体经营性建设用地入市体量

资料来源：笔者根据试点地区内部资料以及政府历年经济社会公报公布数据校对整理。

究其原因，除了经济放缓带来的企业用地需求疲软之外，企业对农村集体经营性建设用地入市还是秉持观望态度。部分企业担心和农民集体打交道成本过高，因为处在试点期间，用地企业也担心试点地区政策有反复，觉得还是使用国有建设用地稳妥。从地方政府视角来看，随着经济增速的下行和地方政府还债压力的加大，地方政府利用城市规划等举措限制集体经营性建设用地进入商业用地市场的积极性将进一步强化。

就农村集体经营性建设用地入市制度自身建设来看，主要呈现以下四点问题。

第一，对农村集体经营性建设用地入市诸多限制条件，可能弱化了改革效果。为了防范农村集体经营性建设用地入市的潜在风险，国家会设置前置条件以减少改革的不确定性，如封闭运行、入市土地存量限制等。当然，存量农村集体经营性建设用地入市一定程度避免了新问题的产生，但辩证来看，这些限制条件也打折了改革效果。统计数据显示，初步摸底数据显示，33 个试点地区共查明存量可入市土地面积 141.5

万亩①，但农村集体经营性建设用地入市面积仅占其 1.13%②，改革效果不及预期。究其原因，主要是约束条件下可供入市土地数量有限。按照国家对存量集体经营性建设用地的统计口径，存量可入市土地面积占农村集体建设用地总面积的十分之一左右。在中西部比较偏远的农村，这个比例可能更低，在 5% 左右（严金明等，2020）③。如云南大理试点存量集体经营性建设用地总量仅占全县建设用地的 5.5%④，甘肃陇西试点存量集体经营性建设用地总量仅占全县建设用地的 3.5%⑤，贵州湄潭试点这一比例在 5.8%。如果再考虑集体经营性建设用地分布零散且不具规模等因素，集体经营性建设用地实际上很难形成有效供给。

特别是对新增农村集体经营性建设用地入市的限制，进一步弱化了农村集体经营性建设用地入市改革效果。如根据广东省土地征收制度和南海区征地安置补偿的习惯性做法，留用地政策已经实行 20 多年，作为村集体的发展用地，这些新增的集体建设用地（含国有划拨留用地）如在手续完善的前提下不允许入市，或历史欠账的留用地在完善手续后不允许入市，势必造成土地闲置和资源浪费，也会影响农民收益。此外，如果封闭土地用途调整入市的通道，又进一步缩小了可入市流转的建设用地总量。以浙江德清试点为例，符合入市条件的集体经营性建设用地仅占集体建设用地总量的 54.43%。

我们看到，为了减少土地入市的不确定性，地方政府附加的土地入市约束反而弱化了农村集体经营性建设用地入市效果。究其原因，农村集体经营性建设用地直接入市撼动了地方政府对建设用地土地一级市场的垄断地位，冲击当前土地储备制度。地方政府为尽可能地降低农村集体经营性建设用地入市对经济系统的不利影响，也会为农村集体经营性建设用地入市设置前置条件，如缩小入市范围、指定入市用途等，以削

---

① 截至 2018 年 3 月底的数据。

② 2018 年 5 月 28 日《国土资源报》。

③ 严金明、李储、夏方舟：《深化土地要素市场化改革的战略思考》，《改革》2020 年第 10 期。

④ 通过摸底调查，云南大理试点集体建设用地总面积为 71745.90 亩，其中存量集体建设用地 3961.8 亩。

⑤ 参见陇西县人民政府网，http：//m. cnlongxi. gov. cn/art/2019/5/17/art_8408_1189623. html。

弱农村集体经营性建设用地入市对地方政府财政收入的影响。这种情况下，约束条件的强度导致不同试点地区农村集体经营性建设用地入市进度呈现很大的差距。如截至 2020 年年底，江西余江试点入市土地仅有 4 宗。而对入市土地用途的限制，并不契合新时代土地管理法律完善的总基调。比如农村集体经营性建设用地入市"圈内""圈外"的划定。因为这个所谓的"圈"是由人为划定的，那么利益牵扯主体势必通过各种渠道左右这个"圈"的划定，最终导致这个"圈"的边界划分充满不确定性。

第二，集体经营性建设用地入市配套制度建设的滞后或契合性不强一定程度影响了农村集体经营性建设用地入市进程。农村集体经营性建设用地入市改革在国家层面由自然资源部牵头负责，其他配套改革还未能同步推进，如农村金融服务、土地入市的财税征管和行政审批、土地供后监管等方面的配套政策及制度建设还处于模糊甚至空白状态。正是由于这些配套制度建设跟不上，导致农村集体经营性建设用地入市交易频次和集体经营性建设用地市场发育程度也相当有限。

一是有关集体经营性建设用地使用权流转、价格标准等并没有出台相应的具体办法，仅是规定对标同类用途的国有建设用地的相关规定。如在具体办法尚未制定前，农村集体经营性建设用地入市一般参照《土地管理法》《城市房地产管理法》以及国务院有关完善建设用地使用权转让等文件关于国有建设用地的规定执行，但这只是权宜之策，农村集体经营性建设用地入市配套制度建设仍为地方留下很大的探索空间。

二是农地金融政策改革滞后，导致金融机构不能对农村集体经营性建设用地入市作出积极响应。集体经营性建设用地入市在土地取得环节、开发环节需要垫付大量的资金，如果涉及调整入市或者综合整治入市，资金更是土地入市的最大瓶颈。诚然，为配合土地试点工作，国家金融部门出台了一系列指导文件，鼓励金融机构为农村集体经营性建设用地做好金融服务。特别是为规范推进农村集体经营性建设用地使用权抵押贷款工作，2016 年，中国银保监会联合原国土资源部出台了有关入市土地使用权抵押贷款的指导意见 26 号文①。从地方调研情况来看，地方政

---

① 参见《关于印发农村集体经营性建设用地使用权抵押贷款管理暂行办法》（银监发〔2016〕26 号），中央人民政府网（https：//www.gov.cn/gongbao/content/2016/content_5115857.htm）。

府积极配合中央指导文件出台地方指导文件，鼓励商业银行可开展农村集体经营性建设用地使用权抵押贷款业务。但在实际工作中，对农村集体经营性建设用地入市做抵押融资的多为地方农商行，国有银行参与积极性不高，基本持观望态度。如试点期间，吉林九台试点区政府与区域内 8 家商业银行进行了积极沟通协商，但只有九台农商行、九台龙嘉村镇银行这些地方银行明确同意为入市后取得合法权利证书的地块贷款，但额度约为评估价格的 60%，低于国有土地 70% 的贷款额度，入市地块尚未实现与国有土地同权同价。又如，截至 2018 年 11 月，广西北流试点农村集体经营性建设用地入市交易成功的 102 宗土地中，实现抵押贷款宗地数仅占入市宗地数总量的 5.9%，相比 13.4 亿元入市成交价款，贷款额也只有 0.53 亿元①。特别是对一些小微企业来说，利用集体建设用地办理小型食品加工厂、纯净水厂、水泥砖厂等小型企业在办理融资时，面临不能融资或融资金额少的困境。究其原因，入市土地地价评估没有标准，且信用体系不健全，一旦出现问题，很难对入市土地进行处置，因而商业银行没有积极性对农村集体建设用地开展抵押融资业务。

三是以土地出让为主的制度设计仍需进一步探索。从试点地区的反馈来看，目前农村集体经营性建设用地使用权流转的方式以出租为主，占入市土地流转比例高达 80%—85%。但从理论上讲，集体经营性建设用地出让，即土地所有权转移是最典型的，往往也被认为是最彻底的土地市场化改革方式（王小映，2022②）。现实中，土地之所以出现入市方式的比例严重失衡，一方面源于出让入市方式属于对一定期限的土地使用权的一次性买断，涉及的金额较大，对中小微企业来说，资金压力很大，无力缴纳高昂的土地价款；另一方面，与集体经营性建设用地在出让程序上的不完善有关。出让相对出租有着更为复杂的制度设计要求，并不是可以简单效仿或者套用国有土地流转就可以处理好公平与效率的问题。实事求是地讲，现有国有土地招拍挂的制度设计更针对的是商业

---

① 唐健、谭荣、魏西云：《农村土地制度改革的中国故事——地方政府行为的逻辑》，北京大学出版社 2021 年版，第 109 页。

② 王小映：《农村集体经营性建设用地出让性质和特征的分析——兼论国有土地出让合同的性质》，《农村经济》2022 年第 12 期。

住宅的土地出让，对非住宅用地只是流于一种表面形式（林陶泽，2023）①，因此，现阶段农村集体经营性建设用地入市招拍挂更是一种权宜之计。

四是农村集体经营性建设用地入市基础工作不扎实。实践显示，集体土地所有权登记为集体经营性建设用地入市奠定了坚实的基础。但是距首次开展农村产权制度改革已 10 年有余，其间，原有登记成果因土地征收、区划调整等变化，显然无法满足或者适用现阶段农村集体经营性建设用地入市需求。因此，亟须推动农村集体土地所有权的登记成果更新，将原有集体土地所有权登记成果对照征地批准文件的范围作变更或者注销登记；部分试点地区由乡（镇）、村代行入市主体，但由于不具备市场主体资格，难以履行民事主体权利和义务。同时，这些做法模糊了行政管理权和土地产权经营管理权的界限。除此之外，农村集体经营性建设用地入市建立在"规划先行"基础上，但我国目前正处于"多规合一"过渡期，土地利用规划与城乡发展规划存在不衔接等问题。在部分试点地区，甚至没有村集体土地的控制性详细规划，这就很容易导致集体经营性建设用地因规划缺失、规划打架而无法流转。如云南大理试点尽管编制了村庄规划，但多数规划并没有对集体建设用地做好详细规划，没有在源头上明确地块的属性，导致农村集体经营性建设用地入市无法可依。

第三，地方政府推动集体经营性建设用地入市的积极性不高。土地作为自然要素和生产要素，历来是地方政府财政收入的主要来源。政府对土地的统一收购储备是为了在土地出让市场上实现土地收益最大化②。一般来说，地方政府在农地征收过程中有两部分土地增值收益，一部分收益发生在土地征收环节，政府以税费形式征收，具体包括耕地占用税、契税、耕地开垦费、新增建设用地有偿使用费、土地用途变更费、征用土地管理费，且大多为预算外资金。由于没有相应的细则规定税费中直

---

① 林陶泽：《集体经营性建设用地出让程序的规则设计》，《山西省政法管理干部学院学报》2023 年第 1 期。

② 刘守英：《中国土地问题调查：土地权利的底层视角》，北京大学出版社 2018 年版，第 231—239 页。

接用于耕地建设的比例，地方政府对这部分费用的自由支配权很大。因此，在一定的体制条件下，这些税费的分配和使用成为农地过度非农化的动力或重要的诱导因素。[①] 另一部分发生在土地供应环节，表现为土地供应价格扣除征地补偿、政府税费以及政府土地开发成本的土地增值纯收益（见表4-7）。

表4-7   N市土地征用或城中税费标准及分配

税费项目	征收标准	分配比例	税费用途
农业重点开发建设基金	3元/平方米	省、市县：6:4	主要用于农业后备资源开发，农业重点建设和土地复垦
征用土地管理费	土地补偿费用的3%	省、市、区县：3:62:35	征地工作业务费
耕地开垦费	9元/平方米	100%交省后返还70%，其余待复垦验收后返还	复垦开发耕地
新增建设用地有偿使用费	40元/平方米	中央、省、市县：30:10:60	土地开发整理和中低产田改造
土地用途变更费	1元/平方米	省、市、区县：10:75:15	补充土地管理部分业务费用
耕地占用税	9元/平方米	市政府	用于农业发展专项资金
契税	出让金的4%	市政府	进入财政预算内资金

资料来源：N市国土局。参见曲福田《经济发展与中国土地非农化》，商务印书馆2007年版，第157页。N市国土局。

---

① 曲福田、冯淑怡、俞红：《土地价格及分配关系与农地非农化经济机制研究——以经济发达地区为例》，《中国农村经济》2001年第12期。

有关研究显示，以经营性建设用地为例，土地征收下各级政府获得的两部分收益占土地出让价格的 56%—70%（曲福田，2007[①]；王小映等，2006[②]），显著高于首批试点地区政府获得的土地增值收益调节金比例，这在一定程度上降低了政府推动农村集体经营性建设用地入市的积极性。此外，在传统征地模式下地方政府土地融资能力非常强，规模也较大。事实上，自 2009 年以来，中国的地方政府，包括很多原本制造业基础较弱的市县，利用地方投融资平台进行"土地金融"的加杠杆操作，新建和扩建了很多工业开发区。[③] 而农村集体经营性建设用地入市势必会增加土地供应，导致抵押土地估值下降，可能会使地方政府陷入地方债务危机和金融风险。可以预见，随着经济增速的下行和地方政府还债压力的加大，未来相当一段时间，地方政府仍会将城市规划作为限制集体经营性建设用地进入商业用途的重要手段。同理，在用地指标本身就宽松的地区，如果再考虑土地市场需求不足的因素，会进一步弱化地方政府促进农村集体经营性建设用地入市的积极性。

第四，集体经营性建设用地入市给地方政府土地管理带来了新挑战。如何解决入市土地临期"占而不用"的问题。江苏作为乡镇企业的重要发源地，拥有大量的中小微企业，但这些中小微企业的生命周期基本在 5—30 年，平均生命周期也就在 15 年左右，经营 30 年或者 50 年以上企业数量少之又少（严金明等，2020）[④]。所以，一个问题是，当企业走向消亡时，入市土地使用权仍在有效期内，从而形成土地"占而不用"的事实，导致土地资源的浪费，如何化解这个问题也亟须实践的探索。另外，零散的农村集体经营性建设用地入市一般通过调整入市途径办理用地手续。但现阶段存在的一个问题是，调整入市无法进城乡建设用地增减挂钩系统，因此调整入市区块在土地卫片执法中是不合法用地。此外，

①　曲福田：《经济发展与中国土地非农化》，商务印书馆 2007 年版，第 146—148 页。

②　王小映、贺明玉、高永：《我国农地转用中的土地收益分配实证研究——基于昆山、桐城、新都三地的抽样调查分析》，《管理世界》2006 年第 5 期。

③　陶然：《人地之间：中国增长模式下的城乡土地改革》，辽宁人民出版社 2022 年版，第 188—190 页。

④　严金明、李储、夏方舟：《深化土地要素市场化改革的战略思考》，《改革》2020 年第 10 期。

吉林九台试点"双千工程"项目用地如果试图通过农村集体经营性建设用地入市解决用地合法性问题,由于该类企业用地选址都不在集体建设用地区域内,绝大部分都需要通过调整入市途径办理用地手续,现有存量集体经营性建设用地指标无法满足调整需求,缺口在100公顷左右。

当集体经营性建设用地入市后地方政府面临的主要是入市土地用途监管问题。试点期间,基层政府各部门管理权责不清晰,给集体经营性建设用地供后监管带来很大难度。如企业在办理建设开工规划验收、消防等手续时,不同程度地遇到了集体土地上建设项目配套政策空白问题,虽然相关部门给予了支持,但并未出台正式的配套政策。另外,与国有土地是由国务院及各级人民政府代表国家行使权力不同,农村集体经营性建设用地入市主体为村集体或者集体经济组织,这就导致在法律层面上,农村集体经营性建设用地入市后面临监管主体不明和责任划分不清的问题,如涉及闲置用地的处置收回等问题,这些都没有经验予以借鉴,需要地方政府逐渐摸索。

值得深入探讨的一个问题是,土地入市后,如果其归属的农村集体经济组织解散,那么这时候入市土地是归国家所有还是归原集体经济组织所有,若归原集体经济组织所有,由谁来履行土地所有权? 还有一种情况是现在集体土地上居住、生活的人员已全部是城镇居民,如果入市土地所有权仍为原集体经济组织所有,与《土地管理法实施条例》第二条"农村集体经济组织全部成员转为城镇居民的,原属于其成员集体所有的土地归国家所有"产生冲突,所以在法律上也没有形成统一口径(见图4-13)。

第五节 农村集体经营性建设用地入市的经济学启示

农村集体经营性建设用地入市是地方政府在中央政府有关农村集体经营性建设用地入市顶层制度既定条件下,对农村集体经营性建设用地入市具体操作进行制度安排,从而推进集体经营性建设用地使用权进入土地一级市场流转的过程。地方政府之所以表现出较大制度安排差异,是因为即使地方政府面临着中央政府相同的激励结构和制度环境,但地方发展情境

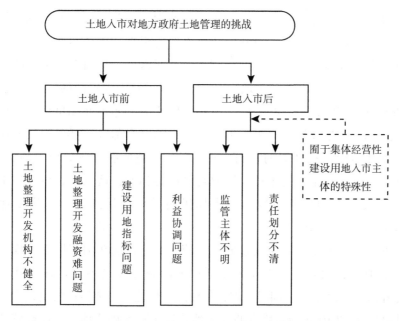

图 4 - 13　农村集体经营性建设用地入市对地方政府土地管理的挑战

的不同，如地方资源禀赋①、经济结构、经济发展程度、地理区位等的不同，也会导致地方政府对集体经营性建设用地制度设计的差异。此外，地方差异化的改革策略可以有效降低全国整体性的社会风险和制度变迁成本。

自始至终，国家对农村集体经营性建设用地入市秉持着稳慎的态度。农村集体经营性建设用地入市实际是产权赋能的过程，但这个过程受当时法律法规的约束，在强制性制度变迁和诱致性制度变迁交互作用下，最后达成了制度平衡。其间，央地之间的激励机制对地方政府的改革决策有着显著的影响。

一是，完善的土地市场需要健全的产权制度作保障。主张市场导向（market-oriented）的经济学家认为市场机制是通过价格对大多数资源进行配置的，产权理论被认为是分析这种机制最好的工具②。农村集体经营性

---

① 高鹤:《财政分权、经济结构与地方政府行为：一个中国经济转型的理论框架》,《世界经济》2006 年第 10 期，第 59—68 页。

② ［以］约拉姆·巴泽尔:《产权的经济分析》,费方域、段毅才、钱敏译，格致出版社、上海三联出版社、上海人民出版社 2022 年版，第 137 页。

建设用地入市主体享有对该土地占有、使用、收益和处分的权利。从理论上讲，集体土地所有者对其所拥有土地的买卖、出让和租让等经济关系本来是土地所有者应享有的权利，但长期以来，我国农村土地的产权并不是完整的，目前集体土地所有制下，村民对土地财产的转让、交易、抵押权利不完整，关键的土地发展权（land development right）和转让权是残缺的。土地发展权作为土地产权束中的一个部分，可以狭义地理解为变更土地使用权性质的权利，并可以与土地所有权分离而单独存在。一般来说，一块宗地的土地发展权是可以转移的，这意味着对一块土地进行非农开发的权利可以通过市场机制设计转移到另外一块土地上（Johnston et al.，1997）[1]，如试点地区进行的调整入市。土地发展权的残缺具体为集体并不能自主决定农地的使用用途，这在国家层面表现为用地审批制度，而且国家对土地发展权的限制往往是不支付任何补偿的（黄祖辉等，2002）[2]。同时，农村集体经营性建设用地转让权也是有条件限制的。在2019年最新修订的《土地管理法》实施之前，集体经营性建设用地所有者并不能自行决定能否流转集体经营性建设用地使用权，这在历次修订的《土地管理法》中均以法律条款形式予以明确，这种残缺的产权往往导致土地市场效益功能难以发挥（Scott Rozelle, et al.，2005）[3]，并通过价格显化，表现为农村集体经营性建设用地使用权自发流转价格远低于国有土地的流转价格。此外，已有研究显示不完整的土地产权也会负向影响对土地的投资（Jacoby et al.，2002[4]）。

二是，制度调整是一个漫长的过程，且具有较强的路径依赖性。制度的主要作用是通过建立一个人们相互作用的稳定的结构来减少不确定

① Johnston, R. A. and M. E. Madison, 1997, From Land marks to Landscapes: A Review of Current Practices in the Transfer of Development Rights, *Journal of the American Planning Association*, 63（3）：365 – 378。

② 黄祖辉、汪晖：《非公共利益性质的征地行为与土地发展权补偿》，《经济研究》2002年第5期。

③ Scott Rozelle、黄季焜：《中国的农村经济与通向现代工业国之路》，《经济学（季刊）》2005年第3期。

④ Jacoby H. G., Li G., Rozelle S.，"Hazards of Expropriation: Tenure Insecurity and Investment in Rural China", *Working Papers*, Vol. 92, No. 5, 2002, pp. 1420 – 1447。

性（诺斯，2014）[1]。当制度不能反映资源稀缺性和经济机会时，经济中就会出现行为的扭曲，从而产生矫正制度的需求，发生制度变迁。制度变迁分为诱致性制度变迁和强制性制度变迁（Alchian，1950）[2]，前者是由某种在原有制度安排下无法得到的获利机会而进行的自发性变迁，是不同形式集体决策的结果，后者是政府法令引发的变迁（姚洋，2000）[3]。我国农村集体经营性建设用地经历了比较漫长的入市之路，在入市制度建立前的很长时间，我国对集体建设用地入市的管制是一种无效率或者低效率状态，表现为农村集体经营性建设用地流转隐形市场的广泛存在。这与执政者的偏好和有界理性、意识形态刚性、官僚政治和社会科学知识的局限性（Lin，1989）[4] 是紧密相关的。历史显示，一旦现有制度不能适当反映资源稀缺性，市场就会产生强烈的矫正制度需求，这种制度可以是自上而下探索形成的，也可以是自下而上推动形成的，农村集体经营性建设用地入市就在强制性制度变迁和诱致性制度变迁交互作用下不断调整，最终达到了新的制度平衡。不可否认的是，对现有制度调整会受到原有体制的干扰和影响，制度安排很难在短期内突破（Davis，1970[5]；诺斯，2014[6]），体现显著的路径依赖。如在 2019 年之前，《土地管理法》虽经过若干次修订，但均没有对农村集体经营性建设用地入市管制作出调整。

三是，改革是一项系统工程，要强化系统思维，协同推进。这就是说，社会中各种制度安排是彼此关联的，不参照社会中其他相关的制度安排，就无法估价某个特定制度安排的效率。制度改革并非孤立个别存在的，而是自成一套体系（周其仁，2017）[7]。农村集体经营性建设用地

① ［美］道格拉斯·诺斯著：《制度、制度变迁与经济绩效》，杭行译，韦森译审，格致出版社，上海三联书店，上海人民出版社 2014 年版，第 89—95 页。

② Alchian，Armen. A.，"Uncertainty，Evolution and Economic Theory"，*Journal of Political Economy*，Vol. 3，1950，pp. 211 – 221.

③ 姚洋：《中国农地制度：一个分析框架》，《中国社会科学》2000 年第 2 期。

④ Lin J. Y.，"An Economic Theory of Institutional Change：Induced and Imposed Change"，*Cato Journal*，Vol. 9，No. 1，1989，pp. 1 – 33.

⑤ Davis，L.，"Institutional Change and American Economic Growth"，*Journal of Economic History*，Vol. 30，No. 1，1970，pp. 131 – 149.

⑥ ［美］道格拉斯·诺斯著：《制度、制度变迁与经济绩效》，杭行译，韦森译审，格致出版社、上海三联书店、上海人民出版社 2014 年版，第 98—107 页。

⑦ 周其仁：《产权与中国变革》，北京大学出版社 2017 年版，第 266 页。

入市作为农村土地制度改革中的一项重要内容，也不是孤立进行的，其以农村其他经济机制体制改革为基础，也通过与其他经济体制改革共同推进而彰显改革效果。除了共性地承担了农村产权制度改革、农村宅基地制度改革、土地征收制度改革等试点外，试点地区还承担了其他农村经济体制机制改革任务，为开展农村集体建设用地流转做好了铺垫，为农村集体经营性建设用地入市奠定了坚实的基础。如山西泽州试点在承担农村集体经营性建设用地入市工作之前，还承担山西省城乡建设用地增减挂钩、工矿废弃地复垦利用、矿业用地整合利用等多个试点工作。江西余江试点同时也是土地承包权有偿退出试点、国家探索二轮土地承包到期后延包的具体办法改革试点。此外，农村集体经营性建设用地入市改革通过与宅基地制度改革、土地征收制度改革、租赁住房改革等其他经济体制改革相互作用，共同发挥农村土地制度改革的系统集成性。

第六节　本章小结

我们的研究显示，首批试点地区有关集体经营性建设用地入市范围、入市途径、入市主体等制度安排较为一致，制度的差异化主要体现在土地增值收益分配方面。总体来看，试点地区调节金征收最重要的考量因素是土地用途，其次是地块区位因素。调节金计征基数以土地净增值额为主，但各地计征比例差异较大，且对商服用地征收比例高于工业用地，出让方式征收比例高于出租、出资入股方式，就地入市地块调节金征收比例高于调整入市地块征收比例。首批土地入市试点地区存在的共性问题主要是：对入市地块存量范围的限制在一定程度上弱化了改革效果，配套制度建设的滞后影响了农村集体经营性建设用地入市改革进程，入市土地增值收益分配制度没有充分调动起地方政府参与的积极性。因此，应坚持改革与立法相向而行、相互衔接的原则，从健全相关法律制度、适当扩大农村集体经营性建设用地入市范围、稳步提高土地出让收入用于农业农村的比例、健全土地增值收益在农民内部的分配机制等方面破解农村集体经营性建设用地入市的困境。

第 五 章

农村集体经营性建设用地入市
制度创新及地方政府行为分析

　　允许农村集体经营性建设用地入市是党中央立足我国基本国情和发展阶段，作出的一项重大制度性安排[①]，是中华人民共和国成立以来我国农村土地管理制度的一次重大改革。历史经验表明，降低体制成本的最主要手段就是体制改革，鼓励地方、基层和农民突破原有体制的束缚，大胆改革创新。我国农村土地制度的改革，就是中央政府推动下地方政府制度创新的过程。

　　2015年国家层面首次、大规模开展的农村集体经营性建设用地入市试点工作[②]，为我国建立基本明确的农村集体建设用地入市制度提供了重要的实践参考。农村集体经营性建设用地入市改革中，地方政府在贯彻执行党中央有关土地入市方针政策下，积极对顶层制度"留白"进行因地制宜探索。这些实践行动不断考验现有制度的边界，对我国完善农村集体经营性建设用地制度产生重要影响。因此，总结试点地区土地入市创新举措具有十分重要的现实意义。但不可否认的是，在一个地区有效的制度安排在另一个地区未必有效。据此，揭示试点地区制度创

---

　　① 参见《自然资源部党组书记部长王广华在2023年3月1日工作视频培训讲话》，自然资源部网站，https://www.mnr.gov.cn/dt/ywbb/202303/t20230303_2777239.html。

　　② 农村集体经营性建设用地入市是2015年农村土地制度改革三项（农村土地征收、农村集体经营性建设用地入市、宅基地制度改革）任务之一。改革初始，一个试点地区只承担一项改革任务，2016年9月原中央全面深化改革领导小组决定将农村集体经营性建设用地入市扩大到全部33个试点地区。该项试点工作在2017年、2018年经全国人民代表大会常务委员会授权两次延长试点期限，于2019年12月31日结束。

新背后的经济学原理并对这些创新性的制度安排进行评价就十分有必要。

已有文献有关农村集体经营性建设用地入市制度的研究为本书奠定了坚实基础，特别是 2015 年以来，对试点地区农村集体经营性建设用地入市制度的丰富研究，不仅是本书的起点，也打开了本书的探索思路。但值得注意的是，农村集体经营性建设用地概念在 2008 年党的十七届三中全会①才明确提出，之后的研究才得以将农村集体经营性建设用地正式从农村建设用地中剥离出来进行专门研究。此外，2015—2019 年农村集体经营性建设用地入市试点工作的开展也不过 5 年时间，因此已有研究更多的是对农村集体经营性建设用地入市制度的全面梳理和归纳总结抑或是对制度效果的评价。当然，还有部分研究是专门就某项制度进行系统分析或者效果评价。但目前鲜有文献聚焦试点地区农村集体经营性建设用地入市制度创新问题进行研究，而该研究对深化农村集体经营性建设用地入市试点工作，完善农村集体经营性建设用地制度是不可或缺的。究其原因，一方面，试点地区的实践创新并不是偶然事件，这些创新的制度设计被后续开展农村集体经营性建设用地入市改革的地区复制或者借鉴；另一方面，试点地区一些探索性的制度安排不断被总结提升为制度性成果，上升为国家政策、制度乃至法律，以文本形式得以追认。种种迹象表明，对试点地区创新性制度展开研究有着重要的理论和实践意义。本章以全国 33 个农村集体经营性建设用地入市试点地区为研究对象，以试点期间（2015—2019）国家顶层制度设计为基准，分析试点地区有关农村集体经营性建设用地入市创新性的制度探索，并尝试阐释地方政府推动农村集体经营性建设用地入市制度创新背后的经济学逻辑。在此基础上，对农村集体经营性建设用地入市制度创新效果进行评价，以期为完善我国农村集体经营性建设用地制度提供决策支撑。

---

① 参见《中共中央关于推进农村改革发展若干重大问题的决定》，中央人民政府网（http://www.gov.cn/jrzg/2008－10/19/content_1125094.htm）。

第一节　农村集体经营性建设用地
入市制度创新

创新是引领发展的第一动力（习近平，2016）[①]。历史经验显示，发展的动力来自改革，改革的动力来自创新（张红宇，1998）[②]。所谓制度创新一般是指制度安排的积极变动和替换（郭小聪，2000）[③]。就本书而言，农村集体经营性建设用地入市制度创新是指试点地区县（市、区）政府（以下简称"地方政府"），在中央政府有关农村集体经营性建设用地入市顶层制度给定条件下，对制度留白进行制度安排或者对其中某些制度进行边际改变，从而捕捉潜在制度收益的行为。具体包括三个方面：一是地方政府对顶层制度"留白"进行制度安排，是纯粹的从无到有的创造。二是对既有制度进行变动。比如对中央文件精神进行再诠释，也就是一般意义的制度创新。三是对模糊制度进行清晰安排，比如对拓展顶层制度边界。

一　尽可能拓展可入市土地范围

试点期间，国务院在"三块地"总结报告中对农村集体经营性建设用地入市范围做了界定，即指"存量农村集体建设用地中，土地利用总体规划和城乡规划确定为工矿仓储、商服等经营性用途的土地"[④]。从字面上解读，这是一个三层递进的关系，其中"存量农村集体建设用地"是"本底"，"依规用于工矿仓储、商服等经营用途"和"完成集体土地所有权登记"是两个叠加条件。入市宗地只有同时满足上述三个门槛条件方可办理入市事宜。我们的调研显示，试点地区采用重新诠释叠加条

---

① 这是习近平同志在省部级主要领导干部学习贯彻党的十八届五中全会精神专题研讨班上讲话的一部分。参见习近平《习近平著作选读》（第一卷），人民出版社 2023 年版，第 425 页。

② 张红宇：《中国农村土地产权政策：持续创新——对农地使用制度变革的重新评判》，《管理世界》1998 年第 6 期。

③ 郭小聪：《中国地方政府制度创新的理论：作用与地位》，《政治学研究》2000 年第 1 期。

④ 《国务院关于农村土地征收、集体经营性建设用地入市、宅基地制度改革试点情况的总结报告》。

件的方式或者突破"本底"约束拓展土地入市范围。现阶段，对农村集体经营性建设用地入市范围拓展的争议集中于对集体土地经营属性的认定，是以流转之前的属性用途为依据，还是以流转后的规划用途属性为依据，后者的认定范畴显然大于前者的认定范围。

一是建设用地"本底"不变，通过依规调整土地用途拓展入市范围。试点地区对入市土地的存量范围进行了再诠释，最主要的方式是在尽可能大的存量集体建设用地范围内，通过修订"两规"土地用途属性，简单地说，就是将原本不是经营用途的存量集体建设用地，依规调整为经营用途入市。以浙江德清试点为例，如按村镇建设规划，不需要调整用途即可入市宗地面积仅占可入市土地总量的54.43%①。

我们的调研显示，部分试点地区允许闲置、退出的宅基地（如四川泸县试点、福建晋江试点、云南大理试点）和废弃的公益事业用地，主要是荒废的村委会大院和废弃的中小学校舍（黑龙江安达试点、江苏武进试点），依规调整土地用途为集体经营性建设用地后即可入市。如辽宁海城试点经过摸底调查，核查集体经营性建设用地共511宗、356.7公顷，分别占海城市全域农村集体建设用地的34.4%、43.3%。经核查，其中需要经过调整城市建设规划的用地有153宗、103.7公顷，通过调整城市建设规划入市的宗地占可入市宗地的29.9%；确定不用调整规划可以直接入市的用地有358宗、253公顷，占可入市宗地的70.1%。山东禹城试点主要通过将废弃乡村学校、养老院等公益事业用地调整为经营性建设用地入市，这类宗地占入市宗地总数的12.4%②。海南文昌试点允许将农民自愿有偿退出的、一户多宅退出的宅基地调整为经营属性从而办理土地入市。重庆大足试点在此基础上，还允许将废弃的村委会办公房、荒废的学校等集体公益性建设用地，调整为集体经营性用途后进入土地一级市场流转。

调研中我们发现，福建晋江试点入市的首宗用于商业用途的集体经

---

① 邓宏乾：《中国土地收益分配问题研究》，中国社会科学出版社2017年版，第78—109页。

② 李鹏：《山东省禹城市集体经营性建设用地入市路径研究》，硕士学位论文，山东财经大学，2018年。

营性建设用地就是通过依规调整土地用途拓展入市的典型案例。入市地块位于金井镇围头村（见图 5－1）。该地块原本是 3 宗荒废多年的宅基地，占地面积为 998.6 平方米，土地使用权人均为围头村村民。围头村作为此次集体经营性建设用地入市试点，围头村村委会通过积极做工作，给予原土地使用人合理补偿后，已经在城镇定居的原土地使用人决定退出宅基地使用权。考虑地块面积大不，根据实际情况，围头村又将周边属于围头村的集体建设用地（2496.4 平方米）开发整理，与三块退出宅基地整合成为完整的地块（3495 平方米）作为农村集体经营性建设用地入市，入市土地为商业用途，入市主体为围头村股份经济合作社。2018年福建省晋江市国土局对该地块使用权进行挂牌出让活动，该入市土地出让年限 40 年，用途为不可分割销售商服用地——旅馆用地（酒店）。最终恒禾海景酒店有限公司竞得该地块（单位地价 743.92 元/平方米），拟用以开发建设高端精品酒店。该宗地属于就地入市的典型案例，产权关系清晰，过程相对简单。

图 5－1　金井镇围头村入市宗地原貌

贵州湄潭试点更是探索出综合类集体经营性建设用地分割登记入市模式。该模式主要是将超标或者实际已用作经营用途的宅基地进行分割登记，继而通过规划覆盖将分割登记的用地转为农村集体经营性建设用地入市。究其原因，湄潭地区集体建设用地用途具有很强的综合性，如宅基地，不仅有居住功能，也从事商业经营，所以是一种"商住综合用地"。于是贵州湄潭便结合土地整理、城乡建设用地"增减挂钩"等项目，将腾退的宅基地指标通过规划调整为商住综合用地后进行农村集体经营性建设用地入市。天津蓟州试点对实际用于发展乡村旅游的宅基地，如用于经营农家乐，可以依法批准改变用途为经营属性的，一并允许纳入入市范围。甘肃陇西试点通过调整完善小城镇建设规划，允许将街道改造形成的街面房用地、农业龙头企业经营性用地一并纳入土地入市范围。浙江省浦江县将实施农村住房改造（包括集聚安置、搬迁撤并）后节余的宅基地（节余建设用地面积为原村庄规划用地面积 – 实际安置用地面积）一并纳入入市土地来源。2021 年河北省、2022 年天津市①均针对盘活利用农村闲置宅基地出台了指导意见，提出允许农村集体经济组织在妥善处理产权关系和补偿关系后，在农民自愿前提下，对依法有偿收回的集体建设用地，如闲置宅基地、废弃的场院用地等集体公益性建设用地，依规调整为经营属性，稳妥有序引导农村集体经营性建设用地入市。该举措在 2021 年国务院发布的 51 号文②中也予以了确认。江苏武进试点结合美丽乡村、特色田园乡村和生态文明建设等项目，在乡村规划区探索实行点状或带状布局多个地块组合开发模式，用于支持乡村旅游、现代观光农业等商业设施建设用地需求。海南文昌试点将村庄规划确定为租赁性住房，及用于经营性用途的自建住房等建设用地也一并纳入集体经营性建设用地范围。

二是将历史上形成的特定用途的集体建设用地纳入农村集体经营性建设用地入市范围。从试点来看，该类用地主要是征地留用地（包括国

---

① 参见《天津市关于加快推进农村闲置宅基地和闲置住宅盘活利用的指导意见》，天津市农业农村委员网（https：//nync. tj. gov. cn/ZWGK0/ZCJD152022/202202/t20220217_5806534. html）。

② 参见《国务院办公厅关于印发要素市场化配置综合改革试点总体方案的通知》（国办发〔2021〕51 号），国务院网（http：//f. mnr. gov. cn/202201/t20220110_2717099. html）。

有性质和集体性质的）和城中村建设用地。如海南文昌试点、浙江义乌
试点将归属村集体的留用地纳入农村集体经营性建设用地入市范围，广
东南海试点将入市土地范围进一步扩大到国有划拨留用地。目前除广东
省外，海南省、浙江省、江苏省、广西壮族自治区、宁夏回族自治区等
地也实施留用地制度。此外，对历史形成的城中村集体建设用地，3/4 试
点地区（如天津蓟州试点、海南文昌试点、吉林九台试点、四川郫都试
点、福建晋江试点、贵州湄潭试点等）做了明确规定，即对土地进行综
合整治后，可以按照批准的规划统一进行整理，然后重新划分宗地权属，
确定土地性质和地类，在完成三通一平、五通一平基础设施建设后，对
其中不予征收和收储的，且用地性质为经营性的集体建设用地可由集体
经济组织办理入市。此外，浙江义乌试点还将符合规划的农村更新改造节
余的建设用地、"异地奔小康"工程后腾退出的建设用地以及产业用房用地
等特殊用途的建设用地纳入土地入市范围。甘肃陇西试点将不符合征收目
录的项目建设用地、小城镇改造用地等采取就地入市的方式予以保障。

　　三是允许新增农村集体经营性建设用地入市。以"两规"确定的土
地经营用途属性为基准，依规拓展集体建设用地"本底"。按照上述两种
方式拓展入市土地范围，都没有突破顶层制度对入市土地存量的本底限
制。相比之下，广西北流试点、湖南浏阳试点①、宁夏平罗试点则允许新
增农村集体经营性建设用地入市，即"两规"确定为经营性用途的农地，
只要依据土地利用年度计划办理农用地和未利用地转用手续，履行耕地
占补平衡义务转为建设用地后，可由集体入市。湖南浏阳试点并不区分
存量和新增集体建设用地，只要农村集体建设用地在"两规"中确定为
经营性用途的土地，均可办理入市。如果涉及调整、修改土地利用总体
规划和城乡规划，则按规定程序报批。该举措意味着依据规划为经营性
用途的宗地，即使现状地类为农用地（如废弃的晒谷场等农用地）、未利
用地，只要依据土地利用年度计划办理农用地和未利用地转用手续，履
行耕地占补平衡义务转为集体建设用地后，即可作为新增农村集体经营
性建设用地入市（如广西柳州市有此规定）。更通俗地讲，入市土地可以
包括依据规划和用途管制在未来可以用作经营性建设用地的其他集体土

---

① 但湖南浏阳试点明确提出，农村宅基地不得作为农村集体经营性建设用地入市。

地。如海南海口试点规定①，对一些特殊用地，如实施美丽乡村、全域旅游等乡村振兴项目用地，其占用农用地和未利用地的，可保留集体所有权性质，需要合规利用年度新增建设用地指标，按"只转不征"方式依法履行农地转用手续，转为建设用地后即可按照农村集体经营性建设用地入市。当然，新增农村集体经营性建设用地入市要依法依规操作，入市主体需依法办理农转用手续，缴纳新增建设用地有偿使用费、耕地占补费用后转为建设用地地类方可入市。一般来说，新增农村集体经营性建设用地入市要纳入土地利用年度计划指标管理②（见表5-1）。举例来说，如四川泸县试点对在最新土地利用现状数据库中不是建设用地的，但符合土地利用规划、城乡规划确定的经营性用地范围，按程序"只转不征"，利用宅基地节余指标调节，由县人民政府批准后，转为经营性建设用地。

表5-1　试点地区拓展农村集体经营性建设用地入市范围的方式

入市范围的拓展方式	主要做法	试点地区
依规调整土地用途	建设用地本底"不变"，通过依规调整土地用途拓展入市范围，如允许闲置宅基地、废弃的公益事业用地依规调整为经营性建设用地入市	辽宁海城试点、山东禹城试点、海南文昌试点、重庆大足试点、贵州湄潭试点、天津蓟州试点
纳入特定用途的用地	征地留用地	广东南海试点、海南文昌试点、浙江义乌试点
	城中村建设用地	辽宁海城试点、天津蓟州试点、海南文昌试点、四川郫都试点、广西北流试点、甘肃陇西试点、吉林九台试点

---

① 参见海口市人民政府网，http://www.haikou.gov.cn/hdjl/zcwd/szgj/202112/t412970.shtml。

② 这意味着，国土资源行政主管部门要统筹安排农用地转用指标、未利用地转用指标用于新增农村集体经营性建设用地入市，并建立指标管理台账。

入市范围的拓展方式	主要做法	试点地区
新增农村集体经营性建设用地入市	以两规确定的土地经营用途属性为根本，包括农用地和未利用地，依据土地利用年度计划办理农用地转用手续，履行耕地占补平衡义务转为建设用地后，即可作为新增农村集体经营性建设用地入市	广西北流试点、湖南浏阳试点、海南文昌试点、宁夏平罗试点、广西柳州试点

资料来源：笔者依据试点地区文件资料整理。

　　这里值得一提的是贵州湄潭试点的做法。早期湄潭县在对存量集体经营性建设用地摸底时，可入市土地统计口径非常紧，由于贵州湄潭试点大多数村历史上没有村办企业或经营性项目建设用地，经过最终核实，截至 2015 年年末，可入市土地仅有 6357 宗、4625 亩，约占全县农村集体建设用地总量的 5.8%①。且这些可入市土地"小而散"，入市难度很大。2016 年，贵州湄潭试点结合自身用地实际，在入市土地范围上进行积极拓展，并出台了《湄潭县农村集体经营性建设用地界定登记工作指导意见》，对土地入市范围重新进行了界定，新的统计口径下，将农村混合住宅用地纳入存量农村集体建设用地范围。这是考虑到现实所需，因为在贵州湄潭试点，农村住宅一般兼具商业用途（如用于小旅馆、小商铺等），基于这个事实，贵州湄潭试点允许对超标或者实际用于经营用途的宅基地进行分割登记，对于经营性用途的即可作为集体经营性建设用地入市。又或者通过城乡规划，将公益性建设用地调整用途为经营性建设用地入市。根据最新的农村集体经营性建设用地入市范围口径，截至 2016 年年底，贵州湄潭试点可入市土地面积在 20250 亩左右，占农村集体建设用地的比例升至 25%。我们可以看到，贵州湄潭试点通过扩大入市土地口径，拓展后的存量集体经营性建设用地面积是拓展之前的 4.4 倍

---

　　① 刘俊杰：《农村集体经营性建设用地入市的湄潭试点》，《中国城乡金融报》2019 年 2 月 12 日第 B3 版，https：//www.zgcxjrb.com/epaper/zgcxjrb/2019/02/13/B03/story/555093.shtml。

（见图5-2）。

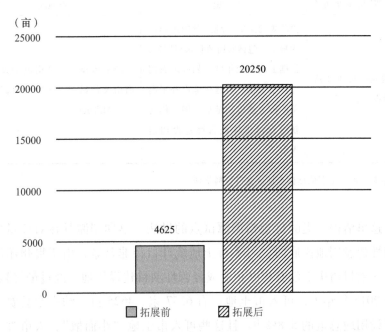

图5-2 贵州湄潭试点拓展农村集体经营性建设用地入市范围前后对比

二 创新农村集体经营性建设用地入市模式

农村集体经营性建设用地入市模式的创新主要在于不同村集体入市土地的统筹上，也就是存量集体经营性建设用地的整合入市。从试点地区实践来看，对于符合入市条件的农村集体经营性建设用地一般由代表土地所有权的各级（镇、村、小组）集体经济组织或集体土地所有权人委托的具有市场法人资格的社企组织[①]作为入市主体。对那些尚未成立农村集体经济组织或农村集体经济组织发展不成熟的试点地区，可由村民委员会、村民小组或镇政府代理入市主体，这些试点主要集中在西部地区（如贵州湄潭试点、广西北流试点、甘肃陇西试点等）。值得一提的是，为更好地节约集约用地，试点地区采取片区统筹的方式创新了农村集体经营性建设用地入市模式，丰富了土地入市主体形式，比较具有代

---

① 实践中，社企组织主要形式为土地股份合作社、土地专营（联营）公司、集体资产管理公司等。

表性的有两种模式（见图 5-3）。

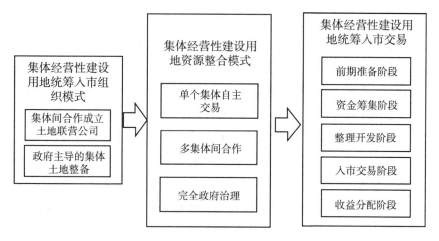

图 5-3　统筹入市模式示意

　　一种模式是镇级统筹入市。镇级统筹，顾名思义，就是以镇为单元，在镇域内将村或者村小组农村集体经济组织联合起来，组建具有独立法人资格的社企企业（实践中主要包括土地股份合作社、土地联营公司、集体资产管理公司等）。之后，农村集体经济组织即可以采用书面委托授权的方式，委托这些社队企业作为入市实施主体，在授予权限范围内代理实施入市事项。部分试点地区在不改变集体所有制的情况下，将原属于村集体、村小组的集体经营性建设用地所有权以份额占有形式上升到更高一层的区域集体所有。北京大兴试点是该模式的典型代表。北京大兴试点打破了村级区划限制，以镇为基本实施单元，对全镇范围内集体土地进行重新计量并分类细化。在这个背景下，各村将所有的农村集体经营性建设用地以使用权（不改变村集体土地权属）作价或现金注资方式入股组建镇级土地联营公司。镇级土地联营公司是独立的法人单位，具有集体所有制性质，能够对登记名下的农村集体经营性建设用地使用权股份统一管理、封闭运行①，形成"村地镇管"事实。其间，各村集体

----

　　①　封闭运行是指各村集体经济组织持有的股权不得转让、退股，且不允许社会资本入股参与镇土地联营公司。

经济组织是镇级土地联营公司的股东，村集体经济组织法定代表人代表本集体出任镇级土地联营公司的团体股东代表，参与镇级土地联营公司的组建和经营管理事务。在收益分配上，在扣除土地增值收益调节金和入市成本后，入市土地净增值收益部分，镇土地联营公司主要按照村集体经济组织入股的股份进行分配。需要特别指出的是，镇土地联营公司与镇政府没有隶属关系。统计数据显示，目前北京大兴试点 78.6% 的镇成立了镇级土地联营公司，覆盖了 75% 的行政村（胡如梅、谭荣，2021）[①]。

除了北京大兴试点要求以镇为单元统筹推进农村集体经营性建设用地入市外，江苏武进试点也是镇域统筹的典型地区。江苏武进试点在考虑市场可接受度（或者说是公信度）[②]、利益分配的公平性、规划编制的现实约束下（不管是当时的土地利用总体规划还是城乡规划，编制的最小单位是乡镇，总规划是根据人口来核定的），将归属村集体、村小组的集体经营性建设用地所有权上升到镇集体所有，各村或村小组以本集体经济组织集体土地所有权作价或注资方式入股镇集体经济组织，明确由镇（街道）集体经济组织作为入市实施主体[③]。对于入市土地前期整理工作，江苏武进试点在镇一级层面组建了农村集体用地整理收储机构，负责集体经营性建设用地前期开发投资、土地整理等工作。对于入市后的收益，江苏武进试点在镇层面组建资产管理公司，股东或村民代表参与入市价格、入市年限等重大事项决议。

上海松江试点探索镇村联动等形式，拓宽农村集体经营性建设用地入市市场，采用股权分红等形式获得入市收益（见图5-4）。上海松江试点有镇、村两级入市主体，由于 2/3 的集体经营性建设用地归属镇级所有，因此镇级层面成立的农村集体经济联合社作为入市主体，负责入市决策、土地征收等工作。上海松江试点在集体经济联合社下成立镇级资产经营公司，对土地入市收益进行经营管理，并鼓励村集体将本集体资产委托给镇级资产经营公司经营管理。海南文昌试点、上海松江试点、

---

① 胡如梅、谭荣：《集体经营性建设用地统筹入市的模式》，《中国土地科学》2021年第4期。

② 三级集体经济组织让用地单位来选择的话，从合同履约的稳定性、规范性出发，除了本土企业家，绝大多数会选择镇集体经济组织。

③ 目前江苏武进试点在镇集体经济组织没有赋码登记，因此采取镇党政联席会议形式对土地入市事项进行集体研究，从而由镇政府审核后实施。

江苏武进试点①等则提倡在镇域范围内，多村联合组建入市实施主体。如海南文昌试点在镇域内鼓励多村以入股方式组建具有独立法人资格的土地股份合作社或联营公司，作为入市主体行使与入市有关的权利和义务。

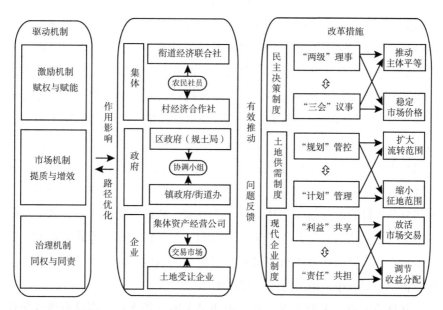

图5-4　上海市农村集体经营性建设用地入市试点制度分析

资料来源：参见蔡宇超、李永浮、张杰《集体经营性建设用地入市制度问题与对策研究——以上海松江为例》，《上海房地》2021年第12期。

另一种模式是集体土地整备入市。该模式参照国有建设用地土地整备，依托集体土地整备中心运行（集体土地整备中心的作用类似于国有土地储备中心，一般为事业单位性质）。具体来讲，集体土地整备入市就是在不改变农村集体经营性建设用地所有权权属前提下，土地所有者将具有一定使用年限的土地使用权托管给集体土地整备中心。土地整备包括土地整理和储备两个关键活动。由集体土地整备中心对这些利用低效、零星分散的用地进行整合、土地清理以及前期开发（主要包括拆迁、平整、归并整理和建设配套基础设施等），从而达到入市条件。之后，由集体土地整备中心负

---

① 需要说明的是，目前江苏武进试点镇级集体经济组织法人不具备市场主体资格，一般由镇党政联席会议集体研究入市事项，形成会议纪要，镇政府审核后实施。

责土地入市的统一招商、统一入市以及入市后的经营管理等事宜。其间，集体土地整备中心就入市土地增值收益与村（居）集体经济组织按照约定分享比例。如广东南海试点存量农村集体经营性建设用地中，80%左右的宗地面积在25亩以下，这些用地一般分布在城乡结合部。在这个背景下，广东南海试点经试点地区人民政府批准设立了区级、镇级两级集体土地整备中心，分别隶属于区国土部门和镇下属的事业单位。村集体将入市土地托管给集体土地整备中心后（主要是与土地所有权人签订《农村集体经营性建设用地使用权收购协议书》），只需按托管协议约定获得入市土地分成收入，不再参与后续的土地利用决策。值得一提的是，由于集体土地整备效仿的是国有建设用地整备，因此集体土地整备入市下，一般需要按照一定用地比例落实公益性项目或公共设施建设用地，这就容易引发各村集体的推诿。另外需要说明的是，土地整备中心一般采用一次性支付或者托管期间分期支付的方式给予集体分享土地收益。从试点实践来看，托管协议中有关入市土地增值收益分成问题采用的是与各村商议的方式，因此交易成本较高，而且面临着投机主义和临时毁约的风险。通过整备入市后，土地整备中心对入市土地进行经营和管理。

从理论上说，无论镇级统筹入市还是土地整备入市，都没有改变集体经营性建设用地所有权，但对入市土地整合后，进行统一招商、统一入市，却大大减少了入市土地交易成本。调研中我们发现，试点地区村集体对两种农村集体经营性建设用地入市两种模式的采用情况是有很大差异的（见表5-2）。如目前北京大兴试点78.6%的镇成立了镇级土地联营公司，占到大兴区行政村总数的75%（胡如梅、谭荣，2021）[①]。相比之下，广东南海试点镇级土地整备中心的土地交易活跃度并不高。数据表明，截至2018年年底，通过土地整备入市宗地仅有九江镇河清工业园一块，且整备规模也不大，只有120亩。虽然在南海区其他镇也成立了集体土地整备中心，但并没有实质性的进展。我们发现，其中很重要的一个原因就是村集体对入市土地增值收益分配感知合理性的问题。在入市土地镇级统筹模式下，村集体以股东身份参与镇土地联营公司的组建和运营，对入市土地增值收

---

① 胡如梅、谭荣：《集体经营性建设用地统筹入市的模式选择》，《中国土地科学》2021年第4期。

益分配方案等具有决策权，各村集体以土地股权①获得入市土地增值收益
的。而土地整备入市下，村集体参与土地决策权是薄弱的。

表5－2　　　　　　　　试点地区入市模式创新的比较研究

入市类型	主导主体	主要做法	试点地区
镇级统筹入市	集体经济组织联合成立的土地联营公司	镇级统筹：以镇为基本实施单元，对镇域范围内土地重新计量并分类细化，以本集体经济组织集体土地使用权（或者所有权）作价或注资方式入股组建的、具有集体所有制性质的镇土地联营公司	北京大兴试点、江苏武进试点、上海松江试点
		多村联合入市：在镇域内或者一定区域内由各农村集体经济组织通过履行民主程序，以入股方式组建具有独立法人资格的土地股份合作社或联营公司，可由其代表入股各集体经济组织行使与入市有关的权利和义务	海南文昌试点
集体土地整备入市	地方政府主导（一般为集体土地整备中心）	运行载体：集体土地整备中心。运行模式：集体土地整备中心对托管的农村集体经营性建设用地统一整理、统筹规划、统一招商、统一入市	广东南海试点、浙江义乌试点、海南海口试点

资料来源：笔者依据试点地区文件资料整理。

　　除此之外，镇级统筹入市与集体土地整备入市具有显著区别。前者
是农村集体经济组织联合成立的具有法人资格的公司，以实现利益最大
化为首要目标。后者衍生于国有建设用地整备入市，由政府主导，除了
追求经济利益目标外，地方政府要兼顾经济社会发展的公益性项目和公
共设施用地需求。两种模式的目标导向上的差异决定了镇级统筹入市更

---

　　①　需要说明的是，为避免因资源初始禀赋差异导致农村内部的收益差距，股权确定时就综
合考虑了集体经营性建设用地规模、区位、用途和人口数量等因素。

容易被集体和农户接纳，这从集体土地整备入市推广范围的有限性中可见一斑。

三 拓展农村集体经营性建设用地入市用途

2014年，中共中央办公厅、国务院办公厅联合印发了"三块地"改革试点工作指导意见①，但该文件并没有专门针对集体经营性建设用地是否可以从事商品住宅开发作出明确规定。对于什么是"经营性用途"可追溯到2007年颁布的《物权法》②，其采用列举的方式对"经营性用地"进行了定义，即从事"工业、商业、旅游、娱乐和商品住宅等的用地"，其中，商品住宅被明确为经营性建设用地的主要用途之一。《中华人民共和国民法典》（以下简称《民法典》）第三百四十七条，对国有建设用地使用权作出用于"工业、商业、旅游、娱乐和商品住宅等经营性用地"（第三百四十七条）的法律界定。在2021年我国颁布的《乡村振兴促进法》③ 对入市用途加以规定，经国土空间规划确定经营性用途（主要指工业、商业用途）并依法登记的集体建设用地，可以"优先用于发展集体所有制经济和乡村产业"（第六十条）。最新实施的《土地管理法》④ 仅列举了工业、商业两类经营性用途（第六十三条），而用"等"字省略了其他经营性用途，这被研究者解读为"有意的制度模糊"，其本意是为基层制度创新预留空间。

实践显示，近3/5的试点地区（如天津蓟州试点、福建晋江试点等）对入市土地建设商品住宅采取回避处理的方式，即直接援引中央指导文件的定义，在地方出台的管理办法中不再做进一步阐释。显然，这与集体经营性建设用地与国有建设用地"同权、同价"，建立城乡统一建设用地市场的改革目标不一致。另有1/5试点明确禁止在入市土地上建设房地产项目；

---

① 参见《关于农村土地征收、集体经营性建设用地入市、宅基地制度改革试点工作的意见》，宁夏中卫市人民政府网（http：//www.nxzw.gov.cn/zwgk/bmxxgkml/szrzyj/fdzdgknr_49539/jyta_49565/201811/P020181128347953476550.pdf）。

② 参见中央人民政府网（http：//www.gov.cn/flfg/2007-03/19/content_554452.htm）。

③ 参见《中华人民共和国乡村振兴促进法》，中央人民政府网，http：//www.gov.cn/xinwen/2021-04/30/content_5604050.htm。

④ 参见全国人大网，http：//www.npc.gov.cn/npc/c30834/201909/d1e6c1a1eec345eba23796c6e8473347.shtml。

其余 1/5 的试点地区（如广西北流试点、山西泽州试点、河南长垣试点、北京大兴试点、上海松江试点、海南五指山市、海南省三亚市①、浙江省安吉县等）认为中央指导文件既然没有明确禁止就可以探索尝试，这也契合法理学视角下的"法无禁止即自由"的解读，积极探索利用入市土地进行商品房、租赁住房、共有产权房、限价房建设。需要说明的是，明确允许利用入市土地建设商品房的试点地区并不多，主要还是建设保障性租赁住房（见表 5-3）。如北京大兴试点允许村镇两级集体经济组织通过联合开发、土地入股等方式自行开发和运营集体建设租赁住房，其建设租赁住房规模和进展速度都位列其他试点地区之首（黄佳金等，2022）②。广西北流试点是为数不多探索集体经营性建设用地建设商品房的试点，相关资料显示，截至 2018 年年底，广西北流试点利用集体经营性建设用地开发商品房的规模甚至超过了同期的国有建设用地（吴宇哲、于浩洋，2021）③。

表 5-3 试点地区有关入市土地开发商品房的规定

是否可以开发商品房	试点地区
回避	天津蓟州试点、吉林九台试点、湖南浏阳试点、重庆大足试点、甘肃陇西试点、青海湟源试点、黑龙江安达试点、贵州湄潭试点、云南大理试点、浙江德清试点、福建晋江试点、山东禹城试点、甘肃陇西试点、宁夏平罗试点、新疆伊宁试点、内蒙古和林试点、西藏曲水试点、四川泸县试点、四川郫县试点（19 个）
禁止	河北定州试点、辽宁海城试点、江西余江试点、陕西高陵试点、江苏武进试点、广东南海试点、浙江义乌试点（7 个）
允许	广西北流试点、山西泽州试点、河南长垣试点、北京大兴试点、上海松江试点、海南文昌试点、安徽金寨试点（7 个）

资料来源：作者依据试点地区文件资料整理。

---

① "住宅"项目包括租赁性住房项目，以及在村庄规划或三亚市中心城区控制性详细规划确定的城镇建设用地范围内，面向本市范围内的农村集体经济组织成员的聚居型住房建设项目。

② 黄佳金、李敏乐、王培力：《上海农村集体建设用地建设租赁住房问题研究》，《科学发展》2022 年第 11 期。

③ 吴宇哲、于浩洋：《农村集体建设用地住宅用途入市的现实约束与赋能探索》，《中国土地科》2021 年第 5 期。

　　较为巧合的是，农村集体经营性建设用地入市试点期间，正值国土资源部、住房和城乡建设部开展利用集体建设用地建设租赁住房试点①工作，其间广西北流试点、山西泽州试点、河南长垣试点、北京大兴试点、上海松江试点等同时作为两项改革的试点地区，创新性地将两项改革联动起来，积极探索利用入市土地进行商品房、租赁住房、共有产权房、限价房建设。相关资料显示，截至 2018 年年底，广西北流试点入市用途为商住项目宗地数占入市土地总宗数的 67.65%，面积占比达 68.66%（林超等，2020）②。同期，北京大兴试点建设租赁住房规模和进展速度均位列其他试点地区之首。截至 2022 年 12 月，上海松江试点在需求集中区域③利用入市土地建设租赁住房 4653 套，占当年松江区供应租赁住房数量近乎一半（许峰等，2023）④。该类住房主要面向租期 1 年及以上的企业用户。海南文昌试点允许入市土地用于租赁性住房和自有房屋建设，其中自有住房建设面向本市县或周边市县毗邻乡镇的农村集体经济组织成员，但限定在集镇（指海口市、三亚市除主城区以外的乡镇，包括琼中、白沙、五指山、保亭四个中部山区市县各乡镇，以及其他市县人民政府驻地以外的乡镇）开发边界范围内，且所建房屋不得分割转让。

　　河南长垣试点允许农村宅基地腾退后入市，入市土地可以用于建设住宅或商铺。如果单宗交易面积不超 1 亩、地上建筑面积不超 1000 平方米的，只需要由乡（镇）、街道办事处出具乡村规划许可证即可建设。⑤该建设住宅或商铺在不动产登记中心需按农宅和自建房予以登记。需要特别说明的是，调研中我们发现，房地产产业集中程度越高的试点地区，地方政府开展集体经营性建设用地市场化改革的可能性越低，这在 Jiang

　　① 2017 年，国土资源部启动利用集体建设用地建设租赁住房试点。第一批试点包括北京、上海、沈阳、南京、杭州、合肥、厦门、郑州、武汉、广州、佛山、肇庆、成都 13 个城市。2019 年 1 月新增福州、南昌、青岛、海口、贵阳 5 个城市。
　　② 林超、昌萍：《新〈土地管理法〉实施后城乡土地市场建设——基于北流市试点经验的思考》，《中国房地产》2020 年第 24 期。
　　③ 主要是产业集聚区、商业商务集聚区、交通枢纽地区。
　　④ 许峰、朱华平、陈晓华、丁学芳：《关于松江区集体经营性建设用地入市的调研报告》，《上海农村经济》2023 年第 2 期。
　　⑤ 不需要再走立项、环评、消防及工程竣工等程序。

& Zeng（2019）① 的研究中也得到了证实。

事实上，试点地区对改革审批手续等体制机制尝试进行改革。如河南长垣试点对土地入市区分为未建设地块入市和已形成用地事实地块入市，在 2018 年针对农村集体经营性建设用地入市相关问题作出了一些解释性规定②：对已建项目，简化民主决策程序、取消补办施工许可手续、改革入市土地款缴纳等程序，允许只办理土地登记手续以及符合规定要求的免予处罚等流程。将原参照国有土地挂牌的出让实施的 30 日入市挂牌公告期调整为 3 日。同时，河南长垣试点对县城规划区和镇规划区外的，由规划编制单位提出相应简要设计技术指标后，再由乡（镇）、街道办事处出具规划设计条件；城市规划区外的用地，将建设用地规划许可证和建设工程规划许可证替换为乡村建设规划许可证，消防和住建等部门依据乡村规划许可即可办理相关手续。对专业园区内以及乡（镇）、街道办事处属地的已建企业，还进一步简化了村镇规划手续，园区或乡（镇）、街道办事处出具的符合当时当地总体规划证明的，视为有效证明，不再补办乡村规划或用地规划或工程规划许可证。消防、不动产登记部门据此办理相关手续。江苏武进试点规定，在各镇控制性详细规划范围内拟入市的集体经营性建设用地，由规划部门依据控规出具规划条件后办理入市手续；在控规范围外的，由规划部门依据经批准的村庄规划进行技术审核，由区试点办出具乡村规划土地使用条件。这些对现有阻碍体制机制的破除，加速了合规农村集体经营性建设用地入市的节奏。

第二节　农村集体经营性建设用地入市制度创新的特征分析

试点地区有关土地入市制度创新呈现以下四点特征。

一是农村集体经营性建设用地入市制度创新始终围绕着土地产权实现进行的。产权是一束权利的集合，可分割是产权效用发挥的基础。只有当

---

① Jiang J., Zeng Y., "Countering Capture: Elite Networks and Government Responsiveness in China's Land Market Reform", *The Journal of Politics*, Vol. 82, No. 1, 2019.

② 《关于农村集体经营性建设用地入市相关问题的通知》。

制度安排能够确保某项权利实现时，才能获得源于这种划分的效益。试点地区在既有制度下，通过调整土地用途规划，将闲置宅基地、公益性建设用地等纳入农村集体经营性建设用地入市范围并入市，对入市土地用途拓展，实际是赋予土地所有者土地发展权和流转权。地方政府探索的土地镇级统筹入市、整备入市模式也是为了更好地实现入市土地流转权。

二是试点地区有关农村集体经营性建设用地入市制度的创新与其他改革是协调联动的。外部环境影响制度变异是不争的事实。实践中，试点地区在入市土地上建设商品房、保障性住房的探索，与当下国家缓解住房租赁市场结构性供给不足，推动多渠道保障住房制度改革是密不可分的。对入市土地范围的拓展是结合宅基地制度改革、土地征收制度改革一并进行的，这也是农村集体经营性建设用地入市试点由 2015 年首批 15 个试点扩大到 2016 年全部 33 个试点的重要诱因之一。

三是对自上而下的制度进行创新高度依赖于地方政府的落实积极性与执行效能。地方政府是中央制度供给意愿和微观主体制度需求的重要中介，在集体经营性建设用地制度创新中发挥着重要作用。除对制度供需起到上传下达的作用，也通过对供需制度边际调整促进建立新制度。

四是试点地区有关农村集体经营性建设用地入市的制度创新是谨慎的。为了减少制度创新的不确定性，试点地区往往通过设置前置条件加以限制，如对建设租赁住房的入市土地一般限制在城市规划区外，而不是商品住宅需求较大的城市建成区。广西北流试点 88.3% 的集体商住入市土地分布在乡镇地区（岳永兵、刘向敏，2022）[①]，北京大兴试点将可建设租赁住房的入市土地限制在重点产业功能区、城乡结合部、重点新城及其他租赁住房需求强烈的区域。

第三节　农村集体经营性建设用地入市情境下地方政府制度创新行为分析

综上所述，试点地区在依法依规的大框架内，完成"规定动作"的

---

① 岳永兵、刘向敏：《集体经营性建设用地开发商品住宅试验考察与推进建议——以广西北流、河南长垣、山西泽州的试点改革为例》，《西部论坛》2022 年第 3 期。

同时，也进行了"自选动作"的发挥，在顶层制度留白下进行了因地制宜的制度探索，充分发挥了试点地区先试先行的引领示范作用。在此期间，我们看到，地方政府并不拘泥于既有制度设定，而是因地制宜选择对顶层制度创新，推动试点工作走深走实。那么问题是，为什么该项改革的制度创新主体是地方政府？地方政府制度创新的行为逻辑是什么呢？本部分尝试进行回答。

一　基层制度创新的主体选择、目标导向及其行为逻辑分析

首先，我们有必要阐释为什么地方政府是农村集体经营性建设用地入市制度创新的主体。理论上来讲，地方政府、用地企业、农民集体都是制度创新既得利益者，都可能成为制度创新的主体，但实际情况是，县（市、区）政府作为政治组织，是中央政府的一级行政代理人，相对于后两者，其不仅拥有独特的政治力量优势（如拥有与中央政府讨价还价的能力，解析和运用政策制度的能力）、组织集体行动和信息获取能力，而且拥有资源的配置权，这就为其行为自主性扩张提供了可能（何显明，2007）①。换一个角度来看，集体作为农村集体经营性建设用地的归属所有省，并没有成为基层制度创新的主体，这背后有其深层次的原因：一方面，村委会、村民小组是村民自治组织，既不是法人主体也不是自然人主体，在法律层面不能有效行使土地所有权主体职能；另一方面，农村集体经济组织虽然是集体土地的所有权法律主体，但其发展薄弱，机制运行不健全，没有能力承担所有者责任。比如片区统筹入市模式下，入市体量最大的江苏武进试点因尚未建立镇级集体经济组织，而不得不采取镇政府代章的形式行使其权利。其次，我们要明确地方政府制度创新的具体目标是非常多元的，比如促进本地经济快速增长、维持社会稳定，但这些都是以政治晋升为总目标的。

综上所述，地方政府制度创新的行为逻辑回归到经济学问题，就是目标导向下路径选择的问题，即地方政府作为土地入市制度创新行为主体，为什么会进行制度创新？选择什么样的方式进行制度创新？会沿着

---

① 何显明：《市场化进程中的地方政府角色及其行为逻辑——基于地方政府自主性的视角》，《浙江大学学报》（人文社会科学版）2007年第6期。

什么样的方向进行制度创新？制度创新可能面临什么样的结果？接下来，我们就沿着这个逻辑围绕农村集体经营性建设用地入市制度创新进行探讨（见图5-5）。

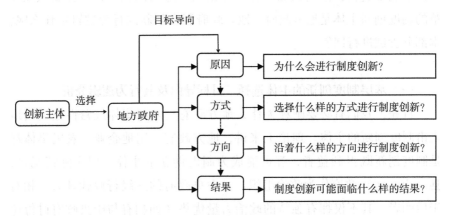

图5-5 地方政府制度创新逻辑

二 基层制度创新的动力：捕捉制度变化的潜在收益

按照制度经济学的理论，制度创新的根本动力是逐利，是经济当事人根据收益最大化或成本最小化原则作出的决策（诺斯，2014）[①]。当预期净收入超过预期成本时，表现出获得收益的机会，就会引发制度变动的行动，这些行动不断考验现有制度的边界，并带来各种惊喜（姚洋，2002）[②]。当然，这种惊喜的表现形式是非常多元的，可以直接表现为利润，亦可以表现为交易成本的降低，还可以表现为关系的调整（汪丁丁，1992）[③]，但制度创新发生更为一般的情境是制度变迁的收益大于维持现有制度的成本。其间，由于地方政府具有更强的组织集体行动的能力，因此往往与微观主体一起扮演着谋取潜在利润的第一行动集团的角色（傅晨，2003）[④]。

回归到实践，试点地区土地入市制度创新的动力是捕捉制度边际变

① ［美］道格拉斯·诺斯：《制度、制度变迁与经济绩效》，杭行译，韦森译审，格致出版社、上海三联书店、上海人民出版社2014年版，第3—6页。

② 姚洋：《制度与效率：与诺斯对话》，四川人民出版社2002年版，第81—86页。

③ 汪丁丁：《制度创新的一般理论》，《经济研究》1992年第5期。

④ 傅晨：《"新一代合作社"：合作社制度创新的源泉》，《中国农村经济》2003年第6期。

化带来的制度红利，如节约集约利用土地资源，这在实践中有很好的体现：一是试点地区对集体经营性建设用地入市范围的拓展极大地盘活了农村闲置土地资源。我们的调查显示，辽宁海城试点通过调整城市建设规划入市的宗地占入市宗地总数的 29.9%。山东禹城试点通过将废弃乡村学校、养老院等公益事业用地调整为经营性建设用地入市的宗地占入市宗地总数的 10% 左右。对土地入市范围的拓展举措对原本存量集体经营性建设用地不多的西部地区意义更为重大。如贵州湄潭试点通过对农村混合住宅用地分割登记，拓展后的存量集体经营性建设用地面积达 1.5万余亩，是拓展之前的 4.4 倍，较好地释放了土地资源。二是创新农村集体经营性建设用地入市模式有利于土地资源的优化配置。片区统筹入市模式将分散在村集体层面的集体土地使用权整合到更高一级的镇（街道）层面，有利于土地资源的优化配置，如将镇域内零星、分散的集体经营性建设用地向城镇核心区、产业区、重点项目区集中。特别是，拓展入市土地用途（如建设共有产权房、限价房、经济适用房等）的举措，更是市场机制作用下的资源配置结果。试点地区通过拓展农村集体经营性建设用地用途建设商品房、保障性住房，对国有建设用地供给形成有益补充。这在一定程度上能够解决低收入群体住房问题，平抑当前过热的房地产市场，连带缓解目前因政府征地、拆迁带来的社会矛盾。

　　制度创新的动力是逐利，换言之，降低交易成本同样激励地方政府对原有制度做出改变。科斯认为，交易成本是获得准确市场信息所需要付出的成本，以及谈判成本和签订契约的成本。试点实践显示，土地入市片区统筹模式是通过更高层级的代理人将原先分散在村或村小组的集体经营性建设用地使用权重组、整合，从而进行统一供地、统一经营管理。该项制度创新举措不仅大大降低了用地方与单个或者多个农村集体经济组织（如果入市土地分属不同经济组织）谈判成本，也降低了用地企业的信息搜寻成本和用地协调成本。除此之外，由于用地需求方交易或者谈判对象是镇层面代理机构，因此相对村（小组）集体经济组织具有更好的契约精神，从而提高用地者投资信心。但需要指出的是，无论是镇级统筹入市还是集体土地整备入市，由于都涉及委托代理关系，这意味着利益主体存在诉求偏差，从而会诱发利益博弈。以集体土地整备入市为例，集体土地整备中心与集体经济组织是委托代理关系，集体土地整备中心是由地方政府主导的，其一个重要功能是推进公益性项目、基础设施、公共服务设施落地，而农村集体经济组织的目的是获得最大化的土地增值收益，两者目标的不一致，直接导致该项基层制度创新举措复制推广不及预期（刘鹏凌，蔡俊，2020）[1]。

除了获得经济利益外，中央和地方关系的改善也是地方政府制度创新的主要动力。这是建立在我国领导干部晋升体制，以及中央和地方的财政关系基础之上的。因此，地方政府为完成中央政府对其政治考核任务、赢得上级政府认同，又或者是获得财政转移支付，会主动对自上而下推动的制度作出积极回应，进行制度创新。从优先序来看，这种政治关系的改善甚至是第一位序的。但不可否认的是，基于政治关系改善的制度创新有时是低效率的，甚至是无效率的。有时这种追求政治晋升的动力甚至强过促进地方经济增长的动力，以至于一些学者认为，政治晋升激励才是中国地方政府内部激励最持久和最基本的力量（周黎安，2004[2]；周黎安，2007[3]；张军、高远，2007[4]），这充分表明了政治过程与经济过程相互交织的现实（陈振明，1998）[5]。

三 基层制度创新的方式：渐进式改革

基层制度创新是对既有制度边界改变的一种试探，因此是渐进式推进的，这植根于深厚的理论与现实基础，而制度创新的空间则要视正式制度规则的变通余地而定。究其原因，第一，诺斯认为，对制度创新或者修改现有制度是建立在制度变迁主体（人或者组织，当然本文是指地方政府）对已有认知模式过滤和认识现实经济形态基础之上，是对原有认知模式进行的修正，而制度变迁主体的知识存储是一个累积的过程，

① 刘鹏凌、蔡俊：《集体经营性建设用地整备统筹入市的农户意愿与行为响应》，《中国土地科学》2020 年第 8 期。

② 周黎安：《晋升博弈中政府官员的激励与合作——兼论我国地方保护主义和重复建设问题长期存在的原因》，《经济研究》2004 年第 6 期。

③ 周黎安：《中国地方官员的晋升锦标赛模式研究》，《经济研究》2007 年第 7 期。

④ 张军、高远：《官员任期、异地交流与经济增长——来自省级经验的证据》，《经济研究》2007 年第 11 期。

⑤ 陈振明：《非市场缺陷的政治经济学分析——公共选择和政策分析学者的政府失败论》，《中国社会科学》1998 年第 6 期。

因此制度创新是以渐进的形式推进的。第二，从制度创新的成本来看，制度创新是地方政府在背离权力中心制度供给意愿下的努力，制度创新偏离原有制度幅度越大，改革的阻碍就会越大（汪丁丁，2004[①]；杨瑞龙，1998[②]）。毕竟从一种制度安排转换到另一种不同的制度安排是非常昂贵的（林毅夫，2004）[③]，因为这意味着政府要为界定和保护新的制度支付高昂的交易费用。制度安排变化中最重要的效应可能是这类重组对交易费用的影响。相比之下，为了改善现状对既有制度进行边际修改或者调整，成本就小得多。第三，制度变迁具有显著的路径依赖性。制度创新是制度变迁的充分条件。创新被理解为引进以前没有的一件事，因此制度创新或多或少会受原有制度的影响，产生惯性依赖，呈现所谓的路径依赖。第四，地方政府推动或者参与制度创新是以不给自身带来政治风险为前提的，这意味着制度变革不可能过于激进。地方政府作为制度创新的主体，除了受有限理性影响外，还交织意识形态刚性的影响。种种迹象表明，多维度因素影响下地方政府更愿意选择在既有制度框架下对农村集体经营性建设用地入市制度做边际改变。

反映到实践，我们可以看到，一方面，地方政府对农村集体经营性建设用地入市的制度创新是非常谨慎的。一般在不突破中央顶层制度框架约束下，对顶层制度"留白"或者制度模糊地带[④]进行边际变动。以争议最大的入市用地建设住房为例，我们对这个问题进行阐释。首先，需要明确的是，由于国家法律法规或中央入市指导文件并没有明确禁止入市土地开发商品房业态，也就无所谓"突破"的概念。其次，北京大兴试点对入市土地用途的拓展，经历了从一般产业到集体租赁房，再到共有产权房的这样一个过程，是逐步试探性推进的（董祚继和孟海燕，2020）。其间，为了减少入市土地用途拓展对房地产市场冲击的不确定

①　汪丁丁：《再论制度创新的一般过程》，载盛洪《现代制度经济学》（下卷），北京大学出版社 2004 年版，第 223—245 页。

②　杨瑞龙：《我国制度变迁方式转换的三阶段论——兼论地方政府的制度创新行为》，《经济研》1998 年第 1 期。

③　林毅夫：《诱制性制度变迁与强制性制度变迁》，载盛洪《现代制度经济学》（下卷），北京大学出版社 2004 年版，第 254 页。

④　这种制度模糊可能是中央政府的一种有意为之，在制度效果不明确下，为地方政府预留探索空间。

性，试点地区便通过设置前置条件控制制度创新的风险。如北京大兴试点明确共有产权房的建设应该在区级层面统筹把控，并将建设规模控制在规划批复的农村集体经营性建设用地总建筑规模的 15% 以内；广西北流试点将建设租赁住房的入市土地限制在"圈外"，即城镇开发边界以外，而不是商品住宅需求旺盛的城市建成区。另一方面，我们换个角度来看，如果基层制度创新偏离既有制度幅度越大，改革难度也就越大。如广西北流、湖南浏阳等试点地区允许新增农村集体经营性建设用地入市，该举措突破了国家相关指导意见对入市土地存量的限制。2018 年 12 月，国务院在总结农村集体经营性建设用地入市试点情况的总结报告中①提及该做法但没有表态。2020 年，自然资源部在《土地管理法实施条例（修订草案）》征求意见稿中以法律条款形式规定要"优先使用存量集体经营性建设用地，严格控制新增集体经营性建设用地规模"（第三十六条），但在之后正式实施的《土地管理法实施条例》②中模糊了该法条，原则性提出"依法控制集体经营性建设用地规模"（第三十七条）。直到2022 年年底，国家部署新一轮深化农村集体经营性建设用地入市试点工作，将新增农村集体经营性建设用地入市事项列入要紧盯的"三项负面清单"③，并正式写入《深化农村集体经营性建设用地入市试点工作方案》，从中央层面对试点地区该项实践探索予以否决。除此之外，我们还可以看到，无论是镇级统筹入市还是集体土地整备入市，试点地区都没有动摇顶层制度规定的"不改变土地集体所有"的根基。

当然，为了利用市场机会，组织也是不断演化以提高经济效率。制度运行依附于组织，组织是博弈的参与者，组织的存在，虽然会一定程度削弱个体处置其产权的自由，但其通过降低协调成本提高了产权的价值（柯武刚等，2018）④。如在中央文件指导意见下，农村集体经营性建设用地入市

---

① 参见《国务院关于农村土地征收、集体经营性建设用地入市、宅基地制度改革试点情况的总结报告》，中国人大网（http：//www. npc. gov. cn/npc/c12491/201812/3821c5a89c4a4a9d8cd-10e8e2653bdde. shtml）。

② 参见中央人民政府网，http：//www. gov. cn/zhengce/content/2021 – 07/30/content_5628461. htm？ trs = 1。

③ 即禁止新增建设用地、宅基地不能入市、入市土地不能搞商品房开发。

④ ［澳］柯武刚、［德］史漫飞、［美］贝彼得：《制度经济学》，柏克、韩朝华译，商务印书馆 2018 年版，第 225—237 页。

主体为入市土地所有权集体经济组织，在此基础上，部分试点地区选择将归属村集体、村小组的入市土地采用区域统筹方式入市，则是为了提高组织效率。因为相比村或村小组集体经济组织，理论上更高层级的集体经济组织可以通过统一规划、成片供地提高入市土地的经济价值和减少交易成本。

四　基层制度创新的走向：收敛于市场经济的方向

我国在 20 世纪 90 年代确立建立社会主义市场经济制度，自此，中央推动农村土地制度的改革始终以建立市场经济为目标。可以说，农村集体经营性建设用地入市本身就是中央意识形态转变下的制度变迁。在社会主义市场经济大框架下，意味着基层有关土地入市制度的创新只有收敛到市场经济的方向才可能得到中央层面的认可。如试点地区利用集体经营性建设用地建设住房的举措，就是市场机制导向下土地资源配置方式。2020 年，国家发布"十四五"规划，对地方的该项创新举措予以肯定，支持"利用集体建设用地按照规划建设租赁住房"①，并在当年中央经济工作会议上进一步肯定和细化。次年，国务院发布有关建设租赁住房的 22 号文②，将利用农村集体经营性建设用地建设保障性租赁住房事项提上日程，并就利用集体经营性建设用地建设保障性租赁住房的范围、运营方式、融资等具体事宜明确和细化。该项改革探索为特大城市利用农村集体经营性建设用地建设租赁住房、限价房、共有产权房，缓解住房紧张问题提供了思路（见图 5 - 6）。随后的事实也证明，试点地区的该项创新举措得到新一轮试点地区的积极回应和认可，如浙江安吉试点、福建福鼎试点等地区都明文规定，支持利用农村集体经营性建设用地建设保障性租赁住房，但同时约束该类用地要一并纳入年度住宅用地供应计划。

---

　　① 《中共中央关于制定国民经济和社会发展第十四个五年规划和二〇三五年远景目标的建议》，人民网（http://sn.people.com.cn/n2/2020/1104/c378287 - 34392657.html）。

　　② 《关于加快发展保障性租赁住房的意见》（国办发〔2021〕22 号）：在人口净流入的大城市和省级人民政府确定的城市，可探索利用集体经营性建设用地建设保障性租赁住房；支持利用城区、靠近产业园区或交通便利区域的集体经营性建设用地建设保障性租赁住房；农村集体经济组织可通过自建或联营、入股等方式建设运营保障性租赁住房；建设保障性租赁住房的集体经营性建设用地使用权可以办理抵押贷款。

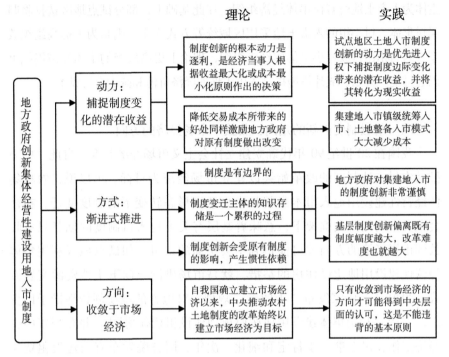

图 5 - 6　地方政府制度创新逻辑

　　需要指出的是，由于制度创新是一种新生事物，具有很强的不确定性，中央政府为了减少制度创新风险，即使制度创新是收敛于市场经济方向的，但是无法契合当时的经济社会发展，中央政府也会对制度创新予以否决或者搁置。如从长远来看，新增农村集体经营性建设用地入市、拓展集体经营性建设用地建设商品房被认为是市场导向下的土地资源配置方式，但鉴于该举措的影响复杂，为稳妥起见，中央政府将两项创新性举措新列入要紧盯的"三项负面清单"①。除此之外，本文还需要说明的是，基层制度创新是建立在合作的基础上。一般来说，如果改变体制的权利（这是一种政治的"权力"）与获取体制变革收益的权利分属不同的社会团体，那么这两个团体的合作是制度创新的前提。因此，我们可以看到，试点期间，农村集体积极配合地方政府积极进行适度创新。

---

　　① "三项负面清单"包括不能通过农用地转为新增建设用地入市，不能把农民的宅基地纳入入市范围，符合入市条件的土地不能搞商品房开发。

第四节　农村集体经营性建设用地入市
制度创新的效果评价及启示

从实践来看，试点地区在制定农村集体经营性建设用地入市实施意见、管理办法时能够贯彻落实中央系列指导文件精神，做到在大方向、大方针与中央保持高度一致下，能够对顶层制度供给结合自身制度需求进行边际的制度修改，该举措在提高土地资源配置效率、降低产权交易成本、减少社会冲突的同时，土地制度创新也面临着改革空间有限、改革基础薄弱、改革主体发展滞后的问题。

一　农村集体经营性建设用地入市制度创新的积极效果评价

（一）试点地区对农村集体经营性建设用地入市范围的拓展，较大程度盘活了农村土地闲置资源，同时较好地彰显了市场在资源配置中的决定性作用

试点地区的制度探索更加注重改革落地效果，如部分试点地区以此次集体经营性建设用地入市改革为契机，尽可能地做大存量集体建设用地的"本底"，将闲置的宅基地、村委会、废弃的中小学校舍用地等通过依规调整土地用途一并纳入土地入市范畴，有效盘活了大量闲置的农村土地资源。如辽宁海城试点摸底调查显示，需要通过调整城市建设规划入市的宗地占可入市宗地总数的29.9%。山东禹城试点通过将废弃乡村学校、养老院等公益事业用地调整为经营性建设用地入市的宗地占入市宗地总数的12.4%。此外，天津蓟州试点、贵州湄潭试点①对实际用于经营农家乐、农家院的宅基地，依法批准变更为经营属性并完成变更登记的，允许纳入入市范围。海南文昌试点将村庄规划确定为租赁性住房及自建住房等经营性用途的建设用地也一并纳入集体经营性建设用地范围。甘肃陇西试点通过调整完善小城镇建设规划，允许将街道改造形成的街面房用地和农业产业化龙头企业经营性用地调整为集体经营性建设用地后入市。贵州湄潭试点通过拓展土地入市范围口径，最终确定的存量农

---

① 贵州湄潭试点对超标、已用作经营性的宅基地进行分割登记。

村集体经营性建设用地是之前的 4.4 倍，大大盘活了农村闲置资源。这些
创新举措得到中央认可并被纳入中央正式文件，如在 2019 年国务院印发
的有关城乡融合发展体制机制和政策体系指导文件中①得以追认，"允许
村集体……依法把有偿收回的闲置宅基地、废弃的集体公益性建设用地
转变为农村集体经营性建设用地入市"。

市场机制是通过价格对资源进行配置的。中国的土地资源配置存在
严重的政府失灵（曲福田等，2004）②，不仅扭曲土地价格，而且传递给
房地产市场，造成高企的房地产价格。试点地区对入市土地用途的拓展
为特大城市利用农村集体经营性建设用地建设租赁住房，缓解住房紧张
问题提供了思路。

（二）试点地区有关农村集体经营性建设用地入市模式的制度安排降
低了交易成本

在交易成本的条件下，农村集体经营性建设用地入市并不意味着资
源配置能自动实现，过程的组织方式同样对资源配置效率和公平分配有
着重要的影响。我国目前农村大部分农民缺少行使集体土地所有权的组
织形式（曲福田等，2004）③，如果用地需求方直接向集体经济组织和农
户协商购地，会增加制度性交易成本。特别是大型项目的落地，土地协
调成本较高。而集体经营性建设用地的镇级统筹模式、土地整备入市模
式通过规避用地需求方与单个供地方集体经济组织的谈判交易成本，不
仅可以降低建设用地供需双方交易费用，而且能够较大程度解决入市土
地零散、效率低下或不利于空间和功能优化的问题，有效降低了土地统
筹利用成本。如江苏武进试点镇级统筹入市模式下，用地单位只需与镇
集体经济组织打交道，以合同为准，村组的补偿统一由村委负责结算，
作为内部事宜处理，极大降低了市场交易成本。此外，试点地区依托农
村集体经营性建设用地入市契机，对入市范围进行拓展，将特定历史条

---

① 参见《中共中央国务院关于建立健全城乡融合发展体制机制和政策体系的意见》，中国
人大网（http://www.npc.gov.cn/zgrdw/npc/xinwen/lfgz/2019-05/06/content_2086815.htm）。

② 曲福田、冯淑怡、诸培新、陈志刚：《制度安排、价格机制与农地非农化研究》，《经济
学（季刊）》2004 年第 4 期。

③ 曲福田、冯淑怡、诸培新、陈志刚：《制度安排、价格机制与农地非农化研究》，《经济
学（季刊）》2004 年第 4 期。

件下形成的"问题用地"重新认定地类、权属性质、权属来源并予以登记，这在很大程度上降低了界定和保护产权的费用。

二　试点地区农村集体经营性建设用地入市制度创新反映出的一些问题

一是基层制度创新偏离既有制度幅度越大，改革难度也就越大。如广西北流试点、湖南浏阳试点突破了国家相关指导意见对入市土地存量的限制，允许新增农村集体经营性建设用地入市。虽然 2018 年 12 月国务院在总结农村集体经营性建设用地入市试点情况的总结报告中[①]提及试点地区的这些具体做法。2020 年自然资源部在《土地管理法实施条例（修订草案）》[②] 征求意见稿中以法律条款形式规定要"优先使用存量集体经营性建设用地，严格控制新增集体经营性建设用地规模（第三十六条）"。但在 2021 年正式公布的《土地管理法实施条例》（国令第743 号）[③] 中，对集体经营性建设用地存量和新增并没有加以区分，只是原则性提出，要依法控制集体经营性建设用地规模（第三十七条）。直到 2023 年 3 月，自然资源部部署新一轮深化农村集体经营性建设用地入市试点工作，将新增农村集体经营性建设用地入市事项列入要紧盯的"三项负面清单"，从中央层面对试点地区该项创新性的实践探索予以搁置。为了减少土地制度改革的不确定风险，将入市土地限制在存量是无可厚非的，但辩证来看，禁止新增农村集体经营性建设用地入市也一定程度地削弱了土地入市改革效果。如果再叠加集体经营性建设用地分布零散、不具规模的特征，这意味着存量集体经营性建设用地难以形成有效供给。

二是土地入市制度创新高度依赖试点地区已有改革基础。如试点地区采取的区域统筹模式入市依附于前期完成的产权改革基础。北京大兴试点之所以采取镇级统筹模式入市是建立在 2010 年开展的城乡结合部改

---

① 参见《国务院关于农村土地征收、集体经营性建设用地入市、宅基地制度改革试点情况的总结报告》，中国人大网（http：//www. npc. gov. cn/npc/c12491/201812/3821c5a89c4a4a9d8cd-10e8e2653bdde. shtml）。

② 但正式实施的《土地管理法》删除了该条款。

③ 参见中央人民政府网，http：//www. gov. cn/zhengce/content/2021 – 07/30/content_5628461. htm？trs = 1。

造基础上，在这一轮改造工作中，西红门镇先行先试采用了"镇级统筹"模式，由于改革效果较好，便将该模式沿用到集体经营性建设用地的资源整合中。上海松江试点选择镇级统筹模式入市则是建立在以镇级统筹推进的农村集体经济组织产权制度改革基础之上。截至 2013 年年底，上海市松江区已完成集体土地所有权和使用权登记，所有村集体都完成了土地所有权发证，集体土地使用权发证率 95%（费岑，2021）①。改革后，上海市 2/3 的集体经营性建设用地归属镇级所有，集体经营性建设用地采取镇级统筹入市是顺势的一种选择。江苏武进试点早在 2012 年就全面开展了农村集体土地所有权发证工作，颁发了农村房地一体的不动产权籍调查和确权登记证书。广东南海试点的土地整备入市亦如此，也是建立在较高程度的产权制度基础之上。广东南海区在 1992 年就开始实行土地股份制改革，在农村集体经营性建设用地入市前就已经建设了相对成熟的土地中介服务组织、成熟的土地市场。这在另一个层面也反映出，制度创新一般发生在经济发达地区，具有一定局限性。

再如，上海松江试点、北京大兴试点对入市土地用途的拓展也不是偶然的。事实上，2009 年，上海市住房保障房屋管理局等六部门针对租赁房建设问题出台了指导意见②，明确提出，在符合"两规"、建设用地总量不增加的前提下，镇或村集体经济组织可以利用闲置乡镇或者村企业用地、废弃的其他集体建设用地，建设限定供应的租赁宿舍。2012 年，上海松江试点又作为集体建设用地建设公共租赁住房的首批试点城市获得原国土资源部批准。北京市早在 2011 年就开展集体建设用地建设租赁住房试点工作，在 2017 年启动的新一轮试点中，北京市政府提出，在 2017—2021 年内供应 1000 公顷集体土地用于建设租赁住房，从而新增 40 万套市场化租赁住房，以缓解北京市住房供需紧张态势（黄佳金等，2022）③。早期集体建设用地用途的探索为上海松江试点、北京大兴试点利用集体经营性

① 费岑：《松江区集体经营性建设用地入市开展租赁住房建设的实践与思考》，《上海房地》2021 年第 5 期。

② 参见上海市人民政府网，https://www.shanghai.gov.cn/nw23347/20200820/0001-23347_19570.html。

③ 黄佳金、李敏乐、王培力：《上海农村集体建设用地建设租赁住房问题研究》，《科学发展》2022 年第 11 期。

建设用地建设租赁住房奠定了坚实的基础。

三是试点地区制度创新的改革协同性仍需理论研究深化与实践探索。改革是一项系统工程，往往与其他改革是联动的，试点地区的制度创新一定程度彰显了改革的系统集成性，如在建设用地"本底"不变条件下，依规调整用地经营属性，打通了宅基地与农村集体经营性建设用地入市的通道，使得宅基地改革和农村集体经营性建设用地入市改革联动。同样，结合农村土地综合整治工作，允许城中村集体建设用地整治后，对不予征收的，在优先保障城中村（旧村）居民住房安置用地后，农民集体可以将规划用途为经营性的集体建设用地入市，很好地将两项农村土地制度改革工作联动起来。又如，上海松江试点、北京大兴试点等将承担的农村集体经营性建设用地入市与农村集体建设用地建设租赁住房两项改革任务协调联动，为特大城市利用农村集体经营性建设用地建设租赁住房提供了参考样板。江西省鹰潭市开展国家城乡融合发展试验区建设，深入推进农村集体经营性建设用地入市试点工作。截至2022年12月底，全市乡镇入市成交覆盖率100%①，基本建成了城乡统一的建设用地市场，有力推动了城乡融合发展。

我们在调研中发现，由于是尝试性的制度探索，受限于试点时间、法律条文约束，在与其他制度如何发挥组合拳功能上，试点地区尚未完全形成共识。特别是如何统筹土地征收、闲置的农村宅基地使用权流转或有偿退出、废弃的公益性建设用地入市等改革的协同性仍需要理论研究深化与实践探索。此外，试点地区提出应该按照现有规划和用途管制来界定入市的经营性建设用地，但是忽略了目前我国乡村级的土地规划尚不完善的问题。

四是农村集体经济组织建设滞后弱化了制度创新效果。如果改变体制的政治权利与获取体制变革产生利润的权利分属于两个独立的团体，那么这两个团体开展合作则是制度创新的前提（汪丁丁，2012）②。但当技术或需求的变化使共同所有的资源比过去价值更高时，共有权利体系

① 参见自然资源部网，https://www.mnr.gov.cn/dt/dfdt/202210/t20221019_2762530.html。

② 汪丁丁：《再论制度创新的一般过程》，载盛洪《现代制度经济学》（下卷），北京大学出版社2002年版，第123—138页。

中的内在不稳定性会变得特别突出（Alchian et al.，1973）①。现阶段，农村集体作为农村集体经营性建设用地入市制度创新的主要受益者，其经济功能建设无法与地方政府匹配，削弱了农村集体经营性建设用地入市制度创新"让利于民"的效果。这在中西部试点地区表现的尤为明显，如广西北流试点改革前大部分农村集体没有成立集体经济组织，这就导致土地整备入市下，集体经济组织将入市土地委托给土地储备中心后，一般不再参与入市后的相关事宜，导致委托人最大化的企图被目的与其不一致的代理人挫败。又如，江苏武进试点采取镇级统筹模式入市，由于镇集体经济组织法人尚未健全，不具备市场主体资格，一般由镇党政联席会议集体研究入市事项，形成会议纪要，镇政府审核后实施，产生了较高的交易成本。试点地区的制度创新在很大程度上为集体经济组织还权赋能。以北京大兴试点镇级统筹入市为例，相比土地征收村集体可获得一次性买断收入，农村集体经营性建设用地入市在出让期或者租赁期结束后，入市土地仍归农村集体所有，这意味着村集体作为土地所有者可以获得持续性收入。

同时，我们的调研也显示，当前部分地区的农村集体经济组织，尚不能很好地承担农村资源资产的经营管理职责。虽然我国《民法典》《乡村振兴法》等国家法律均赋予农村集体经济组织特别法人地位，试点地区也都以文件形式予以确认"农村集体经营性建设用地入市主体是代表集体经营性建设用地所有权的农村集体经济组织"，但在农村集体经营性建设用地入市操作中，集体经济组织和村委会职责、功能并不加以区分，如海南文昌试点规定，土地归属村农民集体所有的，可以由村民委员会代表集体行使所有权，在实际操作中，宁夏平罗试点、山西泽州试点等地区入市主体主要是村民委员会，这在一定程度上造成了入市土地所有权主体不清，加大了入市土地增值收益分配的困惑。又如，集体土地整备入市模式下，集体经济组织将入市土地委托给集体土地储备中心后，一般不再参与入市后的相关事宜。究其原因，客观来看，拥有集体土地所有权的农村集体经济组织缺少法律根基，导致其法律性质和主体地位

---

① Alchian A. A.，"Demsetz H. The Property Right Paradigm"，*Journal of Economic History*，Vol. 33，No. 01，1973，pp. 16 – 27。

不明晰，主观来看，农村集体经济组织自身建设不健全、运行机制不完善、经营管理能力和水平低是主要原因，主观和客观因素交织影响、共同弱化了农村集体经济组织经济功能的发挥，这在中西部试点地区表现得尤为明显。随着农村土地改革的深化，集体土地资产管理、土地收益分配等诸多事项将明显增多，这都对农村集体经济组织建设能力提出较高要求。

三　农村集体经营性建设用地入市基层制度创新的启示

以试点形式推动我国农村改革是我党领导农村工作的一个重要法宝。其间，要尊重地方的创新精神，注重从基层创新中总结经验，上升为理性认识。

从实践来看，地方政府在制定农村集体经营性建设用地入市实施意见、管理办法时能够贯彻落实中央系列指导文件精神，在大方向、大方针上与中央保持一致，难能可贵的是，地方政府能够结合顶层制度对自身制度需求进行边际修改，这些探索性的举措不仅提高了土地资源配置效率、降低了产权交易成本，也减少了社会冲突，增加了社会稳定性，带给我们深刻的启发。

一是制度创新高度依赖于地方政府的主观能动性，但中央政府会对制度创新的尺度进行把握。一方面，地方政府是制度创新的主体。地方政府是中央政府制度供给和微观主体制度需求的重要中介，除对制度供需进行上传下达外，也与微观主体一道对顶层制度进行边际调整，建立新的制度。一般而言，经济越是发达的地区，为获得改革初期的制度红利或者在政治上得到中央认可，地方政府发挥制度创新主体的作用就越大，越是愿意进行制度创新。另一方面，制度创新的幅度或者空间受正式制度变通的空间约束，而制度创新的尺度则由中央政府把握。在这个大框架下，地方政府对既有制度做边际调整，如果实践效果能够证明新制度安排下，各主体获得的收益大于旧制度安排，并具有可行性和普遍性，就很可能得到中央政府的确认，将地方层面的规章制度或者管理条例上升为成文法，又或者得到中央政府的默许，持续推进改革。如2018年，自然资源部和北京市政府对北京大兴试点利用集体土地建设普通商品住宅的请示，最终以批复建设共有产权住宅予以把控。究其原因，土地制度改革是复杂的，影响是广泛的，集体经营性建设用地建设商品房对中央和地方来说都是新事物，中央选择了建设共有权产权的折中办法，在给予地方政府创新空间的同时，也可减少制度创新带来的不确定性。同理，中央为了减少农村集体经营性建设用地入市的不确定，将入市土地限制在存量范围具有一定合理性。但辩证来看，禁止新增农村集体经营性建设用地入市也大大弱化了土地入市改革效果。如，2020 年广东省为推进全省征收农村集体土地留用地高效开发利用出台了指导意见①，提出利用 3 年左右时间解决留用地历史欠账目标。在此背景下，势必将会产生较大体量的新增建设用地②，作为村集体发展用地，这些新增农村集体经营性建设用地如在手续完善下不允许入市，不仅会造成土地闲置和资源浪费，也会严重影响农民收益。

需要说明的是，地方政府作为制度安排的行政代理人，既有动机也有能力为谋求有利于当地经济发展的制度安排而与权力中心讨价还价。这就促成，中央政府对地方政府制度创新举措的态度，往往更愿意以时间检验试验效果。所以我们看到，在实践中有待发展完善的做法，即使存在争议，中央政府往往以持续或者深化改革试点的方式进行再检验，而不是轻易地否决。

二是基层制度创新要契合于当时经济社会发展。外部环境影响制度变迁是不争的事实。地方政府制度创新的目标是促进当地经济社会发展，但这些举措是以契合于当时国家经济社会发展为前提的。实践显示，试点地区在入市土地上开发房地产业态，与当下国家缓解住房租赁市场结构性供给不足，推动多渠道保障住房制度改革是密不可分的。对入市土地范围的拓展是结合宅基地制度改革、土地征收制度改革一并进行的，这也是土地入市试点由 2015 年首批 15 个试点扩大到 2016 年全国 33 个试点的重要诱因之一。

三是基层制度创新植根于扎实的改革基础。实践显示，试点地区的

---

① 参见《广东省自然资源厅关于推进征收农村集体土地留用地高效开发利用的通知》（粤自然资规字〔2020〕4 号），广东省自然资源厅网（http：//nr. gd. gov. cn/zwgknew/tzgg/tz/content/post_3070000. html）。

② 广东省留用地原则上保留集体土地性质，在城镇规划区范围内的留用地可征收为国有土地。

诸多制度创新并不是无本之木、无源之水，而是有着扎实的改革基础。如北京大兴试点镇级统筹入市正是以 2010 年开展的城乡结合部改造为蓝本，在这一轮的改造工作中，西红门镇先行先试了"镇级统筹"模式，由于改革效果较好，便将该模式沿用到集体经营性建设用地入市的资源整合中。上海松江试点镇级统筹入市则是建立在以镇级统筹推进的农村集体经济组织产权制度改革基础之上，是一种顺势选择。广东南海试点的土地整备入市亦如此，衍生于城市土地整备入市制度在土地入市改革前就已经建设了相对成熟的土地市场，培育了土地中介服务组织、搭建了集体资产交易平台。

第五节　本章小结

我国农村土地制度是在试点形式下通过不断试验形成的。一般由中央政府把握顶层制度设计的方向和原则，同时为地方制度创新留有余地，依据地方实践的反馈不断修订和调整完成的。本部分并不是对试点地区农村集体经营性建设用地入市一般性制度的归纳或梳理，而是聚焦试点地区创新性的制度探索，纵向丰富了已有研究内容。并不局限于只呈现事实，而是注重剖析事实结果背后的经济学逻辑，试图为经济学理论提供中国证据。

试点实践显示，基层制度创新不是一蹴而就的，是一个渐进地过程，中间可能还要经历反复。地方政府对农村集体经营性建设用地入市制度创新动力源于对多元化利润的追逐，主要包括追求地方财政收益最大化、确保安全的政治权力和地位。制度创新的方式是对既有制度的边际修改，这个过程是渐进性的。这些创新性的举措在提高土地资源配置效率、降低产权交易成本、缓解社会矛盾的同时，也面临着改革空间有限、改革基础薄弱、改革主体发展滞后等问题。我们的研究显示以下三点内容。

第一，地方政府制度创新的目的是获得制度边际变动带来的潜在收益。中央政府顶层制度的制定是以目标为导向的，相比之下，地方政府制度创新是在顶层制度约束下以问题为导向进行的制度创新，以获得制度变革带来的多元收益，如提高土地资源配置效率、降低产权交易成本、缓解社会矛盾，特别是在政治上获得中央政府的认可。

第二，基层制度创新的方式是渐进式的。相比于激进改革的高成本，对既有制度进行边际修改或者有限调整，成本则小得多。从外在作用机制来看，制度变迁具有较强的路径依赖，从内在作用机制来看，制度创新主体的知识存储是一个逐步累积的过程，叠加社会意识形态（可以简单地理解为社会价值）的刚性特质，意味着制度创新是以渐进形式推进的。

第三，基层制度创新高度依赖于地方政府的主观能动性，但制度创新的空间要视正式制度规则的变通余地而定。一方面，地方政府作为制度安排的行政代理人，既有动机也有能力为谋求有利于当地经济发展的制度安排而与权力中心讨价还价；另一方面，基层制度创新空间受正式规则变通的余地影响，表现为中央政府对制度创新的把握。一般而言，偏离既有制度幅度越大，改革成本越高。例如，无论是镇级统筹入市还是集体土地整备入市，试点地区都没有动摇顶层制度规定的"不改变土地集体所有"的根基。

当然，本章研究也存在一些不足。如一方面，我们讨论的农村集体经营性建设用地入市制度创新效果，由于不能够完美地剥离出一般制度实施的效果，所以对农村集体经营性建设用地入市制度的效果评价不是纯粹性的，但不可否认的是制度创新对制度综合效果的重要或者独特贡献；另一方面，本章没有就制度创新主体的博弈进行深入分析，如地方政府与中央政府、地方政府与集体经济组织等。

值得说明的是，本部分并没有从意识形态方面展开对地方政府制度创新的分析。诺斯认为，撇开意识形态谈新制度经济学是不全面的。毕竟中央意识形态的些许松动总是能引起基层更多的变革，继而发起对现有制度的挑战（姚洋，2016）[①]。但本研究认为，该结论是建立在足够长的时间尺度下，本部分的研究仅是对试点期间地方政府农村集体经营性建设用地入市制度创新的分析，其间中央意识形态没有发生改变。

---

① 姚洋：《作为制度创新过程的经济改革》，格致出版社、上海三联出版社、上海人民出版社 2016 年版，第 138 页。

第 六 章

农村集体经营性建设用地入市土地增值收益分配研究①

——以全国首批农村集体经营性建设用地入市试点为例

农村集体经营性建设用地使用权一旦经由市场竞价，可能表现为惊人的入市收益。国务院发布的权威数据显示，截至 2018 年 12 月底，全国 33 个农村集体经营性建设用地入市试点已入市地块面积 9 万余亩，涉及总价款约 257 亿元，收取土地增值收益调节金 28.6 亿元（国务院，2018）②。考虑到保守估计全国农村集体经营性建设用地在 3000 万—5000 万亩（叶兴庆，2015③；陶然，2022④），倘若这部分农村集体经营性建设用地入市，其巨大的土地增值收益如何在地方政府、集体、农户之间分配这一问题，显然深刻影响着农村集体经营性建设用地入市改革的成效。如果这个问题处理不好，不仅会影响政府提供基本公共服务的能力，也会给保障农民基本权益、社会稳定带来负面影响。这从近年来逐渐攀

---

① 本章主要内容已发表，详见马翠萍《农村集体经营性建设用地入市收益分配的实践探索与制度优化》，《改革》2022 年第 10 期。

② 参见《国务院关于农村土地征收、集体经营性建设用地入市、宅基地制度改革试点情况的总结报告》，中国人大网（http://www.npc.gov.cn/npc/c12491/201812/3821c5a89c4a4a9d8cd-10e8e2653bdde.shtml）。

③ 叶兴庆：《农村集体经营性建设用地的产权重构》，《中国经济时报》2015 年 5 月 27 日第 5 版。

④ 陶然：《人地之间：中国增长模式下的城乡土地改革》，辽宁人民出版社 2022 年版，第152 页。

升的有关土地征收收益分配的上访、上诉案件可窥见一斑。据此，2020年中共中央、国务院出台的《关于构建更加完善的要素市场化配置体制机制的意见》① 指出，建立健全城乡统一的建设用地市场应着力构建公平合理的农村集体经营性建设用地入市增值收益分配制度。

本章立足农村集体经营性建设用地入市制度合法化大背景下，尝试以国家首批 15 个②农村集体经营性建设用地入市试点地区为研究样本，聚焦入市土地增值收益分配这一关键问题，从利益涉及主体视角，较为全面、系统地梳理了试点地区政府、集体（包括村集体、乡镇集体、村小组集体）、农户参与土地增值收益分配的依据、参与分配的形式、分配标准、分配额度等制度安排问题。鉴于农村集体经营性建设用地入市可以采用出让、租赁、作价出资（入股）等有偿使用方式入市，入市方式不同增值收益分配也不尽相同，为更好地诠释入市土地增值收益分配相关问题，本章仅以出让方式展开研究。

需要说明的是：本章之所以选择全国首批农村集体经营性建设用地入市试点地区为研究对象，主要基于三方面考虑：一是首批试点地区选择时就充分考虑了不同经济发展程度的地区代表性；二是鉴于农村集体经营性建设用地改革时间即使在三次延期的情况下，首批改革试点工作不过才有 5年的持续期，相比扩大后的试点范围，首批试点地区的实践探索跨度时间更为充足，政策效果能够较好的呈现，问题也能得到显化；三是农村集体经营性建设用地入市是 2015 年农村土地制度改革三项任务之一③。改革初始，一个试点地区只承担一项改革任务。2016 年 9 月原中央全面深化改革委员会决定将农村集体经营性建设用地入市扩大到全国 33 个试点地区，但实践中，各试点地区改革工作仍各有侧重。相比之下，首批农村集体经营性建设用地入市试点地区始终将入市改革探索置于首位，因此相对于二次纳入的改革试点地区，首批试点地区的综合政策效果更好。

---

① 参见中央人民政府网站，http：//www.gov.cn/gongbao/content/2020/content_5503537.htm。

② 全国首批 15 个农村集体经营性建设用地入市试点包括北京市大兴试点、山西泽州试点、辽宁省海城试点、吉林省九台试点、黑龙江安达试点、上海松江试点、浙江德清试点、河南长垣试点、广东南海试点、广西北流试点、海南文昌试点、重庆大足试点、四川郫都试点、贵州湄潭试点、甘肃陇西试点。

③ 土地"三项改革"包括农村土地征收、农村集体经营性建设用地入市、宅基地制度改革。

第一节　有关农村集体经营性建设用地 入市增值收益分配的争议

目前就集体经营性建设用地增值收益分配问题学术界还存在诸多分歧，争议的焦点围绕"谁有资格分享收益？""收益如何分配？"展开。有关谁有资格参与土地增值收益分配形成了三种主流观点，即"涨价归公""涨价归私""公私兼顾"，三种观点交织的节点在于：政府是否有资格参与集体建设用地流转收益分配。但从本质来看，土地增值收益归属问题是由土地发展权派生的。

"涨价归公"的支持者认为，这是分享经济发展剩余的最优制度安排（贺雪峰，2010）[①]。因为从农村土地在转让利用过程中形成的价值来看，农民集体对增值贡献其实是非常有限的（黄卓等，2014）[②]，最主要的贡献是来自经济、社会的发展。现实中，土地财政就蕴藏着"涨价归公"的深层逻辑（盖凯程等，2017）[③]。虽然"涨价归公"思想在20世纪之后逐渐淡化，但针对土地增值收益分配的争论并没有停止（汪晖等，2013）[④]。"涨价归私"的支持者认为，产权本身就是有价值的，农民集体是土地产权所有者，基于产权的收益权，农民集体应该享有土地全部增值收益（张小铁，1996[⑤]；蔡继明，2004[⑥]）。更何况从法理上来讲，地方政府没有参加土地增值收益分配的依据（李延荣，2006）[⑦]，但政府可采取税收手段调节过高的土地增值收益（周天勇，2006）[⑧]。

[①]　贺雪峰：《地权的逻辑Ⅰ：中国农村土地制度向何处去》，中国政法大学出版社2010年版，第90—101页。

[②]　黄卓、蒙达、张占录：《基于"涨价归公"思想的大陆征地补偿模式改革——借鉴台湾市地重划与区段征收经验》，《台湾农业探索》2014年第3期。

[③]　盖凯程、于平：《农地非农化制度的变迁逻辑：从征地到集体经营性建设用地入市》，《农业经济问题》2017年第3期。

[④]　汪晖、陶然：《中国土地制度改革难点，突破与政策组合》，商务印书馆2013年版，第65页。

[⑤]　张小铁：《市场经济与征地制度》，《中国土地科学》1996年第1期。

[⑥]　蔡继明：《必须给被征地农民以合理补偿》，《中国审计》2004年第8期。

[⑦]　李延荣：《集体建设用地流转要分清主客体》，《中国土地》2006年第2期。

[⑧]　周天勇：《维护农民土地权益的几个问题》，《理论视野》2006年第4期。

在"涨价归公"还是"涨价归私"争论中，衍生了土地增值收益应"公私兼顾"的折中思想（程雪阳，2014[①]；王小映，2003[②]；朱启臻，2006[③]）。他们认为土地增值收益应在国家和产权人之间共享，而且这应是未来土地制度改革的方向（董祚继，2016）[④]。这是因为由宗地外投资辐射性引发的增值和人为变换土地用途等引起的增值，理应归公并由社会公平分享。这是因为由宗地外投资辐射性引发的增值和人为变换土地用途等因素引发的增值部分，理应归公并由社会公平分享（周诚，2006）[⑤]。虽然，政府从农村集体经营性建设用地入市中直接获取收益无法理依据，但作为社会公共基础设施的投资者、建设者和管理者，政府从农村集体经营性建设用地入市中分享一定比例的收益是合理的，但应对政府的分成收益加以限制（吕丹等，2021）[⑥]。除此之外，如何厘清社会外力因素的作用，进而准确界定土地涨价归公部分的份额却是一个复杂的技术性难题（郭亮，2021）[⑦]。

近年来，随着土地制度改革的推进，学界也进一步讨论了入市土地增值收益如何在主体间分配的问题，但研究并不多且基本散于案例研究。学者们更多的是试图参照土地征收下地方政府、集体、农户增值收益分配标准，合理量化农村集体经营性建设用地入市增值收益分配（谢保鹏等，2018）[⑧]，但现实中，农民很难在农村集体经营性建设用地入市与国家征收两种情况下获得大体相当的收益（周应恒、刘余，2018）[⑨]。2015

① 程雪阳：《土地发展权与土地增值收益的分配》，《法学研究》2014年第5期。

② 王小映：《全面保护农民的土地财产权益》，《中国农村经济》2003年第10期。

③ 朱启臻、窦敬丽：《新农村建设与失地农民补偿》，《中国土地》2006年第4期。

④ 董祚继：《农村土地改革的协同性和系统性——关于统筹推进土地制度改革的思考》，《中国土地》2016年第12期。

⑤ 周诚：《关于我国农地转非自然增值分配理论的新思考》，《农业经济问题》2006年第12期。

⑥ 吕丹、薛凯文：《农村集体经营性建设用地入市收益的分配演化博弈：地方政府角色与路径》，《农业技术经济》2021年第9期。

⑦ 郭亮：《从理想到现实："涨价归公"的实践与困境》，《社会学研究》2021年第3期。

⑧ 谢保鹏、朱道林、陈英、裴婷婷、晏学丽：《土地增值收益分配对比研究：征收与集体经营性建设用地入市》，《北京师范大学学报》（自然科学版）2018年第3期。

⑨ 周应恒、刘余：《集体经营性建设用地入市实态：由农村改革试验区例证》，《改革》2018年第2期。

年国家部署的农村集体经营性建设用地入市试点，为集体经营性建设用地入市增值收益分配提供了鲜活的研究样本。吴昭军（2019）① 认为在初次分配中应以产权和市场调节为基础，政府应以税收方式调节土地增值收益，参与二次分配。周小平等（2021）② 以广西北流试点为例，采用剩余法和成本核算法对比分析了集体经营性建设用地入市与土地征收两种模式下，涉及利益主体在土地增值收益分配上的差异。他们认为，保证农村集体经营性建设用地入市与土地征收两种模式下收益分配的大体平衡需要动态对标，至于利益主体的分配比例应因地制宜。吕宾、杨景胜（2017）③ 发现农村集体经营性建设用地入市试点地区的土地增值收益分配呈现显著的区域特征，具体可分为城乡结合部类型、农村地区类型、城市规范管理类型三种，并建议入市土地增值收益在国家、集体之间分成收益比例量化为 3∶7 左右，在未建立收益统筹的地区，集体与个人之间分成收益比例量化为 2∶8。但从实践探索来看，各地在入市土地增值收益分配制度上的安排差异还是很大的，分配方案也存在不同程度的问题（伏绍宏等，2017）④。

　　既有研究为本研究奠定了坚实的研究基础，但我们也应看到既有研究的局限和不足，如从时间维度来看，早期对入市土地的研究受制于当时法律环境约束，研究更集中在倡议建立农村集体经营性建设用地入市合法性制度方面，入市土地增值收益分配并不是研究的重点；随着 20 世纪 90 年代原国土资源部在安徽、广东南海设置试点，学者们以这些试点为研究对象，关注农村集体经营性建设用地入市后的增值收益分配问题，从而产生了"涨价归谁"的探讨，但是学界并没有形成较为统一的观点。近年来，随着深化土地制度改革的推进，特别是 2015 年国家层面开展的农村集体经营性建设用地入市试点工作，更多的研究得以以鲜活的样本，

---

　　① 吴昭军：《集体经营性建设用地土地增值收益分配：试点总结与制度设计》，《法学杂志》2019 年第 4 期。

　　② 周小平、冯宇晴、余述琼：《集体经营性建设用地入市收益分配优化研究——以广西北流市的改革试点为例》，《南京农业大学学报》（社会科学版）2021 年第 2 期。

　　③ 吕宾、杨景胜：《农村集体经营性建设用地入市收益分配探析》，《中国国土资源经济》2017 年第 8 期。

　　④ 伏绍宏、洪运、唐欣欣：《集体经营性建设用地入市收益分配机制：现实考量与路径选择——以郫都区为例》，《农村经济》2017 年第 10 期。

围绕入市土地增值收益分配开展。但囿于改革时间的有限性，2018 年在国务院总结"三块地"①改革情况报告②中提及，从内容上来看，农村集体经营性建设用地入市在平衡国家、集体、个人三者之间收益的有效办法还不够丰富，除此之外，也缺少有关土地增值收益从形成到分配的整个过程的系统研究，而这些方面的局限和不足，正是开展本部分研究的出发点。

本部分研究立足农村集体经营性建设用地入市制度合法化背景下，尝试以国家首批农村集体经营性建设用地入市试点地区为研究样本，聚焦土地入市增值收益分配这一关键问题，从农村集体经营性建设用地入市全过程解构入市土地增值收益问题。从利益涉及主体的视角，较为全面、系统地探索了地方政府、集体（村镇集体、村小组）、农户参与土地增值收益分配的依据、参与分配的形式、分配标准、分配额度等问题。

第二节　农村集体经营性建设用地
入市成本收益核算

农村集体经营性建设用地入市是我国农地制度的重大变革，入市土地增值收益分配错综复杂，交织了不同主体的成本与利益关系。2015 年在中央政府直接领导下，在北京市大兴区、广东省佛山市南海区、上海市松江区、浙江省德清县等15 个县（市、区）采取自上而下的试点形式开展集体经营性建设用地入市改革工作。从试点操作层面来看，农村集体经营性建设用地土地入市涉及土地取得、土地开发、土地出让三个环节，入市土地成本支出则贯穿于农村集体经营性建设用地入市所有环节，土地出让环节以土地出让金形式实现土地价值，在各环节，涉及的利益主体以不同程度、不同方式对入市土地增值做出了贡献。

---

① "三块地"改革是指农村土地征收、集体经营性建设用地入市、宅基地制度改革。
② 参见《国务院关于农村土地征收、集体经营性建设用地入市、宅基地制度改革试点情况的总结报告》，中国人大网（http://www.npc.gov.cn/npc/c12491/201812/3821c5a89c4a4a9d8cd-10e8e2653bdde.shtml）。

一　入市土地取得环节

一般来说，农村集体经营性建设用地入市途径不同，土地取得成本也不尽相同。结合国家首批入市试点地区实践来看，入市途径一般分为就地入市、整治入市和调整入市，就地入市是指集体经营性建设用地地块在合规条件下，且已具备开发建设所需要的基础设施建设等条件，可直接进入土地交易市场，土地取得成本主要包括收回建设用地使用权补偿、房屋拆迁安置补偿、建（构）筑物补偿、测绘费、方案编制费、地价评估费等前期工作费用和统筹管理费；调整入市是针对农村零星、分散的集体经营性建设用地。根据土地利用总体规划和土地整治规划，一般由集体经济组织先复垦后形成建设用地指标再进行易地入市。以调整土地在产业集中区为例，入市土地取得成本包括收回土地承包经营权和建设用地使用权补偿、房屋拆迁安置补偿、青苗和建（构）筑物补偿、复垦指标费、耕地占用税、测绘费、方案编制费、地价评估费、公告费等；综合整治入市主要针对城中村、连片农村集体建设用地。在符合规划条件下，对规划范围内各种地类土地进行统一复垦、建设配套基础设施之后，依法妥善处理原有用地相关权利人的利益关系后，将符合空间规划的存量及新增集体建设用地，按照农村集体经营性建设用地入市[①]。综合整治入市土地取得成本包括复垦费和基础设施配套费用、安置区建设、拆旧等支出。从理论上讲，农村集体经营性建设用地土地取得成本，应按实际取得的成本核算，但可入市的存量集体经营性建设用地往往很难追溯历史成本，一般试点地区采用重置成本法[②]来推演入市土地原始取得成本（邱芳荣等，2017）[③]，又或者参考本区域土地征收或者土地收储的平均成本，测算农村集体经营性建设用地入市平均成本。但无论采取何种方式，对土地入市而言，土地取得成本都是很大的，如上海松江试点由农村集体经济组织负责对入市的集体经营性建设用地实施动拆迁，

---

① 前提是集体经营性建设用地未被征收或者未纳入储备范围。

② 重置成本是指重新购置或建造同样生产（服务）能力的资产目前所要花费的全部支出。

③ 邱芳荣、靳相本、赵旭：《土地增值收益如何分配——以浙江省德清县经营性建设用地入市实践为例》，《中国土地》2017年第11期。

形成净地后交用地单位使用。截至 2022 年 10 月，上海松江地点已完成动拆迁形成净地 22 宗，涉及面积 69 公顷，集体承担清退成本高达 8.1 亿元，占入市总收入的 34.9%（许峰等，2023）①。

二　土地开发环节

土地开发环节的成本支出主要是前期土地开发性支出，即通平成本费，如三通一平、五通一平、七通一平②等基础设施建设支出，除此之外，还包括一些相关费用（如需要支付的银行贷款本息）。从理论上讲，土地开发环节涉及的土地增值收益主要是投资性增值，包括由宗地内业主投资带来的直接投资性增值和由宗地外投资辐射引起的外部投资辐射性增值。直接投资性增值主要是对某一宗地进行路、水、电、气等的直接性投资，从而产生增值。辐射性增值主要是对非本宗地外的投资，如周边各种基础设施的建设，商业、服务业、金融业的建设，虽然这些建设不是针对该宗地的，但是会在一定程度上辐射到该宗土地，从而增加该宗地出让、租赁收益。从试点地区实践来看，入市土地的开发主体可以是地方政府，主要指县（市、区），也可以是入市地块所有者，当然也可以由集体土地所有权人委托第三方（如土地储备机构）实施前期开发，以达到土地供应条件。从试点实践来看，一般由集体对符合规划和用途管制的集体经营性建设用地进行简单的土地整理后，政府对入市地块进行三通一平、五通一平、七通一平，自此入市土地就完成了从生地到熟地的转变。所以，我们看到，土地入市情境下，地方政府真正介入的环节是土地开发环节，这也正是地方政府有资格参与入市土地增值收益分配的重要现实依据。地方政府在此环节以计征土地增值收益调节金（以下简称"调节金"）形式参与入市土地增值收益分配。

---

① 许峰、朱华平、陈晓华、丁学芳：《关于松江区集体经营性建设用地入市的调研报告》，《上海农村经济》2023 年第 2 期。
② "三通一平"是基本建设项目开工的前提条件：通水、通电、通路、平整土地；"五通一平"指通水、通电、通路、通气、通讯、平整土地；"七通一平"指通水、通电、通路、通邮、通讯、通暖气、通天燃气或煤气、平整土地。

三　土地出让环节

乡镇集体经济组织、村集体经济组织（村股份经济合作社或村经济合作社）及村内其他集体经济组织（主要是指村民小组）是农村集体经营性建设用地的所有者，这种产权安排方式既不同于共有的或者合作的私有产权，也不同于纯粹的国家所有权，而是在社会主义制度下由国家控制但由集体来承担控制结果的一种制度安排（周其仁，1995）[①]。在农村集体经营性建设用地出让环节，入市主体委托有资质的中介组织或者国土主管部门评估出让宗地的土地使用权价格，从而获得入市土地收益，涉及的成本主要是集体经营性建设用地出让的相关规费，包括计提业务费用和拍卖费、土地评估费、入市公告费、土地交易税费等。

因此，基于不同主体视角下的农村集体经营性建设用地入市的土地增值收益可以用如下几个等式表示：

政府享有的土地增值收益＝土地增值收益调节金－政府投入的开发成本

集体享有的土地增值收益＝集体土地出让价款－土地增值收益调节金－土地取得成本－集体投入的开发成本－相关规费支出

土地增值总收益＝政府享有的土地增值收益＋集体享有的土地增值收益

　　　　　　　＝集体土地出让价款－土地取得成本－总开发成本－相关规费支出

其中，总开发成本是政府投入的开发成本与集体投入的开发成本的总和。

当然，土地不同入市途径下成本支出是有所差别的，一般来说调整入市土地成本高于就地入市地块成本。就地入市成本主要包括：地上物补偿费、通平成本费、测绘费、评估费、公告费。调整入市地块成本主要包括：拆旧地块的复垦费、拆旧地块权属镇村的收益、调整入市实施

---

① 周其仁：《中国农村改革：国家和所有权关系的变化（下）——一个经济制度变迁史的回顾》，《管理世界》1995 年第 4 期。

方案的编制费、通平成本费、测绘费、评估费、公告费。举个简单的例子，以吉林九台试点为例，2019 年实施的马鞍山村田园综合体项目，入市地块 1.99 公顷（含存量建设用地 0.12 公顷），总价款 771 万元，在成本核算上，包括《地块调整入市实施方案》（含《建设用地指标调整方案》和《复垦耕地方案》）编制费用 11.27 万元、拆旧复垦地块的地上物补偿费 76.24 万元、拆旧复垦费 22.53 万元、指标转让费用 18.77 万元（按复垦耕地面积 10 元/平方米）和建新区地上物补偿费 335.69 万元，以及列入成本以及其他费用 5 万元，总成本合计 469.5 万元。

事实上，农村集体经营性建设用地入市成本核算时还涉及一些非直接性经济补偿，由于没有明确的认定标准，又没有精确的统计数据，加大了入市土地成本核算的难度。

第三节　利益主体视角下农村集体经营性建设用地入市增值收益分配实践

2011 年国土资源部联合中央农村工作领导小组办公室等部门出台了有关农村集体土地确权登记发证的指导文件 178 号文①，将农村集体土地所有权主体进一步确定为乡镇集体经济组织（经济联社）、村集体经济组织（村股份经济合作社或村经济合作社）及村内其他集体经济组织（村民小组），这意味着入市土地增值收益分配涉及主体包括试点层面的县（市、区）政府、集体（村集体、乡镇集体、小组集体）和农户。其中，试点县（市、区）政府以计征入市土地调节金形式参与入市土地增值收益分配，农户与集体、农户与农户就入市土地净增值收益进行内部分配。正是由于农村集体经营性建设用地入市涉及不同利益主体，而这些主体各有其成本与收益预期，并依据其研判在行动上作出回应，从而形成了试点地区因地制宜的土地增值收益分配实践。

---

① 参见《国土资源部、中央农村工作领导小组办公室、财政部、农业部关于农村集体土地确权登记发证的若干意见》（国土资发〔2011〕178 号），http://f.mnr.gov.cn/201702/t20170206_1437097.html。

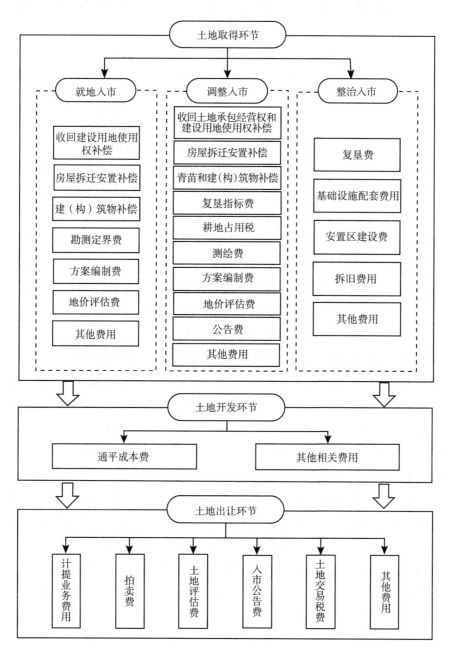

图 6 - 1　农村集体经营性建设用地入市成本

一 试点县（市、区）政府计征调节金方式、考量因素、计征依据较为一致

依据 2016 年财政部配套出台的土地入市增值收益调节金征收使用相关管理办法①41 号文的规定，农村集体经营性建设用地入市试点期间，试点县（市、区）政府政府除征收一般税项外（试点期间，受让方须向所在县（市、区）人民政府缴纳与契税相当的契税调节金，一般按成交价款 3%—5% 缴纳），对农村集体经营性建设用地入市征收 20%—50% 土地调节金。土地调节金原则上由农村集体经营性建设用地的出让方缴纳，但一般情况下，集体经营性建设用地使用受让人可代入市主体缴纳，并按照土地出让合同约定，在土地总价款中予以扣除，将土地出让金余额支付给入市主体。需要说明的是，调节金缴纳凭证是农村集体经营性建设用地入市和再转让办理不动产登记时的要件。土地调节金计征的目的是在税法暂时没有覆盖农村集体经营性建设用地入市情况下，用以调节入市土地增值收益。调节金征收主体为试点县（区、市）人民政府，试点县（区、市）人民政府可以委托自然资源部门、财政部门征收，在交易环节代扣代缴。并进一步规定，试点期间省、市不参与调节金分成，但该规定在后续修订的《土地管理法》《土地管理法实施条例》中都未进一步明确。实践中，试点县（区、市）政府计征的土地调节金资金全额上缴，实行收支两条线管理。从财务角度来说，按照政府非税收入管理，纳入一般公共预算管理，由试点县（市、区）财政局统筹使用。（见图 6 - 2）

从试点实践来看，在综合考虑入市土地用途、入市地块区位、入市方式、交易方式等因素后，试点县（市、区）政府主要采用分类、分级方式计提调节金（马翠萍，2021）②。但试点地区制定调节金依据的法律效力位阶不同，这就导致各地区因制定依据不同而有不同的调节金征收管理规定。如辽宁海城试点、广东南海试点等依据地方规范性文件，少

---

① 参见《农村集体经营性建设用地土地增值收益调节金征收使用管理暂行办法》（财税〔2016〕41 号），中华人民共和国财政部网（http://szs. mof. gov. cn/zhengcefabu/201606/t20160606_2315042. htm）。

② 马翠萍：《集体经营性建设用地制度探索与效果评价——以全国首批农村集体经营性建设用地入市试点为例》，《中国农村经济》2021 年第 11 期。

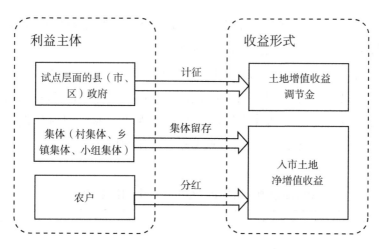

图6-2　入市土地增值收益分配示意

数地区如浙江义乌试点、海南文昌试点在制定调节金征收管理制度时依托部门规章。

整体来看，试点县（市、区）政府征收调节金的方式主要有两种，第一种是按照入市土地成交总价款为计征基数，调节金计征比例设置为总价款的8%—50%；第二种是按照入市土地总价款在扣除取得土地、土地整理开发、税费等成本后的土地增值收益为计征基数，调节金计征比例设置在5%—60%。由于两种计征方式各有合理之处，如第一种方式计算简单，易于操作，第二种计征方式逻辑上更讲得通，因此两种计征方式在试点地区被采用情况大体相当。当然，试点地区对入市土地增值收益计算略有差异，如吉林九台试点并没有将税费作为成本支出扣除。

如表6-1所示，按照入市土地成交总价款为计征基数，计征比例设置比较简单的是贵州湄潭试点和黑龙江安达试点，分别按照固定比例12%、15%计征调节金；上海松江试点、广东南海试点只考虑入市地块用途因素征收调节金，前者对商服用地、工业用地分别按照总价款的50%、20%计征调节金，后者对工矿仓储用途、商服用途相应计征5%或10%、10%或15%的调节金；广西北流试点综合考虑了入市途径及入市地块用途因素，计提5%—40%的调节金，但对综合整治入市的土地增值收益不论用途统一计提15%；北京大兴试点调节金计征综合考虑土地用途、土地等级、交易方式等多个因素，以镇级划分片区，计征比例为土地交易总额的8%—15%，如果入市地块用途为工业用地性质的项目，调节金按上述标准的40%比例收取；四川郫都试点调节金的征收综合考虑了土地用途、入市方式（分为招标、拍卖、挂牌公开方式入市和协议方式入市）以及宗地所在区域，对利用现状为工矿仓储用地依据入市方式分别按13%、23%两档计提缴纳，对利用现状为商服用地计提比例在15%—40%，且地块区位越好，调节金征收比例越高。

表 6-1　　　　　　影响试点地区调节金（总价款）计征比例的因素

试点地区	入市方式	土地用途	地块区位	使用年限	其他因素	征收比例
北京大兴试点	√	√	√			8%—15%
四川郫都试点	√	√				13%—40%
浙江德清试点		√	√			16%—48%
广东南海试点		√				5%、10%、15%
上海松江试点						50%或20%
广西北流试点		√			入市途径	5%—40%
贵州湄潭试点						统一计征12%
黑龙江安达试点						15%

资料来源：笔者根据试点地区相关文件资料整理。

浙江德清试点除了考虑用途外，还结合入市地块区位情况，按成交地价总款的16%—48%的比例计征土地增值收益调节金。具体来看，如果入市地块位于县城规划区内的，入市土地用于商服类、工矿仓储类，县（市、区）政府分别按照入市土地净增值收益的48%、24%计提调节金；如果入市土地位于乡镇规划区内的，入市土地用于商服类、工矿仓储类，试点县（市、区）政府分别按照入市土地净增值额的40%、20%计提调节金；其他位置的地块，入市土地用于商服类、工矿仓储类，县（市、区）政府分别按照入市土地净增值额的32%、16%计提调节金（见图6-3）。

如表6-2所示，按照入市土地净增值额计征调节金的试点地区，其中计征比例设置较为简单的是山西泽州试点和河南长垣试点，前者仅考虑入市用途因素，试点县（市、区）政府对工业用地、商服用地、住宅用地分

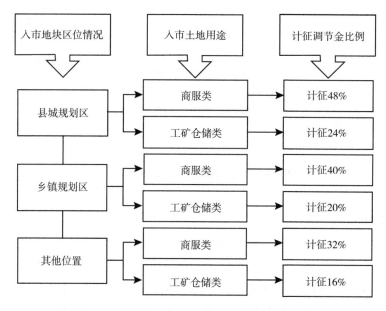

图6-3　浙江德清试点计征调节金示意

三类计征调节金，分别为20%、35%、50%。河南长垣试点按照土地净增值额实行四级累进计征，调节金计征比例为30%—60%。其中，入市土地土地增值额未超过扣除项目金额50%（含）的部分，试点县（市、区）政府计征调节金的比例为30%，其余计征比例情形如图6-4所示。

表6-2　　　　　　　　　　影响试点地区调节金
（净增值额）计征比例的因素

试点地区	入市方式	土地用途	地块区位	使用年限	其他因素	征收比例
河南长垣试点					土地增值额	30%—60%
重庆大足试点		√	√			20%—50%
辽宁海城试点	√	√				20%—40%
海南文昌试点	√	√	√			5%—28%
甘肃陇西试点		√	√			20%—50%
吉林九台试点	√	√				20%—50%
山西泽州试点		√				20%—50%

资料来源：笔者根据试点地区相关文件资料整理。

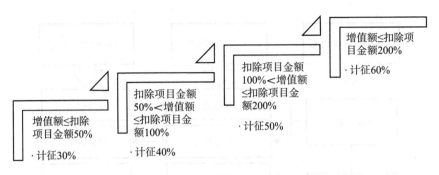

图6-4 河南长垣试点计征调节金示意

除此之外，重庆大足试点考虑地块区位及土地用途按出让土地净增值额的20%—50%征收，征收标准按入市试点街镇类别及土地用途具体划分为：商服用地一类街镇50%、二类街镇45%、三类街镇40%；工业用地一类街镇30%、二类街镇25%、三类街镇20%。吉林九台试点则考虑了入市方式和入市地块用途，设定了不同增值收益级别的调节金计征比例，范围在20%—50%，其中以出让方式的商服用地、工业用地计征比例分别为30%—50%、20%—50%，租赁、作价出资（入股）等方式计征比例在20%—35%，就地入市地块调节金征收比例高于调整入市地块征收比例5—10个百分点；辽宁海城试点综合考虑了入市方式、土地用途，出让方式下对工矿仓储类、商服类分别按30%、40%计征调节金，以租赁、作价出资（入股）方式入市的则按照20%—35%计征；海南文昌试点调节金的征收综合考虑入市方式、土地用途、地块区位因素，入市土地用途为商服及住宅的，计提20%—28%的调节金，入市用途为工矿仓储或其他用地的，计提比例为5%—10%；山西泽州试点根据入市用地区位和用途计征比例在20%—50%。需要特别指出的是，黑龙江安达试点在入市初期视情况设置了两种计征方式，既可按照农村集体经营性建设用地入市成交总价款20%计征，也可以按照15%净增值额统一比例计征，但后来依据国家调节金征收暂行处理办法结合本地实际情况，将调节金计征比例进行了调整，确定了以出让地价总额为计征基数，计征比例设置在15%。

事实上，试点县（市、区）政府计征调节金遵循的原则较为一致，即在其他条件相同情况下，入市土地收益越高，调节金计征比例设置也就越高。一般来说，在其他条件相同情况下，对商服用地征收调节金的比例高于对工业用地的计征比例，规划区内的高于规划区外的、中心城区的高于其他地区的。如浙江德清试点、海南文昌试点。后者按城镇规划开发边界内、外，将商服用地分出让方式、出租方式和作价出资（入股）方式调整土地增值收益调节金提取比例为20%—30%，工矿仓储用地的提取比例8%，其他用地的提取比例15%。集镇开发边界内自有建房或租赁性住房建设提取比例为30%。

　　总体来看，入市后土地用途是试点地区调节金征收最重要的考量因素，其中1/5的试点地区将土地用途作为唯一考虑因素，其次较为重要的影响因素是入市地块区位。调节金计征基数以土地净增值额为主，且商服用地征收比例高于工业用地，出让方式征收比例高于出租、出资入股方式。虽然调节金征收方式仅为两种，但无论何种计征方式，各试点地区调节金计征的比例差异都是很大的。需要特别指出的是，福建晋江试点是第二批纳入农村集体经营性建设用地入市的试点地区，但其对无法追溯入市土地取得成本宗地的调节金的计征是比较有特色的。具体来看，福建晋江试点对无法追溯入市土地取得成本的宗地，其土地增值收益以国有土地划拨补办出让应补缴的土地出让金为基准，即将补缴的土地出让金视同该宗地的土地增值收益，如果按宗地土地增值收益（50%）折算成总成交价款，那么试点县（市、区）政府对商服用地、工矿仓储用地计征调节金的比例分别为土地入市总价款的27.5%、15%。综合上述，福建晋江试点对入市土地计征调节金的基数为土地入市成交总价款，其中，商服用地按土地入市成交总价款30%（27.5%取整）比例缴纳，工矿仓储用地和其他类型用地按土地入市成交总价款15%比例缴纳。

　　此外，4/5的试点地区规定了政府计征的调节金应在试点县（市、区）级层面统筹使用。当然，也有部分试点地区要求调节金按比例分级使用，如河南长垣试点地区就规定调节金在县、乡之间按照4∶6分配使用；浙江德清试点对商服类、工矿仓储类用地计征的调节金，在县级和所在乡镇（开发区）分别按照6∶4、8∶2安排使用；广东南海试点规定区、镇（街道）按照比例5∶5分配使用调节金；广东汕尾市区分入市土地用途设置调节金比例，对商业、旅游、娱乐类用地，要求入市地块所在区县（市、区）和镇（街道）按6∶4分配使用，对工矿仓储及公益性用途的，要求入市地块所在区县（市、区）和镇（街道）按8∶2分配使用；海南文昌试点明确入市土地调节金应统筹分配，建议分配一定比例给予入市地块所在的镇政府；广西北流试点规定，地方政府对就地入市、异地调整入市、新增农村集体经营性建设用地入市计征的调节金应按照8∶2的比例，分别在市级和所在乡镇（开发区）安排使用，但对综合整治入市计征的调节金仅在市级层面统筹使用。此外，试点地区均规范了调节金用途，一般坚持农资农用，统筹安排用于区县市基础设施和公益设施建设。

二　村集体经济组织可按照一定比例提取土地增值净收益

农村集体经营性建设用地入市出让总价款在扣除政府计征的调节金、土地取得成本、整理开发成本以及相应税费后为入市土地净增值收益，归属代表其所有权的集体经济组织所有，并允许集体与农户就这部分收益进行内部分配。实践显示，入市土地增值收益归属农村集体的，一般纳入乡镇农村集体"三资"（资源、资产、资金）管理平台。

第一，如果农村集体经营性建设用地属乡镇集体经济组织的，其入市收益归乡镇集体所有，纳入乡镇财政统一管理。如浙江德清试点规定，集体经营性建设用地属乡镇集体经济组织的，农村集体经营性建设用地入市获得的增值收益全部纳入乡镇财政统一管理，不再进行集体内部的分配。

第二，对于入市土地归属村集体经济组织（村股份经济合作社或村经济合作社）所有的，2/3试点地区规定村级层面可按照一定比例提取土地增值净收益，但各地区根据入市土地权属设置了跨度较大的村集体留存比例。如广西北流试点、海南文昌试点、重庆大足试点、浙江德清试点、吉林九台试点、山西泽州试点、甘肃陇西试点、黑龙江安达试点、天津蓟州试点、北京大兴试点等地区。对留足集体部分的诠释，西部试点地区设置了较高的集体留存比例，如贵州湄潭试点、甘肃陇西试点、四川郫都试点等地区分别设置了不低于40%、60%、80%的比例要求；而中部、东部省市集体留存比例相对较低，如北京大兴试点规定村集体留存30%—35%，其余可在集体经济组织成员之间按股份分配，分配比例按照各股份合作社在2010年产权制度改革时所确定的比例执行。如山西泽州试点、海南文昌试点规定集体和成员按 3∶7 比例分配，但海南文昌试点规定分配之前需提取 2% 净收益用于支持所属村委会行政事业及农村经济的发展。

第三，对于入市土地归属村民小组所有的，大部分试点地区允许在村一级提取一定比例的公益金，其余收益归属村小组集体，可在小组成员间分配。如河南长垣试点允许村集体按不高于 30% 的比例提取公益金，甘肃陇西试点、浙江德清试点允许村级集体提取 10% 的公益金，其余部分可以在村小组集体内部进行分配，公益金用于全村修路、用电、用水、医疗保险等公益事业支出。

需要指出的是，入市土地增值收益分配的前提是清晰的土地产权界定。但在现实中，入市土地归属的产权边界不仅在行政村与村民小组之间难以确认，甚至在村民小组之间也是有很大争议的，存在大量所有权权属的"问题用地"。在土地农业利用下，由于土地收益有限，这些问题都没有暴露出来，随着农村集体经营性建设用地入市的合法化，土地入市带来的巨大经济收益，使得原本隐性的矛盾直接显化。

对于村集体留存收益，试点地区通常有两种使用方式，第一种是将分成收益以股权增值方式追加量化成员股权，成员依据股权份额获得收益。集体可将分成收益采用对外投资、购买物业等用于发展壮大集体经济，其间农户可以享受收益现金分红。这在改革实践中是比较受推崇的一种做法。如浙江德清试点规定，村集体取得的土地增值收益可作为新型集体经济组织的经营性资产，以股权增值方式追加量化为成员股权，并设置三年期限，期限内持股人可将持有的股份以抵押的方式向银行贷款，期限结束后，持股人可选择以股换现金。第二种是将分成收益直接统筹用于村内基础设施、公益设施配套、农民社会保障等方面支出。如甘肃陇西试点规定，农村集体经济组织取得的土地增值收益统筹用于本村集体基础设施、公益设施配套等建设支出，以及对农村经济困难群众的社保补贴和特困救助。河南长垣试点规定，公益金主要用于全村修路、用电、用水、医疗保险等公益事业支出。当然，也可以同时采取这两种方式使用集体留存收益，如四川郫都试点对入市土地增值收益提取 80% 的集体留存，其中，40% 作为集体资产管理公司公积金，并按公司股权设置量化到股东，10% 作为风险金，主要用于村集体资产经营风险防控，另外 30% 作为公益金，用于村级公共福利。上海松江试点规定，集体获得的入市分成收益主要用于本集体经济组织的经营性再投资发展、改善本社集体组织成员的生产和生活配套设施条件、民生项目等支出等。吉林九台试点对集体取得的入市土地增值收益有两种分配形式，一种是村集体或村小组集体统一管理，用于本集体内部公共设施建设和公益事业的支出，另一种是村集体或者村小组集体留存收益的 20%，剩余 80% 分配给原土地承包权人或集体内部按人口平均分配。天津蓟州试点规定，村集体层面提取的土地增值收益中，70% 留作公积金，用于发展集体经济，另外 30% 留作公益金，主要用于基础设施建设和公益福利事业。

三 农户间分配以公平为前置条件，具体分配方案由村集体民主协商决定

入市土地增值收益在集体内部的分配实际是村民自治问题。因此，入市土地净增值收益具体到农户的分配，试点地区一般只给出原则性的指导意见，至于成员间的具体分配方案，包括分配范围和对象、分配额度、分配比例、兑现方式、争议处理等问题则交由村集体决定，对于已成立农村集体经济组织的，收益按组织章程进行分配。从试点实践来看，入市收益属村集体的，一般由村委会提出分配草案，经村民会议或村民代表会议讨论通过后实施。如天津蓟州试点规定，在完成集体经济股份制改革后，可提取不高于 40% 比例的村集体留存公积金用于追加量化成员股权。入市收益属村民小组的，一般由村委会会同村民小组组长提出分配草案，经村民小组会议讨论后实施。但浙江德清试点规定，村民小组的入市收益分配应委托村股份经济合作社（或村经济合作社）对入市收益进行分配。

农户参与土地增值收益分配主要有获得一次性货币补偿、股份追加以及两种补偿方式的组合。货币补偿一般结合集体经济组织成员认定进行，股份量化追加对产权制度改革有较高的要求。从实践来看，试点地区更倾向于采用一次性货币补偿形式。如前所述，首批试点有 2/3 试点地区允许村集体经济组织在提取一定比例集体留存后，其余收益可以在农村集体经济组织成员之间分配，集体留存收益一般占土地增值收益比重的 20%—80%，其中辽宁海城试点允许集体经济组织 80% 的收益可在村集体经济组织成员之间公平分配；四川郫都试点则允许不高于 20% 的

集体经济组织收益可在集体经济组织成员间平均分配；山西泽州试点、重庆大足试点、海南文昌试点等则允许农村集体经营性建设用地使用权入市收益的70%可在农村集体经济组织成员之间公平分配（见表6－3）。

表6－3　　　　首批试点地区土地增值收益集体与成员分配情况

试点地区	分配集体	分配农户	试点地区	分配集体	分配农户
上海松江试点	100%	若需分配，原则上不超过入市地块所在区域的征地补偿标准	北京大兴试点	30%—35%	以股权增值方式追加量化成员股权
浙江德清试点	100%	不分配	重庆大足试点	≥30%	其余收益在农村集体经济组织成员之间公平分配
河南长垣试点	100%	以股权增值方式追加量化成员股权	海南文昌试点	≥30%	其余收益可公平分配至本村集体各成员
四川郫都试点	≥80%	集体经济组织成员平均分配	山西泽州试点	30%	其余收益支付给相关村村民
广西北流试点	70%	依据村民对入市土地的贡献程度不同获得差异化经济利益分配	辽宁海城试点	≤20%	其余收益在农村集体经济组织成员之间公平分配
甘肃陇西试点	≥60%	根据股份权能界定出的成员按人头分红	吉林九台试点	没有具体规定	在农村集体经济组织成员之间公平分配
贵州湄潭试点	≥40%	具体分配比例由集体经济组织召开成员会议或成员代表会议讨论决定	黑龙江安达试点	没有具体规定	在农村集体经济组织成员之间公平分配
广东南海试点	40%	60%股东分红	—	—	—

资料来源：笔者根据试点相关文件整理。

注：例如，北京大兴试点规定，镇土地联营公司经营收益进行利润分配，必须按照"初始动议、决策留痕"管理，经过集体决策，收益按照章程分配到各村，并且要进行财务公开。

此外，由于上海松江试点和北京大兴试点是镇级统筹，农户分享土地增值收益方式有所不同。一般不再以现金形式分配，如在上海松江试点中，镇级经济组织将获得的入市土地增值收益以资本金形式注入集体资产，从而以股权增值方式量化给成员，年终产生收益后即可按份额给集体经济组织成员发放红利。在黑龙江安达试点 24 个入市地块中只有 2 块宗地将入市土地增值收益分配给农户，其余 22 个入市地块增值收益留在村级层面统筹安排。

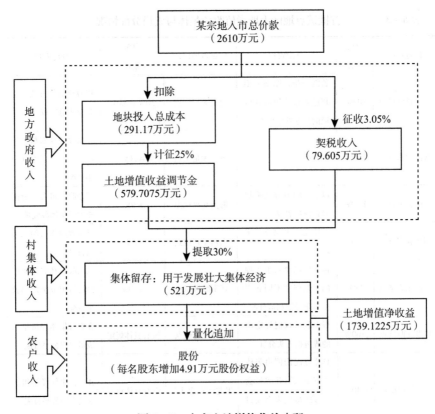

图 6 - 5　入市土地增值收益分配

在此，我们采用云南大理试点一宗农村集体经营性建设用地入市的一个案例，呈现入市土地增值收益分配全貌。入市地块位于大理镇 A 村，入市宗地面积 5.8 亩，地块归属 A 村第三小组所有。入市前该地块一直对外出租，用作停车场，年租金为 2 万元，土地用途为经营属性。2017 年，该地块依托土地入市契机，采用就地入市方式入市，入市土地用途为商业用地，出让期为 40 年。经第三方评估，按照周边同类型国有建设用地计算土地原始取得成本，并结合村集体前期投入计算土地投入成本，最终核算出该地块总成本为 291.17 万元，亩均成本 50.20 万元。通过竞

价入市，该宗地入市总价款为 2610 万元。试点县（市、区）政府按 25%
比例计征土地增值收益调节金 579.7075 万元，扣除地块总成本 291.17 万
元，集体获得土地增值净收益 1739.1225 万元。依据《大理市农村集体
经营性建设用地入市收益分配指导意见》，A 村可按股份合作社章程，集
体层面可提取净增值收益的 30%—50% 作为集体留存，50%—70% 用于
股东红利分配。针对该块入市宗地，集体提取 30% 土地净增值收益即 521
万元，用于发展壮大集体经济，剩余净收益采取量化追加到股份，每名
股东增加了 4.91 万元股份权益。此外，依据国家入市指导意见，受让方
须向所在县（市、区）人民政府缴纳与契税相当的契税调节金，云南大
理试点规定为入市总价款的 3% 即 79.605 万元。土地总价款在政府（契
税 + 土地增值收益调节金 + 成本支出）、集体（集体留存收益）、农户
（股份追加）之间的分享比例为 2∶3∶4（见图 6 – 5）。

第四节　农村集体经营性建设用地入市
增值收益分配制度效果评价

国家首批农村集体经营性建设用地入市试点地区贯彻落实党中央国务
院有关土地入市工作的战略部署，对相关利益主体参与入市土地增值收益
分配方式、分配依据、分配标准等关键性问题进行了因地制宜的探索。试
点试验显示，农村集体经营性建设用地入市重塑了城乡土地利益关系。

一　土地入市积极的效果评价

实践显示，农村集体经营性建设用地流转打破了政府对土地一级市
场的垄断，降低了农村集体建设用地市场利用的交易费用、改善了资源
配置和收入分配（周其仁，2017）[1]，将土地非农化的收益更多地留在农
村、留给集体和农民（见表 6 – 4），并在一定程度上缓解了因征地而导致
的政府与农民之间的矛盾（黄庆杰、王新，2007）[2]。

---

① 周其仁：《改革的逻辑》（修订版），中信出版社 2017 年版，第 78—81 页。
② 黄庆杰、王新：《农村集体建设用地流转的现状、问题与对策——以北京市为例》，《中
国农村经济》2007 年第 1 期。

表 6 - 4　　　　　　　　　　试点地区入市土地的收益分配

利益主体	收益形式	收益制度安排	试点地区	分配制度安排	试点地区
政府	调节金	按总价款一定比例计征	全部位于西部和东部地区	试点地区层面统筹使用	4/5 试点地区采用
		按土地增值收益一定比例计征	集中在中部地区	按比例分级使用	浙江德清试点、广东南海试点、广西北流试点、河南长垣试点
村集体经济组织	集体留存	较低比例	集中在中部、东部地区	公共支出,如社会保障及基础设施、公共服务等	中西部地区,如广西北流试点、山西泽州试点
		较高比例	集中在西部地区,如贵州试点、甘肃陇西试点、四川郫都试点	投资经营:对外投资、购买物业、股份合作、购买政府性债券等	东部地区
农户	分红	20%—80% 可在农户间合理分配	2/3 试点地区	股权追加	主要集中在东部地区
				货币补偿	主要集中在中部、西部地区

资料来源:笔者根据相关资料整理。

一是将土地非农化的收益更多地留给集体和农民。2005 年,中国社会科学院农村发展研究所发布的《2005 年农村经济发展绿皮书》的数据显示,土地征收转用下,土地增值收益分配结构中,试点县(市、区)政府获得土地增值收益的 20%—30%,企业获得收益比例在 40%—50%,村级组织收益在 25%—30%,农民作为土地使用权的让渡者,获得收益最少,占土地增值收益的 5%—10%。相比之下,农村集体经营性建设用地直接入市,农民和集体能够分享的土地增值收益在 50% 以上(见图 6 - 6)。经核算,云南大理试点在土地征收转用中,国家和集体土地增值收益分配的比例为 3.2∶1,农民和集体占土地纯收益的 23.82%,而在农村集体经营性建设用地入市下,试点县(市、区)政府计征的入市土地增值收益调节金比例为 20%—30%,可见农户和集体更多地分享了入市土地增值收益。吉林九台试点的调研也显示,截至 2019 年 12 月底,吉林九台试点共有 162 宗地块通过农村集体经营性建设用地入市,涉及总用地面积 1146 亩，入市地块总成交价款 10965 万元，扣除各项成本，入市土地净收益 7634 万元，其中试点县（市、区）政府以计征土地增值收益调节金方式获得收益 3585 万元，农村集体分享土地增值收益 4049 万元，试点县（市、区）政府与农村集体分线土地增值收益比为 3∶7。又如，截至 2018 年 12 月底，在浙江德清试点入市土地增值收益中，村集体分成净收益占入市土地增值收益的 81.3%。此外，浙江德清试点为鼓励整合小而散土地集约、统筹利用，鼓励不同农村集体经济组织之间以土地股份合作的方式进行土地入市，同时采取按入市土地股份份额方式分配入市土地增值收益，从而缩小不同经济区域土地入市增值收益差距。

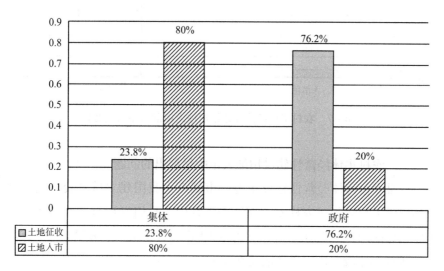

图 6-6　土地入市与土地征收下土地增值收益分配比较

注：数据来自笔者对云南大理试点入市和土地征收宗地的测算。

二是土地资源要素价值得到更好的显化。农村集体经营性建设用地入市前，土地使用权流转是集体一种自发性的行为，没有得到国家法律层面的认可，对土地使用方来说，面临很大的不确定性，随时都可能面临集体的收回或者租金的临时坐地起价。由于双方都预期这种租赁关系的不确定，因此租金是较低的。农村集体经营性建设用地入市后，土地使用权证的颁发能够稳定用地方预期，特别是与国有土地一样可以抵押融资，土地价值得以显现，土地的地租价格能够更多地反映市场需求

（见图 6－7）。如云南大理试点 A 村三组 5.8 亩宗地入市后，年均纯收益达 43.48 万元，与原经营年收入 2 万元相比，年收益翻了 21.7 倍。

（万元/年）

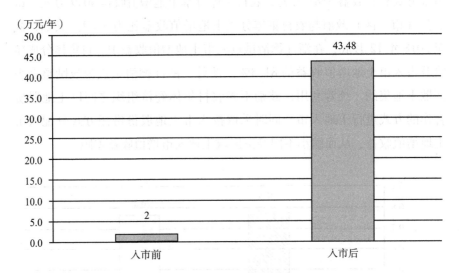

图 6－7　农村集体经营性建设用地入市前后年租金变化

二　农村集体经营性建设用地入市中呈现出的问题

首批农村集体经营性建设用地入市试点为我国建立城乡统一的土地市场提供了鲜活的研究样本。在这个过程中，我们发现有关土地入市增值收益分配问题尤为关键，土地增值收益"分不分""分给谁""分多少"等问题比较突出，具体表现在如下。

一是有关入市土地增值收益调节金的管理办法不尽规范。依据《农村集体经营性建设用地土地增值收益调节金征收使用管理暂行办法》（财税〔2016〕41 号）① 规定，调节金按入市农村集体经营性建设用地土地增值收益的 20%—50% 征收。但从试点情况来看，试点市、区、县政府计征调节金存在计征基数不确定、计征依据不统一问题，这就导致了为平衡地方政府或农民在土地征收与农村集体经营性建设用地入市情境下的收入相当，无论是按入市土地成交总价款，还是按入市土地净

---

① 参见《农村集体经营性建设用地土地增值收益调节金征收使用管理暂行办法》（财税〔2016〕41 号），财政部网（http://szs.mof.gov.cn/zhengcefabu/201606/t20160606_2315042.htm）。

增值收益一定比例计征调节金，都存在调节金计征比例跨度较大的问题。除此之外，目前有关调节金的法律性质还不明确，制度设计具有非正式性。

二是现有土地入市收益分配制度没有充分调动地方政府参与推动土地入市的积极性。现阶段的一个事实是，国有土地出让收入是地方政府预算收入的重要组成部分。农村经营性建设用地入市后，土地供给一级市场将从国家唯一供给主体变为国家和集体并存。有关研究显示，试点县政府在集体经营性建设用地征收转用下可获得的收益显著高于农村集体经营性建设用地入市下试点县（市、区）政府计征的土地增值收益调节金，这在一定程度上削弱了地方政府推动农村集体经营性建设用地入市的积极性。

此外，受经济下行压力影响，近年来无论是一线城市还是二三线城市，都出现了土地流拍增多的现象。经济形势变化，一方面对已经入市土地上投资项目形成了冲击，另一方面，建设用地市场需求萎缩对推进农村集体经营性建设用地入市形成了比较强的外部约束，增大了入市风险，影响了地方推进入市改革的积极性。

三是农村集体经济组织力量薄弱，农民权益难以得到有效保障。根据《土地管理法》和农村集体经营性建设用地入市试点精神的有关要求，为切实保障和维护集体经济组织成员的土地权益，推动基层自治管理职能与经济管理职能相分离，村民委员会（村民小组）等自治组织不能直接作为土地入市实施主体的，而应由具有市场法人资格的新型集体经济组织或者集体委托的、具有市场资格的法人单位（如农村股份合作社）作为土地入市实施主体，代表农民集体行使农村集体经营性建设用地的使用权。但调研中我们发现，由于集体经济组织建设的缺位或者能力不可达，如不能解决集体经济组织的法律身份问题，试点地区并没有严格将集体自治组织和集体经济组织的功能加以区分。如湖北宜城试点入市主体为村委会或者镇政府。吉林九台试点规定，村民委员会可代替村集体与土地受让方签订入市土地出让合同。除此之外，不少试点规定，在入市土地增值收益分配时，入市收益属村集体的，由村委会提出入市土地增值收益分配草案，经村民会议或村民代表会议讨论通过后实施。这意味着，现有制度下农村集体经济组织与村民自治组织职能边界仍无清晰界定。如有些地方虽然成立了集体经济组织,但实际运行中,管理层人员往往就是村民委员会成员,形成了"两块牌子、一套人马"的事实。现在的问题是,村民范围与具有土地权益的农民集体经济组织成员范围并不是完全重合的,再考虑村民委员会自身组织能力建设不足问题,在事关土地利益格局重构的重大问题上,如果由村民委员会提出入市土地增值收益分配草案,则难以在经济利益方面充分表达和代表农民集体成员的诉求。此外,还有一个争议较大的问题,集体分享土地增值收益到底要不要设置集体股,如果设置集体股,那么比例应该是几几开,这在实践中都没有形成共识。

四是集体内部"谁有资格参与分配"的问题亟待厘清。由于入市土地增值收益涉及金额较大,试点地区均出台了土地增值收益分配的相关指导意见。在农户内部分配首要强调的是公平性。但在现实中,农村集体内部的入市土地增值收益矛盾主要集中在村内"外嫁女""入赘男""嫁城女"①,以及返乡的人、户口不在本地的常住居民等部分特殊群体,有关他们是否有资格分享土地增值收益的争议还是比较大的。虽然各地结合实际情况出台了适宜本地区的成员资格认定管理办法或者指导意见,但从目前对成员资格文件的梳理来看,地区差异非常大。我们从越来越多的针对农村集体成员资格发生的民事诉讼案件中可窥见一斑。结合农村集体经营性建设用地入市实践来看,土地调整入市下土地增值收益分配更为复杂,入市程序和收益分配方案非常复杂,操作不当极易引发纠纷。

当然,对于入市土地增值收益分配中的争议,试点地区也尝试进行破解,如浙江试点对分配方案存在纠纷的,采取在村级层面(村股份经济合作社或村经济合作社)预留相应比例分配资金(不低于10%)的处理方式,规定在县主管部门或司法部门下达处理意见或决定后,再进行分配。另外,分配范围或对象的不确定引致的一个结果是,集体将入市土地增值收益妥协为按人头平均分配。诚然,平均分配的方式在短期可能是有效的,能够一定程度地压制表面的矛盾,但这是以侵犯部分农户的权益为代价的,长期势必引发农村社会矛盾和冲突。

---

① 农村妇女与城镇居民结婚。

　　五是入市土地地价管理有待进一步规范。制定入市土地地价是集体经营性建设用地入市的前提。事实上，60%的试点地区都尝试对集体经营性建设用地入市地价参考国有建设用地地价标准进行规范管理。如在基准地价方面，广西北流试点规定，在城镇基准地价覆盖范围内的入市土地地价可参照城镇国有建设用地基准地价执行；位于城镇基准地价评估范围外的入市土地地价，则可参照城镇基准地价末级基准地价执行。也有部分试点地区先期直接参照国有土地基准地价体系执行，如黑龙江安达试点、重庆大足试点；在地价确定方面，部分试点由集体经营性建设用地入市主体委托有资质公司或者土地评估机构进行地价评估，如四川郫都试点、浙江德清试点。浙江德清试点进一步规定，入市土地起始价应在评估价的基础上由集体决策确定。部分试点则规定，由国土资源行政主管部门对地价进行评估，如广西北流试点；在入市土地底价方面，广西北流试点、四川郫都试点均要求农村集体经营性建设用地使用权出让底价不得低于所在区域城镇镇国有建设用地基准地价。广东南海试点、上海松江试点、山西泽州试点则规定，集体经营性建设用地入市底价原则上分别不得低于集体经营性建设用地基准地价的70%、70%、80%。此外，海南文昌试点对集体经营性建设用地入市底价设置了"三个不低于"条件，即集体经营性建设用地入市底价不得低于其成本、不得低于出让地块所在区域基准地价的七成、不得低于对应国有建设用地出让的最低价标准。

第五节　地方实践的经验启示

　　试点地区探索的不同入市土地收益分配制度，其政策效果差异给了我们一定的启示。

　　目前来看，结合农村集体经济组织成员资格身份分配土地增值收益是较为可行的。虽然2/3的试点地区允许农村集体经济组织以现金形式取得的土地增值收益，在留足集体后，可以在农村集体经济组织成员之间分配。但"谁有资格参与分配？"是集体内部收益分配的前提，如果这个问题解决不好，探讨"如何分配"只会进一步增加农户收益分配的争议而已。从试点地区实践来看，农户层面增值收益分配的矛盾主要集中在外嫁女、回乡的人、户口不在本地的常住居民等部分特殊群体。试点地区较为普遍的做法要么是结合农村集体经济组织成员资格身份认定，如重庆大足试点就入市土地增值收益在集体经济组织成员中分配问题，依据不同成员形式，制定了"三分两不分"的原则，可以分配土地增值收益的集体经济组织成员包括：在本地有承包地、长期居住、有户口的三类群体；对空挂户、退休轮换工等两类集体经济组织成员不给以土地增值收益分配。要么是结合农村产权制度改革，或是自行作出新的规定，如山西泽州地区规定，农村集体经营性建设用地使用权入市的收益以70%的比例支付给"相关村民"，并对"相关村民"资格结合户籍、生产、生活关系以及法律规定情形等给出了认定条件。从试点地区成效来看，争议较少的是结合成员资格认定。这是因为农村集体经济组织成员资格认定经过多轮探索，基本完成且得到农户认可，因此阻力相对较小。

再如，对中部、西部等经济欠发达地区而言，设置较高比例的集体留存比例用于再投资要好于直接现金分红。2/3 试点地区要求土地增值收益在农户分配前，要设置一定比例的集体留存部分。西部试点地区相对中部、东部试点地区设置了较高的集体留存比例，但西部试点地区的集体留存收益支出主要用于基础设施、公益事业和基本农田保护等方面，而东部试点地区更主张通过购买物业、投资、入股等形式进行再投资。实践显示，东部试点地区的做法能够充分发挥资金累积效应，不但可以壮大集体经济，而且物业投资、入股投资等方式能够产生持续的增长收益，可使得农户获得长期稳定的分红。

第六节　本章小结

农村集体经营性建设用地入市是集体土地资本化和土地经济关系调整的过程，该项改革涉及的主体、利益关系十分复杂，如果处理不好，很容易成为社会不稳定的诱因。

国家首批农村集体经营性建设用地入市试点实践显示，试点地区在国家顶层制度框架下对相关利益主体（地方政府、集体、农户）参与入市土地增值收益分配依据、分配形式、分配标准等进行了差异化探索。从试点地区政府层面来看，其主要以计征调节金的方式参与入市土地增值收益分配，但调节金的计征存在计征基数不确定、计征依据不统一、计征比例跨度大等问题；从集体层面来看，2/3 试点地区对土地入市净收益在村级层面提取一定比例留存，但薄弱的农村集体经济组织难以切实有效保障集体利益；从农户层面来看，集体经济组织成员资格认定存在随意性强、差异化大等问题。现阶段，我国应从健全相关法律制度着手，以加快发展新型集体经济组织、规范入市地价标准、推进与其他改革协调等方面为工作重点，完善农村集体经营性建设用地入市收益分配制度。

第 七 章

农村集体经营性建设用地入市集体
经济组织成员资格认定问题分析*

——来自国家首批29个农村集体资产
股份权能改革试点的案例分析

诚如第六章所分析的，入市土地增值收益涉及地方政府、集体和农户，如果从集体视角来看，其和地方政府之间的土地增值收益分配则属于外部权益的权衡，而更为关键的是集体内部如何分配土地增值收益。事实上，谁有资格参与分享这部分收益是农村集体经营性建设用地入市改革的基础。现阶段，我国正处于城镇化快速推进时期，农村人口结构发生了巨大变化，这对合理识别农村集体经营性建设用地入市增值收益分配对象提出了时代挑战。如果在成员资格确认初始环节处理不当，很容易引发农村集体经营性建设用地入市增值收益分配后续系列问题，激起各种矛盾甚至演化为群体性事件，从而对农村社会稳定造成危害。所以，诸多试点地区将集体经济组织成员资格界定作为土地入市的门槛条件。

党的十八届三中全会提出"完善产权保护制度""赋予农民对集体资产股份占有、收益、有偿退出及抵押、担保、继承权"[1]。其中，农村集

---

* 本章主要内容已发表，详见马翠萍、郜亮亮《农村集体经济组织成员资格认定的理论与实践——以全国首批29个农村集体资产股份权能改革试点为例》，《中国农村观察》2019年第3期。

① 参见《中共中央关于全面深化改革若干重大问题的决定》，人民网（http：//cpc. peo-ple. com. cn/n/2013/1116/c64094 – 23561785. html）。

体经济组织成员资格界定是明晰农村集体资产产权的基础和关键。2018
年，中央一号文件明确提出，要"全面开展农村集体资产清产核资、集
体成员身份确认"①。2019 年，中央一号文件进一步细化农村集体经济组
织成员身份认定细则，强调成员资格认定应建立在"民主协商的基础
上"，重点提出要"注重保护外嫁女等特殊人群的合法权利"②。

第一节　有关农村集体经济组织成员资格认定的争论

农村集体经济组织最早可追溯到农业合作化运动和社会主义公有制
改造时期。2006 年，广东省人民政府印发了有关农村集体经济组织认定
的 109 号文③，109 号文对广东省农村集体经济组织进行了明确的界定，即
原人民公社、生产大队、生产队建制经过改革、改造、改组形成的合作经
济组织。对应到现在，新型农村集体经济组织主要是指经济联合总社、经
济联合社、经济合作社等。实行股份合作制的农村集体经济组织对应的则
是股份制经济合作社，如股份合作经济联合总社、股份合作经济联合社、
股份合作经济社等。农村集体经济组织作为特别法人，是农村集体资产的
管理主体。农村集体经济组织由农村集体经济组织成员组成。农村集体经
济组织成员享有一定权利和承担一定义务。此外，广东省对认定的农村集
体经济组织颁发证书，该证书由县级人民政府或者不设区的市级人民政府
免费向农村集体经济组织颁发，是农村集体经济组织的身份证明。

学术界一直尝试对农村集体经济组织成员身份界定问题进行研究。农
村集体经济组织成员资格是判定农民具备成员权益的身份要素，是收益权
获得的前提条件（江晓华，2017④；张广辉，2013⑤），确认农民集体成员

①　参见中央人民政府网，http：//www. gov. cn/zhengce/2018 – 02/04/content_5263807. htm?
tdsourcetag = s_pctim_aiomsg。

②　参见中央人民政府网，http：//www. gov. cn/xinwen/2019 – 02/19/content_5366917. htm。

③　参见《广东省农村集体经济组织管理规定》（政府令第 109 号），广东省司法厅网（ht-
tp：//sft. gd. gov. cn/sfw/zwgk/gdsrmzfgz/content/post_3574215. html）。

④　江晓华：《农村集体经济组织成员资格的司法认定——基于 372 份裁判文书的整理与研
究》，《中国农村观察》2017 年第 6 期。

⑤　张广辉：《村集体内部的土地红利分配：成员权和收益权的冲突与协调》，《现代经济探
讨》2013 年第 11 期。

资格是为了确定集体资产的归属（方志权，2014①；李宴，2009②），是明晰农民集体所有权主体的首要和核心所在（代辉、蔡元臻，2016）③。

围绕成员资格认定产生的争议，一方面源于事实层面成员资格界定的困难。在现有法律体系框架下，农民集体一般以地理范围划定，比如自然村落，集体经济组织成员则以自然居住为基础，以出生和婚姻等约束条件加以确定。但在现实中，农民集体已经无法用自然村落识别，集体经济组织成员资格已经相对固化（孙宪忠，2016）④。如何将法律体系框架下的集体成员匹配到乡土人情中固化的集体成员是对成员资格认定提出的一个挑战。同时，农村集体经济组织成员是一个动态的集合体，生老病死、人口流动等因素的存在，意味着成员资格很难有稳定的边界。此外，在农村政治经济体制变革过程中，象征成员身份的权利和义务特征由于村民、农经成员、农业人口、社员等身份的交叉变得模糊，这都造成了对成员资格界定的困难（吴兴国，2006⑤；刘嫣姝，2008⑥）。

另一方面争议源于法律层面的缺失。江晓华（2017）⑦整理了全国372份有关成员资格的民事裁判文书后发现，集体成员权益纠纷尤其是土地权益纠纷的矛盾焦点大多涉及集体成员资格问题，但很少以确认集体成员资格为诉讼请求的，当事人是否具备集体成员资格是案件审理的前置问题。中国现行成文法中，无论是《宪法》《民法通则》，还是《土地管理法》都没有关于农村集体经济组织成员界定的法律条文（孙宪忠，2017⑧；余梦

---

① 方志权：《农村集体经济组织产权制度改革若干问题》，《中国农村经济》2014年第7期。

② 李宴：《关于农业集体经济组织成员权的法律探讨》，《农村经济》2009年第7期。

③ 代辉、蔡元臻：《论农民集体成员资格的认定标准》，《江南大学学报》（人文社会科学版）2016年第6期。

④ 孙宪忠：《固化农民成员权 促经营权物权化》，《经济参考报》2017年1月17日第8版。

⑤ 吴兴国：《集体组织成员资格及成员权研究》，《法学杂志》2006年第2期。

⑥ 刘嫣姝：《农村集体经济组织资格认定的困境、根源和对策分析》，《山东农业大学学报》（社会科学版）2008年第4期。

⑦ 江晓华：《农村集体经济组织成员资格的司法认定——基于372份裁判文书的整理与研究》，《中国农村观察》2017年第6期。

⑧ 孙宪忠：《固化农民成员权 促经营权物权化》，《经济参考报》2017年1月17日第8版。

秋、陈家泽，2011①；韩俊，2016②）。虽然《农村土地承包法》使用了"农村集体经济组织成员"这一概念，但并没有对"农村集体经济组织成员"的资格作出具体规定（郑鹏程，2010）③。在《民法总则（草案）》三审稿中，虽然将农村集体经济组织作为特别法人进行了规定，但并未解决成员资格界定问题。2008 年，《民事案件案由规定》中增设了"侵害集体经济组织成员权益纠纷"作为三级案由，其中当事人成员资格是处理集体成员权益纠纷的关键环节。虽然涉及农地、农民的单行法、特别法不断完善，但大量经常性、事务性的制度仍由国家政策调整（李剑，1999）④。目前有关成员资格的规定多散见于立法宗旨各异的法律法规或部门规章中，有些省、市及高级法院各自出台了有关农村集体成员资格认定标准的行政法规、司法解释，有些规定需要通过文义解释或反面解释才能间接推定（陈小君，2017）⑤。在一些发生的纠纷案例中，地方法院往往在法律原则下结合各地出台的法律法规，对因集体成员资格产生的纠纷进行独立的司法价值判断。

　　已有研究显示，中国农村集体经济组织成员资格的认定多数还是处于乡村自我管理的状态，受当地乡规民约、传统观念和历史习惯等因素影响较大，乡土色彩较浓（方志权，2014）⑥。从司法案例裁定来看，法院对成员资格的司法认定一般考虑户口登记状况、生产生活关系以及基本生活来源等事实因素组成的复合裁判标准，成员资格认定的出发点更多是村庄农户的实际认知系统以及生计和道义标准（张佩国，2002）⑦。已有文献往往是将成员资格认定作为农村集体经济产权改革研究中的一

---

① 余梦秋、陈家泽：《固化农村集体经济组织成员权的理论思考》，《财经科学》2011 年第 11 期。

② 韩俊：《在民法总则中明确集体经济组织的特殊法人地位》，《中国人大》2016 年第 21 期。

③ 郑鹏程、于升：《对解决农村土地征收补偿收益分配纠纷的法律思考》，《重庆大学学报》（社会科学版）2010 年第 3 期。

④ 李剑：《中国农地制度研究综述》，载农业部农村经济研究中心编《中国农村研究报告 (1990—1998)》，中国财政经济出版社 1999 年版，第 56—70 页。

⑤ 陈小君：《我国农民集体成员权的立法抉择》，《清华法学》2017 年第 2 期。

⑥ 方志权：《农村集体经济组织产权制度改革若干问题》，《中国农村经济》2014 年第 7 期。

⑦ 张佩国：《近代江南的村籍与地权》，《文史哲》2002 年第 3 期。

个必然环节，但实际上，农村集体经济组织成员资格认定是农村集体资产股份权能改革的基础和关键，具有重要的理论和实践研究意义，有必要专门对成员资格这个基础性和关键性问题进行清晰界定。据此，本部分尝试以 2015 年农业农村部（原农业部）开展的首批 29 个农村集体资产股份权能改革试点为研究对象，从理论和实际操作两个层面剖析农村集体经济组织成员资格认定的相关问题，以解决集体经营性建设用地入市土地增值收益分配的内部问题。

第二节　农村集体经济组织成员资格认定的理论分析

有关农村集体经济组织成员资格认定的争议，从表面看是寻求"身份认同"（identity）问题，深层次来看揭示的是成员的产权诉求问题，而公共池塘资源治理理论为成员资格认定提供了一种思路。

一　社会身份认同理论分析

身份认同理论是一种微观社会学理论。身份和身份现象是社会普遍存在的社会现象，在社会结构分析中具有重要地位（波普诺，1996）①。社会认同最初源于群体成员身份，Tajfel（1978）② 将社会身份认同定义为"个人对他或她从属于特定社会群体的认知，并且群体成员资格对他或她具有情感和价值意义"。同时，成员依据其身份获取生存资源配置（郭玉锦，2002）③。人们的行为规范，取决于其所处社会环境中的地位，也取决于谁和谁互动，以及在什么社会环境中互动。马克斯·韦伯（2019）④ 认为身份是由主观社会评价决定的，但客观生活方式、职业、出身等是身份识别的基础。人们将自己和他人划分成不同的社会类型，

---

① ［美］戴维·波普诺：《社会学》，李强等译，中国人民大学出版社 1996 年版，第 101—105 页。

② Tajfel. H. , *Differentiation Between Social Groups: Studies in the Social Psychology of Intergroup Relations*, London: Academic Press. 1978, pp. 67 - 78.

③ 郭玉锦：《身份制与中国人的观念结构》，《哲学动态》2002 年第 8 期。

④ ［德］马克斯·韦伯：《经济与社会》（第一卷），阎克文译，上海人民出版社 2019 年版，第 78—89 页。

而这些类型与相应的规范自动地联系在一起：属于不同社会类型的人应当有不同的行为方式。

中国农村集体经济形成于 20 世纪 50 年代，高级社的建立将原本属于社员私有的生产资料，在加入生产合作社后直接转化为集体所有（韩俊，1998）①。在这样一个高度组织化的社会中，集体成员身份的获得或者认同就有明确的程序：首先要获得该集体的户口，以明确自己的身份，在获得户口和相应的身份后，要成为总体性体制中的成员，在农村的途径就是加入人民公社（孙立平，1994）②。这样一个人才被纳入这种总体性的体制，成为一个名副其实的社会成员。

1958 年，户籍制度的建立完全固定了城乡二元社会，公民被严格固化为农业人口与非农业人口两种壁垒森严的身份。这时期，集体经济组织成员身份单一地以户籍来识别，相应地，这时期农村集体经济组织社员的权利是平等的、人人有份的，义务也是人人应担的。到了 20 世纪 70 年代，人民公社开始瓦解，社员身份的识别功能也就开始弱化。随着家庭联产承包责任制在国家层面的确认，集体经济组织成员身份识别以是否获得本集体承包土地来判断，集体经济组织成员资格的边界也是比较清晰的。进入 20 世纪 80 年代后，中国开始户籍制度改革，以户籍固化职业身份、固定空间的方式随之松动，经济体制改革和一系列的政策调整使农民不仅拥有了"自由流动资源"，也获得了"自由流动空间"。在城乡流动中，农村集体经济组织成员原有的身份与新职业、新居住地的矛盾凸显，涌现了诸多"一种身份两种职业"或"一种职业两种身份"的社会现象，农村集体成员身份边界开始模糊。之后范围更广、程度更深的农村经济社会变革，更加模糊了农村集体经济组织成员身份概念。中国农村社会是典型的熟人社会，根据奥斯特罗姆的理论，人们之间由于能够经常沟通，比较容易建立信任感，通过对成员资格认定规则的改进和调整，能够规避机会主义，组织成员也会取得持久的共同收益。人们

---

① 韩俊：《关于农村集体经济与合作经济的若干理论与政策问题》，《中国农村经济》1998 年第 12 期。

② 孙立平、王汉生、王思斌、林彬、杨善华：《改革以来中国社会结构的变迁》，《中国社会科学》1994 年第 2 期。

对公平的定义，也取决于谁和谁互动，在什么社会环境中互动。

二 公共池塘资源治理理论分析

根据公共池塘资源治理理论，人们能够共同使用整个资源系统但分别享用资源单位，其中资源单位是个人从资源系统占用或使用的量。公共池塘资源具有两个重要属性，一是很困难的排他性，二是很强的竞争性。其中排他性被界定为一种物品具有可以阻止其他人使用该物品的特性；竞争性则是指当一人消费该物品时，会减损其他人同时使用该物品的收益。这建立在"资源系统是共同使用的，但资源单位是相互竞争的"理论之上。奥斯特罗姆（2000）[①] 认为，在可利用的资源规模较小时，人们由于能够经常沟通，就容易建立彼此之间的信任和依赖，通过建立可以改善共同结果的公认规则与策略，设置自己的实际运行规则，即使在面对搭便车、规避责任或其他机会主义行为形态的情况下，也会取得持久的共同收益，克服"公地悲剧"或者"集体行动困境"。农村集体资产是以村为单位的、集体成员共同拥有，但成员拥有的资源单位是相互竞争的。

公共池塘资源情境涉及提取与提供两类，提取的关键和核心问题是分配[②]，但前提是要清晰界定"谁"有资格从公共资源中获取或提取资源单位，即要给提取者贴上提取资格的身份标签。这是因为资源是稀缺的，当提取者对资源单位的需求量相对较小，不足以使他们寻求产生次优结果的策略时，就不存在所谓的困境问题，但是当提取者对资源单位的需求增加或者提取成本减少时，他们就有可能陷入困境。当越来越多的人被允许占用资源，必然会导致资源单位提取的效率损失（奥斯特罗姆，2011）[③]。在这种逻辑下，集体资产是公共池塘资源，如果不把成员身份界定清楚，资源的提取可能会陷入困境。

---

① ［美］埃利诺·奥斯特罗姆：《公共事物的治理之道》，上海三联书店 2000 年版，第35—45 页。

② 本研究暂不关注资源单位的异质性分配问题。

③ ［美］埃利诺·奥斯特罗姆、［美］罗伊·加德纳、［美］詹姆斯·沃克：《规则、博弈与公共池塘资源》，陕西人民出版社 2011 年版，第 98—101 页。

第三节　农村集体经济组织成员资格认定的地方实践

根据公共池塘资源治理理论，如果就提取活动的组织问题，探索各种（以时间、地点、提取者类型及其他因素为基础的）能够提供明确行为规范的当地规则从而解决分配问题，冲突就会被消除或减少。本部分以国家首批 29 个农村集体股份权能改革试点地区为研究对象，结合农村集体经营性建设用地入市改革，一并探讨成员资格认定问题。

一　农村集体资产股份权能改革试点总体进展

为贯彻落实党的十八届三中全会对稳步推进农村集体产权制度改革的重要战略部署。2014—2021 年，国家先后部署了 5 批农村集体产权制度改革试点，涉及全国 28 个省（自治区、直辖市）、89 个地级市、442 个县（市、区）整建制开展试点，试点覆盖全国所有涉农县市区，全国共确认集体经济组织成员 6 亿多人①。

第一批试点始于 2015 年 5 月，经中共中央全面深化改革领导小组、国务院同意，农业农村部（原农业部）在全国 29 个省（自治区、直辖市），每个省（自治区、直辖市）唯一性地选择了一个县（市、区）启动农村集体资产股份权能改革（即农村集体产权制度改革），共计 29 个试点，这也是首批农村产权制度改革试点，该项改革于 2017 年 12 月底结束。在总结试点经验的基础上，2016 年，中央政府形成了顶层设计和总体部署——《中共中央、国务院关于稳步推进农村集体产权制度改革的意见》。之后，该项改革试点又经历四次扩大。第二批试点开始于 2017 年，农业部、中央农办确定了 100 个县（市、区），试点周期两年，于 2018 年 10 月底完成。第三批试点开始于 2018 年，试点范围涵盖 50 个地级市（整市试点），150 个县级行政单位（整县试点）。整地市试点、整县试点于 2019 年 10 月底结束，整省试点于 2020 年 10 月底结束。第四批试点开始于 2019 年，包括 12 个省份、39 个地市、163

---

① 参见中央人民政府网，https://www.gov.cn/xinwen/2020-08/21/content_5536464.htm。

个县（市、区）①，该项改革于 2019 年 10 月底结束。第五批试点始于 2020 年 3 月，并于 2021 年 10 月底结束，试点在全国层面全面推开。

本部分研究以国家首批 29 个农村集体资产股份权能改革试点为研究对象。由于每个试点在 29 个省（自治区、直辖市）均是唯一选择的，为了不赘述，我们对每个试点县（市、区）只简称所属省（自治区、直辖市）＋县（市、区）试点，如福建省闽侯县试点，我们表述为福建闽侯试点，以此类推。分析试点情况可知，29 个试点覆盖东部地区 10 个县（市、区），具体包括：北京大兴试点、天津宝坻试点、福建闽侯试点、上海闵行试点、广东南海试点、辽宁海城试点、河北双滦试点、江苏吴中试点、山东昌乐试点、浙江德清试点；西部地区 12 个县（市、区），具体包括：甘肃定西试点、广西长洲试点、贵州湄潭试点、内蒙古阿荣旗试点、宁夏金凤试点、青海湟中试点、陕西高陵试点、四川温江试点、西藏曲水试点、新疆沙湾试点、云南大理试点、重庆梁平试点；中部地区 7 个县（市、区），具体包括：安徽天长试点、河南济源试点、黑龙江方正试点、湖北京山试点、湖南资兴试点、江西余江试点、山西潞城试点。

集体经济组织成员资格认定是产权制度改革的基础和关键。从 29 个试点县（市、区）开展工作情况来看，截至 2016 年 12 月，试点地区均开展了成员身份确认工作，并出台了相关指导意见②，其中 16 个县（市、区）在全县（市、区）层面开展集体经济组织成员资格认定，其他 13 个县（市、区）在试点村层面开展该项工作。从政策文件文本分析来看，各试点县（市、区）均要求在县域范围内确认成员身份时点要大体一致，程序要规范统一，由群众民主协商确定具体标准，妥善平衡各类人员利益关系，确保这项工作得到群众认可，成员身份应确尽确。成员公示得到认可后，不少地方建立了成员登记簿，并在县乡主管部门备案。

事实上，谁有资格参与农村集体经营性建设用地入市土地增值收益

---

① 农业农村部政策与改革司：《农村集体产权制度改革》，赵阳主编，王宾、赵长保、余葵副主编，人民出版社 2020 年版，第 39 页。

② 参见中国经济网，29 个县市区农村集体资产股份合作制改革试点加速推进，http://www.ce.cn/xwzx/gnsz/gdxw/201611/26/t20161126_18163673.shtml。

分配争议很大。绝大部分试点地区都在村级层面给出原则性的指导意见，但并不规定具体分配比例，将如何分配的决定权交由村民自主协商决定，但内部收益分配方案要经过集体经营性建设用地使用权的权属主体 2/3 及以上的认可，以保证公平合理。如山西泽州地区特别强调，农村集体经营性建设用地使用权入市收益分配下妇女与男子享有平等的权利。

二　试点地区有关集体经济组织成员资格认定的实践

马克斯·韦伯（2019）① 认为身份是由主观社会评价决定的，但客观生活方式、职业、出身等是身份识别的基础。截至目前，试点地区均开展了成员资格认定的相关工作并出台了指导意见，在实际操作中，农村集体经济组织成员身份确认标准以行政村为单元，成员登记以组（队、屯）为单元。

从试点地区实践来看，成员资格取得一般有三种途径，一是原始取得。主要针对农村集体经济组织的"老户"或者"坐地户"，他们是在20 世纪 50 年代集体经济形成初期对村集体经济原始积累作出贡献的群体。对于这类群体资格的认定，一般在时间上可以追溯到第一轮土地承包期或第二轮展包期内，如贵州湄潭试点将成员资格范围划定在全国第二轮农村土地延包时户内的农村人口，并以 2016 年 3 月 31 日 24 时为人口核算截止时间，在此之后新增的人口不再赋予集体经济组织成员资格（之所以选择这个时间为身份登记确认界限，是因为在这个时间节点试点地区开展集体资产股份权能改革工作部署，黑龙江方正试点亦有如此规定），并分别给出了资格取得、资格保留、资格丧失的具体五种情形，明确了入市土地增值收益分配的个人资格。这种由"老户"或者"坐地户"及其家庭成员衍生的（婚生和非婚生、计划生育和非计划生育）新生农业人口，自出生后便自动取得该集体经济组织成员资格，且取得成员资格可以一直延续，农村地区一般遵循随父原则。二是法定取得。基于婚姻关系、收养关系、政策性迁入（例如异地安置的复员士官按婚迁待遇入户的，属本集体经济组织成员）等途径获得成员资格，是基于国家权

---

① ［德］马克斯·韦伯：《经济与社会》（第一卷），阎克文译，上海人民出版社 2019 年版，第 110—119 页。

力上的强制性安排。三是申请取得。申请取得是针对主体意愿的回应，对那些除婚姻关系、收养关系、血缘关系、户籍政策等原因外申请加入本集体经济组织的农村居民，他们需向申请加入的集体经济组织提出书面申请，由集体经济组织按民主议事程序协商后，方可决定是否赋予其成员资格。绝大部分试点地区规定，这项决议需要经本集体经济组织成员或户代表大会 2/3 以上表决通过并签字、公示后才能确认。部分试点地区要求通过申请取得成员资格的新成员按本集体经济组织《章程》缴纳一定数额的公共积累资金（见图 7 - 1）。

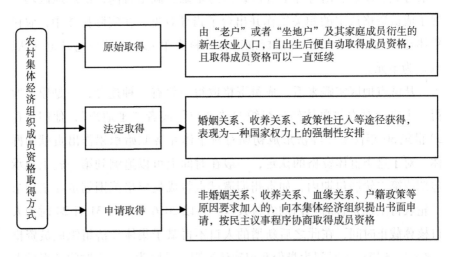

图 7 - 1　成员资格取得方式

　　事实上，中国农村大多数农民集体经济组织成员的资格是由其祖辈的原始取得及嗣后的继受取得而获得的。由出生、婚姻、收养事实取得的成员资格，体现了家庭关系对集体成员供给渠道的基础性（戴威，2016）[①]，而以申请人自愿和村社集体同意的契约关系而取得农村集体经济组织成员资格，则体现了一种"私法自治"原则，在合法范围内，村规民约是首要的正当性基础（代辉、蔡元臻，2016）[②]。

---

　　① 戴威：《农村集体经济组织成员资格制度研究》，《法商研究》2016 年第 6 期。
　　② 代辉、蔡元臻：《论农民集体成员资格的认定标准》，《江南大学学报》（人文社会科学版）2016 年第 6 期。

从实践操作层面来看，地方一般将农村集体经济组织成员资格认定标准分为户籍标准、事实标准和复合标准。

（一）户籍标准

最常用的是采用户籍所在地作为成员资格认定标准，该标准有特定的历史原因和独特的优势。中国户籍制度建立之初并不限制城乡人口的自由迁移，但到1957年政策发生了转变，开始实行严格的户籍管制制度，严禁城乡人口的迁移和身份的转换。城乡长久浸润在这种社会环境中，形成了个体强烈的身份价值取向和身份情结（郭玉锦，2002）。由于户口的迁入和迁出是一种有据可查的行政行为，在实际操作时具有较高的群众认同度，根据对29个试点地区的统计数据显示，90%以上的试点地区明确规定，通过原始取得、法定取得的成员资格都要拥有本集体组织户籍，户籍是成员资格认定的一个基础条件，是集体经济组织的进入门槛。事实上，户籍标准更严格地作为成员资格丧失的条件。像青海湟中试点、贵州湄潭试点、四川温江试点、黑龙江方正试点、山东昌乐试点、广东南海试点、河北双滦试点等试点地区均明确规定，户口迁出本集体经济组织，且不符合保留成员身份规定的，成员资格随即丧失。但对于原籍在本集体经济组织的现役士兵、大中专院校在校学生、服刑人员这三类特殊群体，试点地区均认可保留成员资格的方式。除此之外，山西泽州试点的该条规定并不适用于拥有本集体土地承包权的群体，即"户口迁出本集体经济组织且没有承包土地的"人员，成员资格丧失②。

在家庭联产承包责任制实施之前，泾渭分明的城乡户籍制度，非此即彼，如果取得了城市户口，则不可能享有农村集体经济组织成员资格（王利明等，2012③；任丹丽，2008④；余练，2017⑤）。特别是对"老户"的规定，对这部分群体的成员资格取得可以追溯到集体经济时期，在当

①　郭玉锦：《身份制与中国人的观念结构》，《哲学动态》2002年第8期。

②　即"户口迁出本集体经济组织且没有承包土地的"人员，成员资格丧失。

③　王利明、周友军：《论我国农村土地权利制度的完善》，《中国法学》2012年第1期。

④　任丹丽：《关于集体成员资格和集体财产权的思考》，《南京农业大学学报》（社会科学版）2008年第1期。

⑤　余练：《地权纠纷中的集体成员权表达》，《华南农业大学学报》（社会科学版）2017年第1期。

时背景下，只要户籍未发生城乡转变即识别为成员资格，至于有关"义务"的规定已经没有太多实质意义了（王永祥，2018）[1]。但随着农村制度的改革，特别是户籍制度的改革，"自由流动资源"和"自由活动空间"的出现，农村人口开始在城市与农村、农村与农村间自由流动，居住地与户口登记地不一致情况成为常态。2010 年全国第六次人口普查数据表明，与 2000 年的第五次全国人口普查相比，离开户口登记地半年以上的人口增长了 81.03%。农村人口的流动使得一些村民因为户口迁移，在迁出地和迁入地都不能取得集体成员资格（陈标金，2011）[2]，导致了成员资格的"两头空"。郭继（2012）[3] 基于全国 12 省 36 县的实地调查结果显示：成员资格的户籍认定标准已与社会现实之间存在着一定程度的张力，农村集体经济组织成员资格的认定已经不适宜采用常住户口的判定依据，且从长远来看，户籍标准前瞻性不够，不符合我国现有的政策导向。

（二）事实标准

主张以是否在农村实际生活、履行村民义务、拥有承包地等事实依据判定是否具有成员资格。事实标准主要针对的是通过婚姻关系、收养关系、政策移民等法定途径取得成员资格的外来群体对这部分群体而言，户籍并不是获得成员资格的必要条件。福建闽侯试点地区是典型主张事实标准的代表，对继承途径获得成员资格的群体附加了生活实质的要求，"本村集体经济组织成员繁衍的、在基准日之前仍在本村集体经济组织所在地生产生活并依法登记有常住户口的后代"，同时，福建闽侯试点对婚姻途径取得的成员资格也作出了要求，即"在 2000 年 12 月 31 日之前与本村集体经济组织男性成员结婚，之后一直在本村集体经济组织生产生活、但尚未迁入户口的外省的农村集体经济组织的女性"，确认为本村集体经济组织成员，但限定是外省的农村集体经济组

---

① 王永祥：《农村集体经济组织成员资格认定问题研究》，博士学位论文，内蒙古大学，2018 年。

② 陈标金：《农村集体经济组织产权制度改革：广东的探索》，《农业经济与管理》2011 年第 2 期。

③ 郭继：《农村集体成员权制度运行状况的实证分析——基于全国 12 省 36 县的实地调查》，《南京农业大学学报》（社会科学版）2012 年第 1 期。

织女性。内蒙古阿荣旗试点、甘肃陇西试点等对婚姻途径取得的成员资格更注重事实标准，其指导意见规定，婚姻关系发生在不同农村集体经济组织，即使户口未迁入，但已存在生产生活事实，就可认定为本集体经济组织成员。青海湟中试点对与本集体经济组织成员结婚的外省市人员作出规定，户口不能迁入的，以其结婚证为依据即可确认集体经济组织成员身份。

"熟人社会"是费孝通（2012）[①]对中国乡村社会特征的一种描述，能否成为"村子里的人"往往是一些村庄发包集体土地的先决条件（张佩国，2006）[②]。因此，拥有本村土地更容易被归属为"本村子里的人"，对户籍的要求也就不那么强烈。河南济源试点、内蒙古阿荣旗试点、青海湟中试点、宁夏金凤试点、江西余江试点、陕西高陵试点等都是典型代表。其中，河南济源试点规定，"二轮"土地承包时能够获得土地承包经营权的群体，应确认其本集体经济组织成员身份。青海湟中试点规定，"土地承包时，已经取得本集体经济组织土地承包经营权的农户及其衍生的农业人口"以及"未将承包土地交回户口迁出村（原村）集体经济组织的农户"都可认定为本集体经济组织成员。更进一步放宽条件，对原农转非人员（仍有承包地的）也承认其集体经济组织成员身份，但与长期生产生活在本村的成员，要区别对待，体现在股权配置上。此外，对原农转非人员（仍有承包地的）户口进一步限定在本县。内蒙古阿荣旗试点进一步将"农转非"群体的居住范围限定在"搬到小城镇居住"，如符合该项规定，则仍可认定该类群体的集体经济组织成员资格。江西余江试点特别对外出经商、务工等群体成员资格认定做了详细说明，如果该类群体因外出务工而脱离本集体经济组织所在地生产、生活的，但其未弃荒土地，则仍承认其成员资格。宁夏金凤试点也是典型的以获得土地承包权这个因素来界定成员资格，如金凤区的平伏桥村就以第一轮土地承包时获得土地承包权的条件作为界定成员资格认定的首要因素，兼顾第二轮土地承包以及历次小调整中获得土地承包权的考虑，来确定村集

[①] 费孝通：《江村经济》，戴克景译，北京大学出版社 2012 年版，第 37—48 页。

[②] 张佩国：《公产与私产之间——公社解体之际的村队成员权及其制度逻辑》，《社会学研究》2006 年第 5 期。

体经济组织成员资格。例如，金凤保伏桥村以第一轮土地承包后截至2002年拥有土地的村民为主，同时考虑了第一轮土地承包时受婚迁、出生时间未分的土地及中途土地调整的情况，确定本村集体经济组织成员资格。

（三）"户籍+"的复合标准

这是各地结合实际情况认定成员资格的一种折中办法。"户籍+"认定标准考量了熟人社会中的生存权和传统文化中的公平权。户籍是农村集体经济组织成员资格的基础条件，在"户籍"基础上，还考虑了比如生存保障、对集体所尽的义务、生产生活关系、土地承包等因素，从而形成权重有别的复合标准。2006年，广东省人民政府印发实施的《广东省农村集体经济组织管理规定》（政府令第109号）①对成员资格认定明确规定，"对集体尽到义务是认定集体成员的标准"，但也应尊重集体长期形成的习惯。安徽天长试点、江西余江试点、内蒙古阿荣旗试点、云南大理试点等对法定取得成员资格的群体均附加了不同限制条件，具体表现为：自户口迁入时起，未在户口所在地生产、生活且未与农村集体经济组织形成权利义务关系的，或者不以农地为基本生活保障的群体，试点地区均不认可其集体经济组织成员资格。青海湟中试点对搬迁人员（或者通俗地理解为外来户）这类群体成员资格认定分为两种情形，一种情形是：如外来户已将承包土地交回户口迁出村（原村）集体经济组织，同时按现户口所在地履行集体经济组织成员义务，那么就应该赋予搬迁人员现在集体经济组织成员资格。需要说明的是，这里的外来户群体不包括因地质灾害威胁、生存条件恶劣、新型农村社区建设等按照省市县有关政策进行异地搬迁的人员。另一种情形是：如果外来户群体未将承包土地交回原村集体经济组织，且在原集体履行集体经济组织成员义务，那么就应该确认其原集体经济组织成员资格，而不认定现居住地的集体经济组织成员资格（见图7-2）。

综上所述，由于国家层面没有统一的法源口径，导致由A集体经济组织作出的成员资格认定决议，并不一定被B集体所承认或者接纳。从而导致外嫁女、入赘婚等特殊群体的成员资格引发的社会纠纷和行政复

---

① 参见广东省人民政府网，http://www.gd.gov.cn/zwgk/gongbao/2006/25/content/post_3361936.html。

议也是比较多的。

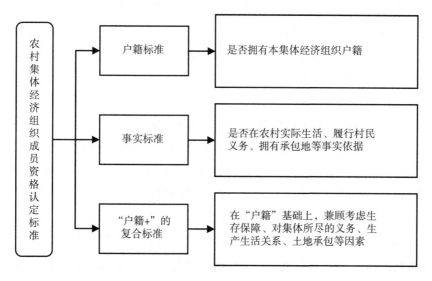

图 7 - 2　农村集体经济组织成员资格认定标准

　　当然，试点地区并不是单一使用其中某项成员资格认定标准。例如黑龙江方正试点提出，集体经济组织成员资格认定不宜采取单一的户籍标准，而是应当结合户籍、承包土地资格、是否以承包地作为其基本生活保障来源以及是否在本集体经济组织发生实质生产、生活等因素综合进行识别和判断。内蒙古阿荣旗试点也指出，成员资格认定要多因素综合考虑，依法取得本集体经济组织所在地常住户口是充分条件，但不是唯一条件，同时要结合该类人员是否在本集体经济组织内生产、生活等因素综合考虑。在成员资格确认时，"是否以本集体经济组织的土地为基本生活保障"占据重要权重，如果这类群体切实以本集体经济组织的土地为基本生活保障，试点地区一般会认定其集体经济组织成员资格。由于近年来，围绕集体经济组织成员资格认定引发了诸多的民事诉讼，2007 年，天津市高级人民法院针对该类诉讼颁布了《天津市高级人民法院关于农村集体经济组织成员资格确认问题的意见》①　（津高法民一字

　　①　参见百度文库，https：//wenku.baidu.com/view/c95173f350e79b89680203d8ce2f0066f53364c3.html? fr = sogou&_wkts_ = 1687315438505。

〔2007〕3 号)。该文件对相关案件的裁决要义进行了指导，指出：户籍、
生产和生活事实是判定集体经济组织成员资格的主要表现形式，但"是
否以本集体经济组织土地为基本生活保障"是判定成员资格的本质特征。
因此，在表现形式不统一或者不具备主要表现形式情况下，集体经济组
织成员资格的认定应当以遵循本质特征为根本。

三 试点地区有关特殊群体的成员资格认定

试点地区有关成员资格认定的实践显示，成员资格主要围绕户籍、
生产生活关系、生存保障三个方面进行识别，区别在于成员资格身份识
别过程中赋予的权重大小，本章已在成员资格认定标准部分进行了详细
的分析。在试点地区成员身份识别实践中，最具争议性的是对"外嫁女"
"外来户""嫁城女""农转非""入赘婿""搬迁人员"等特殊群体的成
员资格识别。2019 年中央一号文件明确提出，"做好成员身份确认，注重
保护外嫁女等特殊人群的合法权利"。

（一）户籍识别

各地区政策差异性主要体现在"外嫁女""嫁城女""回迁户""农
转非"等特殊身份群体识别时与户籍绑定的松紧程度。青海湟中试点、
四川温江试点、陕西高陵试点、河北双滦试点等对"外嫁女"成员资格
实施严格的户籍识别标准。"外嫁女"户籍如果仍保留在本集体的，则仍
视其为本集体经济组织成员。黑龙江方正试点、河北双滦试点对"嫁入
女"成员资格识别严格绑定户籍，只要户口未迁入本村，都不能认定为
本集体经济组织成员。通过婚姻途径取得的成员资格，在成员婚姻关系
发生变动时，绝大部分试点地区（不论作为迁入地还是迁出地），都采用
户籍识别标准。陕西高陵试点、湖南资兴试点、云南大理试点、天津宝坻
试点、甘肃陇西试点、重庆梁平试点、河北双滦试点、黑龙江方正试点、
广东南海试点等明确规定，因离婚或丧偶将户籍迁回原村的"外嫁女"及
其依法判决的随同子女，仍保留其成员身份。与本村集体经济组织成员离
婚，户籍关系未迁出的人员及其依法判决随同子女，均界定为户籍所在地
的集体经济组织成员。四川温江试点则规定，如果"再婚满三年且户籍迁
入本集体经济组织的配偶"，则可认定其为本集体经济组织成员。

现实中，"回迁户"群体的成员资格界定争议也较大，像广东南海试

点就规定，"自转农"户口迁回原村的人员（含其合法生育、收养的子女）具有农村集体经济组织成员资格。但在多数试点地区村民看来，无论何种原因的户籍回迁，形式的"离开"也就是对身份的主动放弃，既然选择了放弃，就不应该在利益分享时恢复集体成员身份，户口的回迁，更大程度地被认为是一种投机主义。

（二）生产生活关系识别

2007 年，天津市高级人民法院制定的 3 号文（津高法民一字〔2007〕3 号）指出，如果本集体经济组织女性成员与其他集体经济组织男性成员结婚，并已到男方所在集体经济组织生产、生活，虽然由于某些原因女方户口没有迁出，但其已不具备本集体经营组织成员资格。为此，天津市高级人民法院裁定类似案件时作出阐释，在这种情况下，女方实际生活基础已经不在原集体经济组织，因此女方已不再是本集体经济组织成员。实践中，重庆大足试点规定，"外嫁女"已在男方地区形成较为固定生产、生活的，无论其户口是否迁出，承包地是否被收回，均认定丧失原集体经济组织成员资格。与之相呼应的是，福建闽侯试点和天津宝坻试点对"嫁入女"规定，在基准日之前与本村集体经济组织男性成员结婚，且婚后一直在本村集体经济组织生产生活，无论女方户口是否迁入本村集体经济组织，"嫁入女"都应获得本集体经济组织成员资格。但福建闽侯试点的该项规定仅适用外省嫁入本地区的女性，如果是与省内女性结婚的情况，只有女方户口同时迁入男方集体经济组织方可承认其成员资格。青海湟中试点规定，"外嫁女"离婚以后继续生产、生活在本村的农业户籍人员仍属于本集体经济组织成员。湖南资兴试点对因征地而被动"农转非"群体作出规定，即使户籍关系从本村迁入城镇的原本村集体经济组织成员，并参加社会基本养老保险的原被征地农民仍认定为本村集体经济组织成员。此外，对于"搬迁人员"的争议也比较大，黑龙江方正试点规定，已将承包土地交回且户口迁出村集体经济组织的，更应在现集体经济组织确认其成员身份。

（三）生存保障识别

生存保障一般指土地和社会保障体系。绝大部分试点地区将生存保障因素作为判定特殊群体是否丧失成员资格的重要依据。比较典型群体是"嫁城女"成员资格的认定。由于户籍限制，"嫁城女"不能享有城镇居民享有的医疗、就业、养老等社会保障，其最终生活保障仍然是农村土地，对于此类情形，内蒙古阿荣旗试点、河北双滦试点、甘肃陇西试点等地区规定：婚姻关系发生在农业户口和非农业户口之间，持有农业户口的仍认定成员资格。黑龙江方正试点在户籍识别基础上，对"嫁城女"又附加了"保留原集体经济组织承包地"的限制条件。重庆梁平试点更加注重"嫁城女"的生存保障，提出"嫁城女"无论户口是否迁出，无论其在娘家生产、生活，还是在城镇生活，只要未纳入国家公务员序列或者事业单位编制，就不应当丧失原集体经济组织成员资格。江西余江试点对"入赘婚"规定，即使"入赘婚"户口未迁入，但已丧失原集体经济组织成员资格，并已成为新的家庭成员共同生产生活，就应认定其集体经济组织成员资格。很值得一提的是，现实中还有一类"非转农"的群体，黑龙江方正试点规定，因子女顶替由非农业户口转为农业户口的人员，不认定其成员资格。

我们可以看到，试点地区对"农转非"群体的成员资格判定主要围绕是否获得稳定的生活保障为主要判定依据。对那些只在形式上实现了"农转非"身份转换，但由于其并未纳入城市居民或城镇企业职工社会保障体系的群体，多数试点地区采取保留这部分群体的集体经济组织成员资格的处置方式。如内蒙古阿荣旗试点规定，"农转非"后将本村承包地及住房转让给他人，自己搬到小城镇居住的人，仍判定其具有本集体经济组织成员资格。陕西高陵试点、四川温江试点、天津宝坻试点等地区对"农转非"群体以及农村居民购买"蓝皮户口"人员认定为本集体经济组织成员。安徽天长试点对"农转非"群体规定，只有其纳入城镇企业职工、居民社会保障体系的，方才认定为丧失成员资格。此外，"因土地征占转居转工"是比较普遍的一类"农转非"群体，黑龙江方正试点规定，该类群体如果将劳动力安置费交给本集体经济组织，且在本集体经济组织就业的留职人员家庭人口，予以认定本集体经济组织成员资格。

值得一提的是，广东南海试点是较早开展成员资格认定的地区。2008 年广东南海试点颁布了《南海区农村集体经济组织成员资格界定办法》①（南办发〔2008〕59 号），设置了 10 种可认定农村集体经济组织成

---

① 参见 http://law168.com.cn/doc/view? id = 172874。

员资格情形。文件条款特别对"入赘婿""出嫁女""自理粮"[①] 等具有争议性的群体做了明确的界定。事实上，针对农村"出嫁女"及其子女合法权益广东南海试点在 2008 年出台了 11 号指导文件，该文件规定，对符合农村集体经济组织成员资格的农村"出嫁女"及其子女、曾经转为"自理粮户口"[②] 但在 2004 年 6 月 30 日前户口迁回原村的人员，均认定其农村集体经济组织成员资格，这里亦包括这类群体的合法生育和收养的子女。由于南海区集体经济相当发达，截至 2021 年，农村集体经济资产达到 400 亿元，为防范农民通过婚姻途径进行投机行为，2008 年广东南海试点 59 号文第五条规定堵住了这个缺口，规定：本集体经济组织男性成员在初婚条件下，娶入农业户籍并迁户口入男性集体经济组织所在地的，可认定女性配偶具有本集体经济组织成员资格。而集体经济组织成员资格的丧失非常简单，主要以户籍为判定依据，自成员户口迁出本集体经济组织或者死亡或者户口注销之日起，该成员集体经济组织成员资格随之丧失。

第四节　农村集体经济组织成员
资格认定的实践效果评价

如表 7 - 1 所示，三种集体经济组织成员资格[③]认定的地方实践都切实体现了成员准入的谨慎性。绝大部分村民通过原始途经、法定途径取得了成员资格。相应地，对一部分群体试点地区对其成员身份资格认定都设置了资格取得、资格保留和资格丧失三种情形，但这三种情形并不是独立存在的。本集体经济组织成员资格一旦满足资格丧失条件中的任

---

① 《中共佛山市南海区委员会佛山市南海区人民政府关于推进农村"两确权"，落实农村"出嫁女"及其子女合法权益的意见》（南发〔2008〕11 号）。

② 自理口粮是 20 世纪 80 年代中期，国务院为解决进城经商农民的实际困难，采取的一种"转人不转粮"的临时性户口政策。自理粮户口就是虽然是城市户口，但是不享受国家粮食补贴，介与非农业和农业户口之间。

③ 农村集体经济组织成员身份经村委会农村集体经济组织成员登记管理中心核准后，一般会统一发放《集体经济组织成员证》，作为农村集体经济组织成员身份的确认。农村集体经济组织今后出资购股的对象必须具备农村集体经济组织成员资格，成员证可作为出资购股资格的确认证明。

何一条，成员资格随即丧失。成员资格的保留是针对具有身份标签的群体，如现役士兵、大中专院校在校学生、服刑人员等，在特定时间段内暂时保留成员资格，一旦身份标签失效，按照相应条件，要么获得成员资格，要么丧失成员资格。

表 7-1　　　　　　　　试点地区成员资格认定的一致性分析

成员资格认定的三种情形	符合情形	特点
资格取得	1. 原始取得：出生取得（包括婚生和非婚生，计划生育和非计划生育的人员）； 2. 法定取得：收养取得、移民搬迁	原始取得、法定取得基本覆盖绝大部分村民
资格保留	1. 原籍在本集体经济组织的现役士兵； 2. 原籍在本集体经济组织的大中专院校在校学生； 3. 原籍在本集体经济组织的服刑人员； 4. 因推进新型城镇化综合改革，户籍关系从本村迁入城镇的原本村集体经济组织成员及因被征地而参加社会基本养老保险的原被征地农民	对具有时效性特征的身份标签群体或特定时期下的群体，暂时保留成员资格
资格丧失	1. 死亡； 2. 取得其他集体经济组织成员资格的； 3. "空挂户""挂靠户"； 4. 纳入进入国家公务员序列、事业单位编制或者取得城镇企业职工社会保障体系的； 5. 集体经济组织依法解散的； 6. 自愿放弃	符合其中任何一种情形，成员资格随即丧失

注：在 29 个试点地区中只有内蒙古试点地区对个别转为公务员和事业编制，但还在原村任职的村书记，界定为集体经济组织成员并参与股权配置。

比较来看，三种资格认定标准各有不同程度的欠缺，单一户籍标准，简单且可操作性强，但现阶段常住人口和户籍人口的脱钩，极易导致部分群体成员资格"两头空"；事实标准的成员资格认定方式，强调尊重事实，但如何判定"是否形成了较为固定的生产生活关系"，具有很强的主观性，执行起来可操作性相对户籍标准较差；复合标准，通过对各因素的区别权重设置，看似兼顾了更多因素的考量，但涉及了不仅一个要素且又要分配各要素的权重，容易引发内部争议，导致这种看似因地制宜的成员资格界定标准，因为要兼顾的考量因素多，很容易出现地区差异，在国家立法缺失情况下，增加了跨区域司法裁定难度。

试点地区有关成员资格探索为我国农村集体经济组织立法提供了理论支撑。2022 年 12 月 30 日，经十三届全国人大常委会第三十八次会议审议通过的《农村集体经济组织法（草案）》进入征求意见环节。该草案的一个重要内容是界定了农村集体经济组织成员的确认及其权利和义务，如第十一条明确了予以确认农村集体经济组织成员资格的两种情形，一是户籍在或者曾经在村集体，在此基础上，农村居民且与农村集体经济组织形成稳定的权利和义务关系，就可以认定成员资格；二是以集体土地为基本生活保障的农村居民，应赋予农村集体经济组织成员资格。同时，该草案采取列举排除法对成员身份的丧失进行了明确（第十八条）。

第五节　本章小结

总体来看，试点地区在遵循依法依规、尊重历史、照顾现实、程序规范、群众认可的原则下，集体经济组织成员资格认定工作一般结合户籍、土地承包关系、生产生活实际以及成员义务履行等情况开展，能够做到兼顾各类成员群体的利益。本章可以得出以下四点结论。

第一，国家试点地区集体经济组织成员资格主要归并为三个认定标准，且优缺点明显。比如户籍标准，虽然操作起来容易，但在逐利驱动下，这很可能导致富裕集体经济组织的人口只增不减，甚至膨胀；事实标准虽然兼顾了乡土人情，但有很强的主观性，争议比较大；复合标准"户籍＋"在地方实践中比较普遍，但无论是"户籍＋生产生活关系"，还是"户籍＋权利义务"，如果赋予地方过多因地制宜的条件设置，将会

---

①　参见河北省乡村振兴局网，http：//fp. hebei. gov. cn/2023 - 01/03/content_8926619. htm。

导致成员资格认定的更大争议，同时增加司法裁定的难度。

第二，从试点地区实践来看，东、中、西部试点地区对原始取得、法定取得的成员资格认定基本一致，对具有身份标签群体（主要是在校学生、在役军人、在服刑人员）的保留成员资格高度一致。90%以上的试点地区对原始取得、法定取得的成员资格认定都绑定户籍。从成员资格丧失角度来看，在取消成员资格因素考量时，试点地区基本围绕户籍是否迁出、是否存在实质生产生活关系、是否具有生存保障加以判定。其中三分之一的试点地区（例如青海湟中、贵州湄潭、四川温江、黑龙江方正、山东昌乐、广东南海、河北双滦等试点）严格执行"户籍迁出成员资格随即丧失"的规定，保留成员资格的除外。但中部、西部试点地区往往会设置保障生存的附加条款（如结合是否以本村集体经济组织所有的土地为基本生活保障、是否成为国家公职人员等因素综合判定），体现了取消成员资格的谨慎性。生产生活关系条款一般仅针对外来户群体，以规避"空挂户""挂靠户"的投机现象。

第三，目前成员资格认定争议更多地集中在身份转换人群，例如"外嫁女""回迁户""嫁城女""农转非"等。原则上讲，农村集体经济组织成员资格认定不能"两头占"，也不能"两头空"，但在实际操作中，前者更容易执行。例如试点地区对待"外嫁女"群体，多依据约定俗成的规则，女儿一旦出嫁便成了"外人"，即使其户籍并未迁出，也认定其丧失本集体经济组织成员资格，并不考虑"外嫁女"是否被嫁入地农村集体经济组织接受，因此，"外嫁女"群体"两头空"的现象屡见不鲜。究其原因，迄今为止，对农村集体经济组织成员概念，还没有一个权威、规范的法律解释，国家层面指导意见的缺失导致难以有效衔接这些群体在转入地和转出地的身份转换，架空了身份转换群体的利益，最终导致围绕成员资格认定的法律纠纷。

第四，几乎所有试点地区都对成员资格认定规定了"遇到特殊情形，应由三分之二的以上的村民会议或村民代表会议表决通过认定"这个可回旋的余地。

第 八 章

农村集体经营性建设用地
入市典型案例分析

本章分别就农村集体经营性建设用地入市土地增值收益分配问题、解决历史问题用地的制度安排进行深入分析。本部分选择土地入市改革效果较好的广东南海试点和江苏武进试点，其中，广东南海试点是 2015 年国家首批农村集体经营性建设用地入市试点地区，江苏武进试点是第二批纳入农村集体经营性建设用地入市的试点地区。两个试点地区在贯彻落实党中央国务院有关土地入市指导精神下，能够就农村集体经营性建设用地入市进行因地制宜的探索，取得了较好的经济效益和社会效益。尽管今天很多地方开展的集体建设用地流转探索可能更加成熟和完善，但在某种程度上，或多或少借鉴了这两个地方的经验。本部分并不打算就试点地区系统的农村集体经营性建设用地入市制度进行全面分析，而是聚焦农村集体经营性建设用地入市改革效果较好且较为成熟的制度进行深入分析，以便为全国其他地区集体经营性建设用地开展入市工作提供经验借鉴和启示。

第一节　广东南海试点：探索建立兼顾国家、
　　　　农村集体经济组织和农民利益的
　　　　土地增值收益有效调节机制

广东佛山市南海区地处珠三角地区。截至 2023 年 5 月，南海区面积 1071.55 平方公里，辖 6 个镇、1 个街道、290 个村（社区），户籍人口

170. 05 万人，常住人口 371. 93 万人。本部分之所以选择广东佛山南海区试点作为典型案例，主要基于以下两个原因。

一是南海区较早就自发进行农村集体建设用地流转收益分配制度探索。南海区集体经营性建设用地自发流转行为有着近 30 年的历史经验，农民在思想上普遍认同该类用地可自由流转。2005 年以来，南海区政府多次尝试对集体建设用地流转计征土地增值收益费用。如在 2006 年，南海区出台了《佛山市南海区非农建设用地收费暂行办法》（南府〔2006〕112 号），对集体建设用地流转基础设施配套建设计征 11. 2 元/平方米的费用，但由于缺少上位法的支撑，物价管理部门认为收取该项费用缺乏依据。2010 年 9 月，南海区政府印发了《关于农村集体建设用地使用权流转基础设施配套费的批复》（南府复〔2010〕663 号），取消了该项收费。为保障集体建设用地使用权流转各方的合法权益，2014 年南海区印发了《佛山市南海区集体建设用地使用权流转实施办法》（南府〔2014〕72 号）①，对商服产业载体项目按照成交价格的 30% 收取城乡统筹提留金。

二是南海区是历史上重要农村改革的试验区，有着丰富的改革经验和改革基础。如广东南海试点自 1993 年开始在全区普遍推广农村股份合作制改革，目前以村委会为单位组建的经济联合社 223 个，以村民小组为单位组建的经济合作社 2074 个。村（居）集体经济组织作为农村集体土地所有权的代表者，将原来模糊不清的集体所有土地转化为组织内部农民共同占用，通过土地折股量化，既明晰了土地产权，又为农村集体经营性建设用地入市地增值收益分配奠定了基础。

一　南海区有关集体经营性入市增值收益分配的规定

南海区作为国家首批农村集体经营性建设用地入市试点地区，为更好地平衡政府、集体和农户间的土地入市增值收益，结合试点早期改革基础和现在事实，出台了一系列指导文件和意见。

---

①　参见南海区人民政府网，http://www.nanhai.gov.cn/fsnhq/zwgk/fggw/zfgb/content/post_2221111. html。

（一）有关政府和集体公平分享土地增值收益的规定

南海区集体建设用地自20世纪90年代起就已入市流转。入市改革试点前，南海区多次尝试对集体建设用地入市流转的土地增值收益进行收费，因收费依据不足或接受程度低等问题，这些文件多数已废止。自2015年南海区被纳入国家农村集体经营性建设用地入市改革试点范围以来，为更好地平衡入市土地增值收益在政府与集体间的分配出台了一系列指导文件和意见，如2015年南海区出台了《佛山市南海区农村集体经营性建设用地土地增值收益调节金与税费征收使用管理试行办法》①（南府函〔2015〕149号）文件，奠定了土地入市下地方政府参与分配的基础。在农村集体经营性建设用地入市下，南海区政府以计征调节金形式参与农村集体经营性建设用地入市分配，调节金计征对象为土地出让方。调节金计征比例依据土地用途和土地来源类型不同实行差别化征收，如图8-1所示，一般占土地出让总价款的5%—15%，其中，工矿仓储用途和公共管理服务用途的征收比例为10%，商服用途的征收比例为15%，属于城市更新（"三旧"改造）项目或农村综合整治片区内的征收比例在此基础上下调5%。需要说明的是，与其他试点地区不同，广东南海试点依据南府函〔2015〕149号文的规定，农村集体经营性建设用地以租赁方式入市的暂不缴纳调节金。

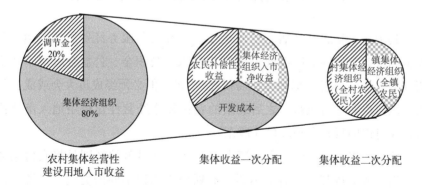

图8-1　农村集体经营性建设用地入市集体收益情况

---

① 参见佛山市自然资源局南海分局，http://www.nanhai.gov.cn/fsnhzrzyj/gkmlpt/content/4/4671/post_4671757.html#2053。

（二）有关集体与个人在入市土地增值收益分配的规定

南海区通过股份制改革已解决了集体与个人的土地增值收益分配问题。与集体经济组织成员权配套，南海区于 2014 年出台了《佛山市南海区人民政府关于印发佛山市南海区村（居）集体经济组织财务管理办法的通知》（南府〔2014〕94 号）。该文件规定，村（居）集体经济组织要按规定严格核实当年的收益总额，按照先生产后消费的原则，对村（居）集体经济组织当年可供分配的收益进行分配，村（居）集体经济组织本年实现的收益加年初未分配收益（或减年初未弥补亏损）和其他转入后的余额，为可分配收益总额。具体分配情况，如图 8 - 2 所示。

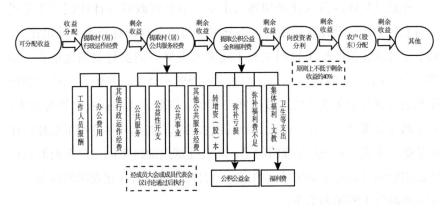

图 8 - 2　广东南海试点集体分享土地增值收益分配示意

其中，在扣除村（居）行政运作经费和公共服务经费后的余额，公积金和公益金原则上按不低于 40% 来提取。公积金、公益金可用于转增资（股）本、弥补亏损和弥补福利费①不足，但必须经成员大会或成员代表会议讨论通过后执行。之后剩余的农村集体经营性建设用地入市增值收益才可以向投资者和农户（股东）分配。

值得一提的是，广东南海试点与其他试点显著的区别是将农村集体经济组织成员按其所享有的不同权益划分为两种不同的类型，一类是持

---

① 福利费用于集体福利、文教、卫生等方面的支出（不包括兴建集体福利等公益设施支出），包括照顾烈军属、五保户、困难户的支出，计划生育支出，村民因公伤亡的医药费、生活补助及抚恤金的支出等。之后才涉及向投资者分利和农户（股东）分配。

股成员。该类成员既具有农村集体经济组织成员资格又持有农村集体经济组织股权。另一类是非持股成员。该类成员只有农村集体经济组织成员资格，但不持有农村集体经济组织股权。但两者之间并不是绝对静态存在的，在满足一定条件时，非持股成员可以向持股成员转换，但不支持逆向转换。至于在何种条件下非持股成员可以转变成为持股成员，需要由各村集体经济组织章程确定。持股成员和非持股成员享有权利对比，如表8-1所示。

表8-1　　　　　　　　　持股成员和非持股成员享有权利对比

持股成员享有下列权利	非持股成员享有下列权利
依照股份份额获得相应的股份分红	依据农村集体经济组织章程规定获得相应的福利
从农村集体经济组织获取除股份分红外的其他形式利益分配	符合农村集体经济组织章程规定配股或购股条件的，享有农村集体经济组织的配股权或购股权
享有农村集体经济组织经营管理的表决权	——
依照法律、农村集体经济组织章程的规定获得有关农村集体经济组织的财务公开信息	依照法律、农村集体经济组织章程的规定获得有关农村集体经济组织的财务公开信息
法律法规和政策规定的其他权利	法律法规和政策规定的其他权利

资料来源：依据南海区自规局资料整理。

此外，农村集体经济组织对不履行义务的农村集体经济组织成员，可视其情节轻重，采用不同的处罚方式，如暂停享受农村集体经济组织集体福利或者其他农村集体经济利益分配。

二　南海区农村集体经营性建设用地入市增值收益分配实践

从理论上讲，无论是土地征收还是农村集体经营性建设用地入市，过程都由土地取得环节、开发环节、出让环节构成，入市土地增值收益都等于土地总价款扣除各环节支出成本后的净收益。但考虑到农村集体经营性建设用地入市与土地征收在出让主体、客体对象、土地增值收益分配等方面存在差异，从而导致两种不同所有性质的土地在土地获取和流转时，一些关键参数的核算上有所不同（见表8-2）。如集体经营性建设用地入市的对象是存量集体经营性建设用地，因为不涉及土地征收环节，就不涉及土地征收下需要计入的补偿成本和征地社保支出。因为农村集体经营性建设用地入市的出让主体是集体经济组织，在土地开发环节中，投入主体可以是非常多元化的，包括集体经济组织的开发平整投入，也包括地方政府的市政配套投入。相比之下，土地征收的对象是农用地，土地出让的主体是地方政府，开发和投入主体也是地方政府。

表8-2　　　　　　　　　　土地入市与土地征收的区别

区别	农村集体经营性建设用地入市	土地征收转用
入市对象	存量集体经营性建设用地	农用地
出让主体	集体经济组织	地方政府
开发投入主体	集体经济组织和地方政府	地方政府
土地取得成本	相关税费	土地补偿成本（土地补偿费、安置补助费、地上附着物和青苗补偿费）及相关税费、社保支出
土地入市后归属	集体	国家
土地收益方式	持续性收益	一次性买断收益

资料来源：笔者整理。

此外，土地征收转用的土地补偿成本中包含了农用地的价值；在土地取得环节的相关税费方面，征地环节政府要付出征地社保支出作为土地取得成本的一部分，是政府在征地环节向农民支付的农民养老保险资助资金。而农地转用环节的税费（耕地占用税、耕地占用费和新增建设用地有偿使用费）由用地单位缴纳给政府，上述税费涉及中央与地方政府的分成，且是占用耕地、农用地产生，对地方政府来说需考虑作为成本。

我们以南海区三块入市宗地（以A地块、B地块、C地块表示）为例，探讨南海区入市土地土地增值收益分配问题。2015年，A地块作为宗科教用地以公开出让方式出让给本地一企业，用于公共管理与公共服务。B地块、C地块作为工业用地均于2016年以协议方式出让给当地另一个企业，三宗入市土地基本情况，如表 8 - 3 所示：

表 8 - 3　　　　　　　　入市宗地基本信息

序号	1	2	3
地块名称	A 块	B 地块	C 地块
面积（亩）	28.93	17.4231	22.3416
入市主体	合作经济社	经济联合社	经济联合社
入市时间	2015 年	2016 年	2016 年
交易方式	公开出让	协议出让	协议出让
入市方式	就地入市	就地入市	就地入市
出让年限（年）	30 年	50 年	50 年
入市交易价款（万元）	5786	871.16	1117.09
土地用途	科教用地	工业用地	工业用地
土地取得人	当地企业	当地企业	当地企业

资料来源：调研内部资料。

（一）外部收益分配：地方政府计征土地增值收益调节金

根据佛山市南海区 2015 年发布的有关农村集体经营性建设用地土地增值收益调节金与税费征收的 149 号文①规定，以出让方式入市的三宗农村集体经营性建设用地，地方政府按照土地入市总价款作为计征土地增值收益的基数。在上述三宗地块中，A 地块入市面积为 28.93 亩，单价 200 万元/亩，出让年限 30 年，入市用途为科教用地，依据 149 号文规定，入市土地用于公共管理与公共服务用途的，南海区政府应按照成交价款的 10% 收取土地增值收益调节金，入市土地用途为工业用地，入市后地方政府按照成交价款的 5% 计征土地增值收益调节金。A 地块、B 地块、C 地块计征调节金分别为 578.6 万元、43.56 万元和 55.85 万元。

---

① 参见《佛山市南海区农村集体经营性建设用地土地增值收益调节金与税费征收使用管理试行办法》（南府函〔2015〕149 号）（以下简称 149 号文），佛山市自然资源局南海分局网（http：//www.nanhai.gov.cn/fsnhzrzyj/gkmlpt/content/4/4671/post_4671757.html#2053）。

表 8 - 4 地方政府调节金计征情况

序号	地块名称	入市宗地总价款 （万元）	调节金计征比例 （%）	调节金 （万元）
1	A 地块	5786.00	10	578.6
2	B 地块	871.16	5	43.56
3	C 地块	1117.09	5	55.85

（二）内部收益分配：农村集体与农户间土地增值收益分配

依据前文所述入市土地增值收益核定方法，入市土地增值收益是入市土地出让总价款减去土地开发成本和农用地价格、农转用税费得到。其中，农用地价格及农转用税费构成了土地取得成本。调研显示，南海区入市土地由生地变为熟地，通过集体投入三通一平完成，构成了土地开发成本。其中，B 地块和 C 地块的开发费用单价为 14 万/亩，高于 A 地块 9 万/亩的开发费用，因 B 地块和 C 地块原地块为鱼塘，填土费用较高，而 A 地块基础设施配套较好，开发费用投入偏低，三宗地块入市具体成本如表 8 - 5 所示。

表 8 - 5 三宗地块入市成本比较

序号	地块名称	面积 （亩）	土地取得成本 （万元）	开发费用 （万元）	成本合计 （万元）
1	A 地块	28.93	402.13	260.37	662.50
2	B 地块	17.4231	270.06	243.92	513.98
3	C 地块	22.3416	346.29	312.78	659.08

资料来源：调研资料。

据此，如表 8 - 6 所示，三宗出让入市地块的土地增值收益分别为 5123.5 万元、357.18 万元、458.01 万元，在扣除政府计征调节金后，其余入市土地增值收益归属集体与农户所有。从案例数据来看，农村集体经营性建设用地入市下地方政府与集体就土地增值收益分配的比例切实向集体与农户倾斜（如表 8 - 7），其中 A 地块集体分享入市土地增值收益占到 88.71%（如图 8 - 3 所示），B 地块、C 地块入市后，集体分享土地增值收益均占到 87.8%（如图 8-4 所示）。

表 8-6　　　　　　　　　　　三宗地块入市交易情况

序号	地块名称	入市宗地总价款（万元）	入市宗地取得及开发总成本（万元）	政府计征调节金（万元）	集体分享土地增值收益（万元）
1	A 地块	5786.00	662.50	578.60	4544.90
2	B 地块	871.16	513.98	43.56	313.62
3	C 地块	1117.09	659.08	55.85	402.16

资料来源：调研资料。

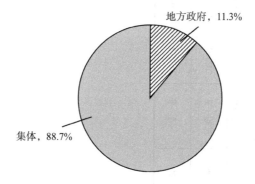

图 8-3　A 地块入市下地方政府与集体收益分配比例

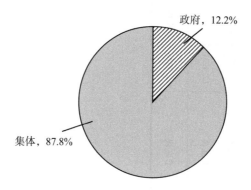

图 8-4　B 地块和 C 地块入市下地方政府与集体收益分配比例

表 8 - 7　　　　　　三块入市宗地土地增值收益分配一览

单位：亩、万元

序号	地块名称	面积	成本				出让价款	调节金	土地增值收益		土地增值收益分配比例	
			小计	土地取得成本	开发成本				政府享有	集体享有	政府	集体
					开发程度	开发费用						
					土地开发程度							
1	A 地块	28.93	662.50	402.13	三通一平	260.37	5786.00	578.60	578.60	4544.90	11.29%	88.71%
2	B 地块	17.4231	513.98	270.06	三通一平	243.92	871.16	43.56	43.56	313.62	12.20%	87.80%
3	C 地块	22.3416	659.08	346.29	三通一平	312.78	1117.09	55.85	55.85	402.16	12.20%	87.80%

我们的调研显示，集体与农户间如何就入市土地增值收益进行分配是因地而异的。南海区从 20 世纪 90 年代起，就开始了农村股份合作制改革，历经 30 多年的改革实践，如今已形成一套较完善的集体经济股份制度：村民以土地入股，依据所持股份对入市收益进行分红。目前全区已建立农村集体经济财务监管平台和集体经济股权（股份）管理交易平台。在入市试点改革前，南海区已出台集体资产交易管理办法，在此指导下各镇街、各经联社（经济社）都制定了经成员认可的土地增值收益分配办法。经联社（经济社）在当年可分配收益总额中首先提取资金作为村（居）行政运作经费、公共服务经费、公积公益金和福利费等费用后，剩余收益用于农户分红，具体分配比例由镇（街道）、村（居）根据本地实际确定，差异较大。2015 年，南海区村（居）集体经济组织可支配收入73.37 亿元，其中股份分红收入 40.62 亿元，占集体经济组织可支配收入的 55.36%。

三　广东南海试点农村集体经营性建设用地入市增值收益分配取得的成效

一是广东南海试点农村集体经营性建设用地入市增值收益分配制度切实彰显了土地财产属性。土地征收情境下，地方政府作为土地一级市场的唯一卖方，通常采用"低征高卖"方式，获得土地增值收益的绝对大头，而允许农村集体自行将所拥有的集体经营性建设用地入市这一举措，彻底改变了地方政府对土地市场的绝对卖方垄断地位。从所有权来看，相比土地征收村集体获得一次性买断收入，土地入市情境下集体出让的是土地使用权，所有权没有发生改变，也就是出让期结束后，土地所有权仍是集体的，这是与土地征收最为本质的区别。因此，出让期结束后"如果企业不真心投资，我们也能再去找别人合作"。从土地入市增值收益分配来看，农村集体经营性建设用地入市情境下土地增值收益分配倾向集体和农户，这在很大程度上重塑了政府和集体的土地利益分配关系。

二是农村集体经营性建设用地入市有效实现了地方政府、企业、集体和农民的"四方共赢"。（1）政府化解了发展矛盾。通过明晰集体土地权能、盘活农村存量建设用地，为乡村振兴产业用地提供了保障。（2）企业突破了用地束缚。通过建立城乡统一的建设用地市场，完善了集体土地抵押、转让等权能，充分显化了土地资源财产属性，为用地企业走兼并重组、抵押融资、挂牌上市扫清了障碍。（3）发展壮大了集体经济。开辟了出让、租赁、入股等多种合法增收渠道，并在全区推广标准化集体土地租赁合同，制定了"两确保一增强"的收益分配机制，有效增强了村级经济活力和"造血功能"。（4）农村集体经营性建设用地入市切实做到了让利于民、放权于民。通过住房保障、农房抵押、村集体股份二次分红等制度设计，增加了农民收入。

第二节 江苏武进试点：多措并举解决 "问题用地"入市难问题

武进区归属江苏省常州市管辖，下辖 5 个街道、11 个镇，土地面积 1066 平方千米。经过初步梳理，武进区目前存量集体经营性建设用地在 11 万亩左右。截至 2019 年 9 月，武进试点入市土地共计 10786 宗，总面积 92598.5 亩，占武进区农村集体建设用地总量的 17%（王文景，2020）①，交易总金额 117.78 亿元。选择江苏武进试点的最重要的原因是：江苏武进是全国农村集体经营性建设用地入市宗数体量最大的试点。据自然资源部统计，江苏武进试点自 2016 年 9 月实施入市改革以来，截至 2018 年 12 月底，全国集体经营性建设用地完成入市 11180 宗，其中武进试点完成 9831 宗，占全国入市土地交易总量 87.9%，出让金更是突破 50 亿元。到 2019 年 12 月，江苏武进试点入市集体经营性建设用地突破 1 万宗②，也是全国唯一入市宗数超千的试点地区，出让面积 8.67 万亩，总成交价款 87.5 亿元。

2017 年 6 月，武进区在全国农村土地制度改革试点工作专项督察时得到时任原国土资源部党组书记、副部长孙绍骋的肯定，他表示：武进区农村土地制度改革试点工作取得了积极成效，体现了江苏特点，形成了常州经验和武进模式。2018 年 4 月 29 日，全国人大宪法和法律委员

---

① 王文景：《常州市武进区农村集体经营性建设用地入市问题及对策研究》，硕士学位论文，中国矿业大学，2020 年。

② 其中以协议出让 9700 余宗。

会、全国人大环境与资源保护委员会、全国人大常委会法工委召开了土地管理法修法座谈会,江苏武进试点被点名参加座谈并作经验交流。2018 年 12 月,时任自然资源部部长的陆昊同志,代表国务院在全国人大常委会第七次会议上作的有关"三块地"试点情况总结时①,对江苏武进试点工作给予了肯定。

一 江苏武进试点农村集体经营性建设用地入市现状分析

依据党中央国务院部署,2016 年,江苏武进作为第二批试点,积极开展农村集体经营性建设用地入市工作。改革初始,经过初步摸底调查,江苏武进试点存量集体经营性建设用地有 11359 宗、118992 亩。与全国大部分地区一样,可入市土地大多远离中心城区,分布在城市的近郊或远郊,且呈现"小而散"的特点,除湖塘镇、经发镇外,全区其他乡镇存量可入市土地块平均面积不足 1 公顷,地块形状十分不规则,具体如图 8-5、图 8-6 所示。

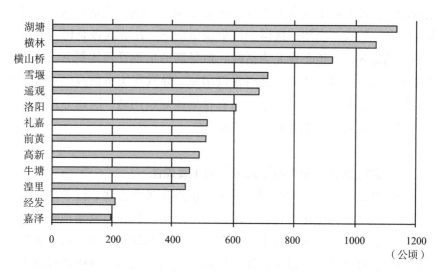

图 8-5 武进区存量集体经营性建设用地(面积)分布情况

资料来源:笔者根据调研资料整理。

---

① 参见《国务院关于农村土地征收、集体经营性建设用地入市、宅基地制度改革试点情况的总结报告》,中国人大网(http://www.npc.gov.cn/npc/c12491/201812/3821c5a89c4a4a9d8-cd10e8e2653bdde.shtml)。

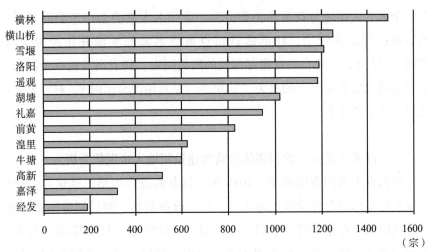

图8-6　武进区存量集体经营性建设用地（地块数）分布情况

资料来源：笔者根据调研资料整理。

现阶段，江苏武进试点农村集体经营性建设用地入市工作主要面临的问题是：可入市土地多为"问题用地"，其中最为突出的是入市土地权属主体争议较大。当然，这属于历史遗留问题。江苏武进是民营经济发展活跃的地区，乡镇企业尤为活跃。但早期的土地管理体制下，中小微企业很难通过正规合法途径获得建设用地。导致现实中很多中小微企业与村集体通过非正式方式约定使用农村集体建设用地，因此存量集体经营性建设用地缺少用地手续问题较为普遍。

二　武进试点"能入市尽入市"的主要做法

依托此次土地入市改革契机，武进试点积极探方法、路子解决历史形成的大量"法外用地"问题。2017年，江苏武进试点密集出台了有关土地入市管理办法、土地入市收益调节金征收和使用管理办法、土地入市净收益管理办法、入市土地使用权抵押贷款、入市土地使用权网上交易规则等七项改革制度①，初步形成统筹推进三项改革试点的制度体系。

---

① 具体文件是：《农村集体经营性建设用地入市管理办法（试行）》《农村集体经营性建设用地入市收益调节金征收和使用管理暂行办法》《农村集体经营性建设用地入市净收益管理办法（试行）》《农村集体经营性建设用地使用权抵押贷款试点暂行办法》《农村集体经营性建设用地使用权抵押贷款风险共担机制试行办法》《农村集体经营性建设用地使用权网上交易规则》。

一是积极推动土地入市主体多元化。江苏武进试点明确了以镇（街道）集体经济组织为入市实施主体，镇（开发区、街道）人民政府负责审批、监督等行政管理工作。拟入市土地所有权为村集体经济组织所有的，村集体经济组织可以委托镇集体经济组织申请入市；拟入市土地所有权为镇集体经济组织所有的，由镇集体经济组织申请入市；少数镇如果集体经济组织不健全的，可以由镇政府代为申请入市。由项目所在地镇人民政府（街道）委托镇集体经济组织开展项目的土地前期开发，使土地具备规定的供地条件。由区规划部门根据村庄规划，出具地块出让的规划条件。由镇集体经济组织与土地受让方签订土地出让合同，区国土部门和公共资源交易中心共同作为合同鉴证方。

二是尽可能地拓展农村集体经营性建设用地入市范围。江苏武进试点在贯彻落实国家农村集体经营性建设用地入市指导文件精神下，努力扩大可入市土地范围。主要举措包括（1）对入市土地不区分"圈内""圈外"①。对于在各镇控制性详细规划范围内，拟入市集体经营性建设用地，由规划部门依据控规出具规划条件后即可办理入市。（2）不区分新增与存量集体建设用地。允许符合建设用地"本底"，依规调整土地用途入市，如允许自愿有偿退出的农民宅基地入市。新入市地块如果符合城镇控规的，由规划管理部门出具规划条件后，即可办理入市手续。

特别值得提出的是，江苏武进试点之所以是全国最大体量的入市地区，与其对历史"问题用地"或者"法外用地"的处理方式是分不开的。调研中我们发现，江苏武进试点并不规避有争议性的入市土地，对不同"问题用地"积极采取多元化处理方式。对于历史上形成的"问题用地"，依据是否有合法用地手续分五种情境区别处理，具体如图 8-7 所示。

情境 1：对未取得合法用地手续但符合相关规划的存量建设用地，准许通过补办手续或者补缴出纳金或者税费的方式予以合法化。江苏武进试点规定，在 2018 年 6 月 30 日前，办理入市并向区财政缴纳相关规费的，国土资源部门不再予以行政处罚。

情境 2：对已取得集体建设用地使用权证，但尚未完善入市手续、尚

---

① 所谓圈通俗地讲是"城市规划圈"，是各地的城市规划所确定的城市范围。

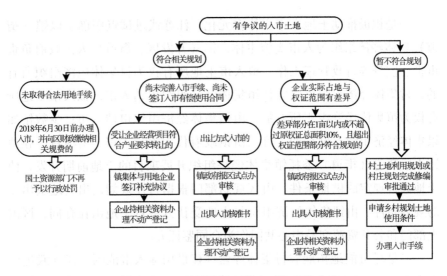

图8-7 "问题用地"的多元化理方式

未签订入市有偿使用合同的。农村集体经营性建设用地使用权转让时按照2017年武土改9号文件要求，由镇政府负责审核受让企业经营项目是否符合产业政策要求，符合产业要求转让的，由镇集体与用地企业签订补充协议，企业持补充协议、集体建设用地使用权证等资料即可办理不动产登记；以出让方式入市的，由镇政府审核后报区试点办出具入市核准书，企业持入市核准书、出让合同、集体建设用地使用权证等资料即可办理不动产登记。

情境3：已取得集体建设用地使用权证，但企业实际占地与权证范围有差异的。如果使用地差异部分在1亩以内或不超过原权证总面积10%且超出权证范围部分符合规划的，不需要再申请规划使用条件，由镇政府将规划红线等报区试点办审核通过后出具入市核准书，由企业办理入市手续，至不动产登记交易中心办理不动产登记。

情境4：对于已经取得合法集体建设用地使用权，但不符合现有规划，可以调整土地位置后入市或者修改规划后予以入市。

情境5：暂不符合规划的，待村土地利用规划审批通过或村庄规划完成修编审批通过后，根据经批准的村土地利用规划或村庄规划，申请乡村规划土地使用条件，办理入市手续。其他特殊情形及时报区试点办会商。

三是建立城乡统一交易市场。江苏武进试点通过将村级规划编制、

管控和实施"上图"运行,将各片区的基准价"一张图"管理。针对入
市土地交易,由江苏省自然资源厅牵头,研发搭建了常州市武进区农村
集体经营性建设用地网上交易平台。该平台的功能模块能够与江苏省国
有建设用地使用权网上交易系统同步运行(见图8-8),有效解决了长期
以来城乡土地市场分割、城乡地价扭曲、市场交易不规范的弊端。

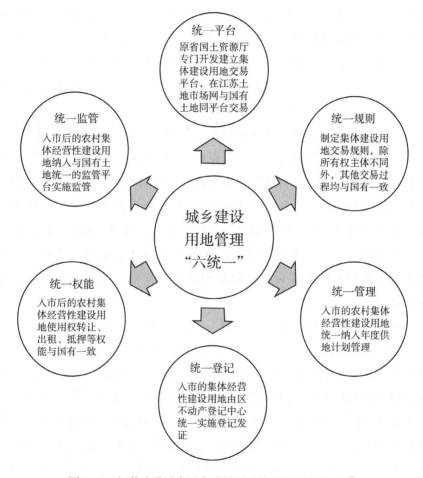

图8-8 江苏武进试点城乡建设用地管理的"六统一"①

————————

① 统一规则,制定集体建设用地交易规则,除所有权主体不同外,其他交易过程均与国有
一致;统一管理,入市的农村集体经营性建设用地统一纳入年度供地计划管理;统一登记,入市
的集体经营性建设用地由区不动产登记中心统一实施登记发证;统一权能,入市后的农村集体经
营性建设用地使用权的转让、出租、抵押等权能与国有一致;统一监管,入市后的农村集体经营
性建设用地纳入与国有土地统一的监管平台实施监管。

　　四是规范集体决策程序和后续开发管理办法。村集体所有的农村集体经营性建设用地入市，对入市价格、入市年限等重大事项，必须由股东（或村民）代表会议讨论形成决议后，委托镇集体开展入市工作。但在镇集体经济组织没有赋码登记情况下，试点地区一般采取镇党政联席会议形式，对土地入市事宜商议，并形成会议纪要。同时，武进区积极规范入市土地后续开发管理，出台了有关武进区农村集体经营性建设用地项目开发审批管理等制度性文件①，对土地入市规划管理、工程建设项目审批等后续用地环节进行探索和完善，保障项目顺利实施。明确入市农村集体经营性建设用地的用途、期满处置方式以及相关权利义务等，在使用年限内，享有与国有建设用地使用权同等的转让、出租、抵押权能。出台《武进区工业企业资源集约利用综合评价办法（试行）》，实行与国有建设用地同等的入市后跟踪监管措施。根据企业资源集约利用水平，对使用集体经营性建设用地的企业实行差异化租金，对集约节约评价结果分别为 A、B、C、D 的四类企业在资源要素供应、政策优惠、金融扶持等方面实施差别化的用电、用气、城镇土地使用税、排污税、水资源费、工程水费等政策，如优先发展 A 类企业，支持发展 B 类企业，监管调控 C 类企业，限制调控 D 类企业，倒逼企业提高土地利用效率。

　　五是确立了"两确保、一增强"为核心的土地增值收益分配机制。"两确保、一增强"是针对在农村集体经营性建设用地入市和土地征收两种方式下，利益主体分享土地增值收益而言的。所谓的"两确保"，一为确保地方政府在集体经营性建设用地入市下获得的土地增值收益调节金与土地征收情境下税收收入保持基本一致，二为确保农民在集体经营性建设用地入市下分享的土地增值收益与土地征收下获得的补偿基本持平；"一增强"则是指入市土地增值收益分配要向镇集体和村集体倾斜，以增强壮大集体经济。在综合考虑区位、用途、入市方式和成交价格等形成土地增值收益的因素，江苏武进试点对于集体土地增值收益的村组集体

---

① 具体包括：《武进区农村集体经营性建设用地开发项目审批管理办法》《关于加强乡村规划区新建工程建设项目审批管理工作的通知》《关于规范乡村规划区休闲旅游和商服项目规划建设管理的通知》。

留存部分，不再量化分配到户，而是注入集体经济组织进行投资建设。对于入市土地增值收益，按照区、镇分别20%、80%的比例分成，其中镇级部分又按照镇集体40%和村集体60%的比例分成（贫困村分成比例达70%—100%）。在确保政府和农民收益与土地征收大体平衡前提下，壮大集体经济组织，确保农民公平分享改革成果。同时，为防止发生"一夜暴富"或者贫富差距拉大等问题，将集体经营性建设用地入市增值收益纳入区农村"三资三化"监管平台统一监管，规定区、镇分成部分定向用于支持农村基础设施建设和公共服务发展，让土地增值收益成为推进乡村振兴的"源头活水"。

当然，江苏武进试点在推进农村集体经营性建设用地入市工作中也发现了一些问题，如市场对农村集体经营性建设用地认可度不高。虽然企业承认集体经营性建设用地入市租金与国有建设用地相比存在地价优势，但是土地出让期满后，多数企业认为国有建设用地使用权依旧归自己所有，而集体经营性建设用地入市期满后，使用权是否可以延期，特别是，出让期满后，土地上的构筑物如何处理，因为没有经验可以借鉴，使得诸多问题存在不确定性，所以企业不愿意冒这个风险。此外，土地整理和开发融资难的问题在江苏武进试点一样存在。特别是综合整治下，需要较多的资金投入，比如购买建设用地增减挂钩指标，土地腾退、土地开发等，但是集体经营性建设用地的融资能力不足以覆盖这些投入。所以，在就地入市快速推进后，一些需要通过调整、综合整治进行入市的地块推进就比较缓慢。

三　江苏武进试点解决历史"问题用地"取得的成效

自然资源部统计数据显示，截至2019年9月，江苏武进试点在一级市场共完成农村集体经营性建设用地入市10168宗，入市土地面积83914.5亩，入市总价款73.9亿元。从农村集体经营性建设用地入市方式来看，以租赁为主，分别占入市地块总数、总面积的88%、84%，具体如表8－8、图8－9所示。

表8-8　　　　　江苏武进试点农村集体经营性建设用地入市情况

入市方式	入市地块数（宗）	入市面积（亩）	金额（亿元）
出让	1254	15850	44.68
出租	8902	70349	25.29
作价出资	7	512.5	3.93
合计	10168	83914.5	73.9

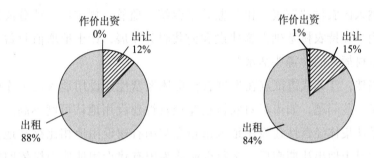

图8-9　江苏武进试点农村集体经营性建设用地入市地块、面积情况

资料来源：根据调研资料整理。

　　武进区农村集体经营性建设用地入市实践显示，试点地区在区域内基本形成了城乡统一的建设用地市场格局，有效破解了农村产业发展、集体土地地权、兼顾社会公平等城乡融合发展的重大问题。

　　一是较大程度解决了中小微企业项目用地难、审批难、拿地成本高等问题。江苏武进是民营经济十分活跃的村庄，而土地则是制约村庄经济发展的主要因素之一。农村集体经营性建设用地入市能够满足资金有限、用地成本约束较紧的小微企业的需求，为中小企业在农村地区的投资发展提供了摆脱用地困境的契机。在试点过程中，江苏武进试点始终坚持"解决历史遗留问题、化解发展矛盾、理顺分配机制"的问题导向，把先行先试探索与解决现实问题紧密结合，用改革求突破，向改革要红利，改革试点取得明显成效。统计数据显示，截至2019年年底，江苏武进试点集体经营性建设用地有偿使用合同签订率达到98%，一级市场入市总量突破1万宗、面积8.67万亩，交易总金额80.53亿元（其中按用途划分，商业服务业用地35宗、面积543亩，交易金额6.76亿元，其余均为工业用地，从集体经营性建设用地入市方式来看：出让入市、作价出资入股、租赁入市的宗地数分别为入市宗地总数的 12.3%、0.1%、87.6%；三种入市方式下农村集体经营性建设用地入市面积占比分别为 18.3%、0.6%、81.1%；三种入市方式下农村集体经营性建设用地入市涉及金额分别为 51.31 亿元、3.93 亿元、25.29 亿元[①]。土地增值收益总计 38 亿元，惠及农村集体经济组织股东 60 余万人[②]（见图 8 - 10）。

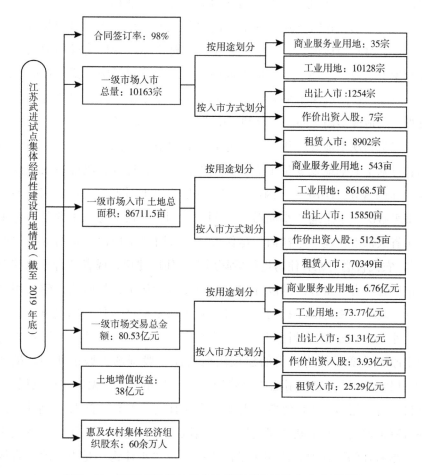

图 8 - 10　江苏武进农村集体经营性建设用地入市成效情况

---

① 出让入市 1254 宗、15850 亩，交易总金额 51.31 亿元；作价出资入股 7 宗、512.5 亩，金额 3.93 亿元；租赁入市 8902 宗、70349 亩，年租金（收益）总额 25.29 亿元。

② 数据来自试点地区调查。

由于用地企业可以就出让期满后建筑物归属权，地价款的支付时间、支付方式等事宜与农村集体经济组织在入市土地价格上进行谈判，通过让渡一部分权利从而大大降低用地企业拿地成本。这在其他试点地区也得到相应的验证，如浙江省余姚市，企业使用集体经营性建设用地相比国有建设用地，其拿地成本减少了三分之一以上（浙江省自然资源厅，2020）①。此外，土地供需契合度更高，缩小了企业用地等待时间。如果按照过去土地征收的方式，国土部门要先收储、后报批、再招拍挂，程序缓慢、时间会拖很长，至少一二年。农村集体经营性建设用地入市由于减少了土地征收环节、用地报批环节，大大缩短了中小微企业的用地等待时间。切实解决了部分民营企业特别是中小微企业项目用地难、审批难、拿地成本高等问题，有利于中小微企业可持续发展。

二是实现土地成片开发，促进土地资源节约集约利用。现实中，我国农村除了宅基地及少量工矿废弃地外，很少有连片、成规模的建设用地（邓国营等，2018）②。因此，试点地区尝试通过调整入市、综合整治入市来解决入市土地"小而散"的问题。调整入市的思想主要是参考了四川省成都市土地"小挂钩"运作机理。所谓"小挂钩"是指依据"两规"，农民自愿对原有住房进行拆除后在居住区建房，或者结合土地综合整治，将原有零星分散的废弃建设用地复垦为耕地，从而获得建设用地指标。之所以称为"小挂钩"是对应着国家土地增减挂钩的制度，这里的"小"不仅是范围的限定，还涉及审批层级的下沉。"小挂钩"产生的根本原因是增减挂钩腾出的建设用地指标一般调剂到城市使用。虽然"小挂钩"和城乡建设用地"增减挂钩"一脉相承，但无论在审批层级、项目区落地范围，还是建新区用地性质都有显著差异。首先，"小挂钩"在行政审批上要低于城乡建设用地"增减挂钩"的标准。如城乡建设用地"增减挂钩"需要省级国土部门审批，而"小挂钩"是由市政府直接审批的。其次，城乡建设用地"增减挂钩"可跨县级行政区设置，而"小挂钩"项目限制在本乡镇范围内。最后，城乡建设用地"增减挂钩"

---

① 参见自然资源部网，https：//www. mnr. gov. cn/dt/dfdt/202006/t20200609_2525620. html。

② 邓国营、龚勤林：《创新驱动对资源型城市转型效率的影响研究》，《云南财经大学学报》2018 年第 6 期。

用于城镇建新区的土地必须是国有建设用地，而"小挂钩"的建新区用地性质可以是集体建设用地属性。这样可以节余建设用地指标留给供本乡镇使用，既满足产业发展用地需求，又不必征收为国有建设用地，集体建设用地的所有权仍归农民集体。

第三节　本章小结

　　广东南海试点和江苏武进试点是在集体建设用地流转领域探索较早、开展比较规范的典型地区，代表了集体建设用地流转探索的早期形态。试点期间，广东南海试点有关入市土地增值收益的制度安排，切实较好地平衡了政府、集体、农户间的收益分配公平问题，得到利益主体的认可，因此农村集体经营性建设用地入市相对比较平稳，没有引起社会的不稳定。相比之下，江苏武进试点作为农村集体经营性建设用地入市体量最大的试点地区，其积极拓展入市土地范围的举措值得其他地区借鉴，特别是对"问题用地"多元化的处理方式，给予我们较大启发：要在合法合规的基础上，充分发挥村民自治作用，稳妥解决不符合规划、缺乏合法手续、土地利用效率低的历史遗留问题，从而推进农村集体经营性建设用地入市的速度和数量。正是两个试点地区因地制宜的探索，强化农村集体经营性建设用地入市落地效果，使其能够在众多试点中脱颖而出。

第 九 章

深化农村集体经营性建设用地入市
试点工作的方向、思路及风险防控[*]

改革就是把能解决问题的办法合法化（周其仁，2017）[①]。本章的目的是通过前面理论阐释与地方试点实践分析，识别农村集体经营性建设用地入市可能面临的风险，研判新一轮农村集体经营性建设用地入市试点工作方向和工作思路。

第一节　深化农村集体经营性建设用地
入市试点工作的方向

建立健全城乡统一的建设用地市场是我国土地制度改革出发点和落脚点。2022 年 9 月，国家就新一轮深化农村集体经营性建设用地入市试点工作作出部署。接下来，深化土地入市试点工作重心将从"全面推进"转向"持续深化"。这意味着农村集体经营性建设用地入市应在强化农村集体所有制根基下，朝着进一步破除阻碍城乡建设用地自由流动的体制机制障碍、确保赋予农民充分的土地财产权益、全面提高农村资源要素协同配置效率的方向努力，其间，要充分发挥市场在土地资源要素配置中的决定性地位。

---

*　本章部分内容已发表，详见马翠萍《深化农村集体经营性建设用地入市改革的困境及其破解思路》，《财经智库》2023 年第 4 期。

①　周其仁：《改革的逻辑》（修订版），中信出版社 2017 年版，第 77 页。

一 农村集体经营性建设用地入市改革始终向着土地产权完备方向演进

长期以来，我国集体土地所有者对其拥有土地的产权并不是完整的，关键的土地发展权①和转让权是残缺的，这种不完整的产权不仅会对土地投资产生负向影响（Jacoby, et al., 2002②；Feder, 1985③），也会增加产权交易成本。这在试点地区都能找到很多的例子引证该结论。如吉林九台试点的长春玛莎建材有限公司租用卡伦湖街道魏家村的农村集体经营性建设用地建厂，在农村集体经营性建设用地入市改革前，该公司每三年就要与村集体重新签订租赁合同，村集体按三年一周期收取地租，这意味着土地供需双方都需要在合约存续期间支付较高的管理成本。同时，因所用地块使用期限的不确定性，该公司扩建计划始终也没有落地。2016 年，吉林省九台区入选农村集体经营性建设用地入市试点，魏家村以此为契机，与该公司一次性签订了 50 年的土地使用权出让合同，由于土地使用者获得了一个权能比较充分、边界比较清晰的土地使用权，该公司当年便投资 3000 余万元开工建设新厂房和办公楼。因此，允许农村集体经营性建设用地入市，特别是允许闲置的建设用地通过合法途径转为经营性属性并进行入市实际上是对集体土地的还权赋能，这也是深化集体经营性建设用地入市改革努力的方向。

二 深化农村集体经营性建设用地入市工作要以赋予农民更加充分财产权益为根本遵循

农村土地制度改革中的土地增值收益，各方关注度高、敏感性强，是农村土地制度改革的重点难点，也是改革试点绕不开的问题、必须处理好的问题。农村集体经营性建设用地入市必须始终坚持以人民为中心，以满足人民诉求为出发点，始终把不断实现好、维护好、发展好最广大

---

① 可以狭义地理解为变更土地使用权性质的权利。

② Jacoby H. G., Li G., Rozelle S., "Hazards of Expropriation: Tenure Insecurity and Investment in Rural China", *Working Papers*, Vol. 92, No. 5, 2002, pp. 1420 – 1447.

③ Feder G., "The relation between farm size and farm productivity: The role of family labor, supervision and credit constraints", *Journal of Development Economics*, Vol. 18, No. 2, 1985, pp. 297 – 313.

人民根本利益作为土地改革的目标。这就要把强化集体所有制根基、保障和实现农民集体成员权利同激活农村资源要素统一起来（习近平，2023）①。传统的土地征收下村集体只能获得一次性买断收入，而农村集体经营性建设用地入市下，村集体出让的是有限的集体经营性建设用地使用权，其所有权没有发生根本改变，这意味着集体对土地可获得持续性收入。这期间，要坚持土地增值收益分配机制的导向变化，始终要将赋予农民更加充分的财产权益作为根本遵循。要建立好政府、集体、农户间土地增值收益分配利益协调平衡机制。利益协调无非是平衡好城郊地区与远郊地区、发达地区与欠发达地区农民的利益。特别是要尽量实现入市与土地征收转用增值收益平衡。入市过程中，如果农民集体获得收益远高于土地征收的补偿，势必增加土地征收的难度，影响基础设施、公益事业建设进度。土地征收过程中，如果农民在两费补偿之外再获得相对较高的增值收益，不仅会提高土地征收的成本，也会降低农民集体土地入市的意愿。据此，农村集体经营性建设用地入市坚持的原则就是尽量实现入市与土地征收转用增值收益平衡。不同区域农民（集体）作为土地所有权拥有者的权益是平等的，不应因国家土地规划和用途管制而有所歧视和差别。

三　在用途管制约束下切实发挥市场在土地资源配置中的决定性作用

2013 年，党的十八届三中全会明确指出，土地制度等经济体制改革的重要方向，就是让市场在资源配置中起决定性作用，并在之后的中央文件中多次进行强化。集体经营性建设用地改革的核心问题是处理好政府和市场的关系，着力解决市场够不着、政府管得多的问题。2022 年，党的二十大报告进一步指出，要充分发挥市场在资源配置中的决定性作用，同时要更好地发挥政府作用。据此，建立城乡统一的建设用地市场，一方面要依据市场机制实现土地资源的效益最大化和效率最优化。土地制度改革的方向就是将制度建设转向市场所需要的制度上（许小年，2012）②。

---

① 习近平：《加快建设农业强国 推进农业农村现代化》，《求是》2023 年第 6 期。

② 许小年：《自由与市场经济》，上海三联书店 2012 年版，第 250—256 页。

如允许特大城市探索建设共有产权房、租赁房。另一方面在减少政府对资源的直接配置的同时，推动政府职能从"经营好"土地向"管理好"土地转变。严把土地用途管制、农地转用审批、土地利用年度计划等源头关口，加强政府部门在土地使用中的监察执法能力建设，引导农村集体经营性建设用地有序节约集约利用。

中国土地资源配置低效的一个重要原因是政府对土地市场的不当干涉，使市场价格机制不能在土地资源配置中发挥正常作用（周其仁，2017）①，进而严重扭曲了土地价格和土地市场运行机制（曲福田等，2004）②。相对国有建设用地较高的出让门槛，如成片出让、最低出让规模数量等门槛，农村集体经营性建设用地供地期限、供地规模的灵活性显然更契合中小企业用地需求。农村集体经营性建设用地入市打开了城乡间土地要素自由流动的通道，特别是试点地区允许依规调整土地用途入市的举措（如退出的宅基地、废弃的公益性建设用地用途的调整），极大地盘活了农村闲置、低效的建设用地，形成的地价能够更准确地反映土地的相对稀缺程度，为有效配置经济资源提供基础。同时，试点地区对入市土地用途的拓展，如允许建设租赁住房、共有产权房的举措，有效推动土地资源要素配置能够跟着市场走。

四　降低土地交易成本是试点地区制度创新的重要考量因素

农村集体经营性建设用地所有权主体在法律上被界定归属为乡（镇）、村或村民小组集体经济组织所有，但鉴于我国目前农村大部分地区集体经济组织发展薄弱，导致农民缺少行使集体土地所有权的组织形式，因此产业发展用地需求方直接向集体经济组织和农户协商流转土地，会增加交易成本。如在农村集体经营性建设用地入市改革前，长春玛莎建材有限公司租用卡伦湖街道魏家村的农村集体经营性建设用地建厂，需每3年与该村签订租赁合同。此外，大型项目的落地，土地协调成本较高。而农村集体经营性建设用地的镇级统筹模式、土地整备入市模式通过规避用

---

① 周其仁：《改革的逻辑》（修订版），中信出版社2017年版，第221页。

② 曲福田、冯淑怡、诸培新、陈志刚：《制度安排、价格机制与农地非农化研究》，《经济学（季刊）》2004年第4期。

地需求方与单个供地方集体经济组织的谈判交易成本，不仅可以降低建设用地供需双方交易费用，而且能够较大程度解决入市土地零散、效率低下或不利于空间和功能优化的问题，有效降低了土地统筹利用成本，如江苏武进试点采用镇级统筹入市模式下，用地单位只需要与镇集体经济组织打交道，以合同为准，村组的补偿统一由村委负责结算，作为内部事宜处理，极大降低了市场交易成本。同时，镇级统筹能够促进土地利用规范化。

第二节　深化农村集体经营性建设用地入市试点工作的思路

改革的动力源于发展。农村集体经营性建设用地入市为农业农村发展提供了土地资源。试点地区实践表明，中央在把握大方向大原则下允许试点地区因地制宜探索农村集体经营性建设用地入市制度，能够较好地解决各自的问题。据此，我们认为接下来深化土地入市试点工作应本着能入市尽入市的原则，在入市土地符合"两规"且完成权属登记情况下，搁置有关入市土地"存量"与"增量""圈内"与"圈外"的争议，能入市尽入市。

一　农村集体经营性建设用地入市改革应坚持的原则

一是坚决维护农村土地集体所有性质不变。坚持农村土地集体所有制，完善集体经营性建设用地产权体系，实行集体建设用地所有权和使用权相分离，落实所有权、使用权权能。

二是坚持国土空间用途管制。农村集体经营性建设用地开发利用必须符合国土空间规划要求，严守永久基本农田、生态保护红线等空间管控边界，严格执行国土空间用途管制规定。

三是坚持节约集约利用土地。优先推进存量农村集体经营性建设用地入市。同时，要优化用地结构、提升入市土地利用效率，提高集体建设用地节约集约利用水平。

四是坚持市场在资源配置中的决定性作用。农村集体经营性建设用地入市要坚持市场导向，让市场在土地资源要素配置中发挥决定性作用。

五是坚持合理分配入市土地增值收益。落实农民集体对集体经营性建设用地自主管理和民主决策，确保入市土地增值收益分配公开透明，合理平衡国家、集体和农民之间利益。

二　深化农村集体经营性建设用地入市应处理好四种关系

在这样的改革方向上，农村集体经营性建设用地入市改革应着重处理好四种关系（见图9-1）。

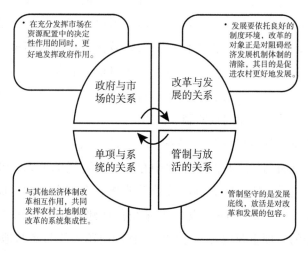

图9-1　农村集体经营性建设用地入市
改革应着重处理的四种关系

一是要处理好政府与市场的关系。提高资源的配置效率，是经济发展的重要目标。历史实践表明，我国经济体制改革的主线始终围绕着处理好政府和市场的关系开展，其目的就是明确"谁"应在资源配置中发挥决定性作用。经济发展规律证明，市场配置资源是最有效率的形式，社会主义市场经济也要遵循这条规律。事实上，政府和市场从来不是一对矛盾体，2022年，党的二十大报告就两者关系作了进一步的阐释，即市场在资源配置中发挥决定性作用的同时，要更好地发挥好政府的监管作用。现阶段，我国农村集体经营性建设用地入市改革正经历从全面推进到持续深化改革的转档期，应坚定不移地坚持市场配置、政府监管的原则。

二是要处理好改革与发展的关系。发展是党执政兴国的第一要务，是解决我国一切问题的基础和关键①。发展要依托良好的制度环境，改革的目标是清除阻碍经济发展机制体制。在经济快速发展下对潜在的问题进行革除，可能会暂时放慢发展步伐，但是从长期来看会更好地促进经济长足健康发展。因此，深化农村集体经营性建设用地入市改革，应破除阻碍优化土地资源要素配置的体制机制，推动土地市场健康持续发展。

三是处理好管制与放活的关系。管制坚守的是发展底线，放活是对改革和发展的包容。农村集体经营性建设用地入市充分显化了土地资源的经济价值，但土地作为粮食作物的依附载体，承担着国家粮食安全的重任，这就要求坚守土地用途管制，防止耕地非农化，允许试点地区在大方针大政策与中央有关农村集体经营性建设用地入市改革精神保持一致的前提下，进行因地制宜的制度探索。

四是处理好单项与系统的关系。改革是一项系统工程，不是多个单项改革的简单加总，这些改革事项中存在千丝万缕的关系，通过某种作用机制产生关系。这意味着制度改革并非孤立个别存在的，而是自成一套体系（周其仁，2017）②。农村集体经营性建设用地入市作为"三块地"改革中的一项重要内容，亦如此。该项改革需要与宅基地制度改革、土地征收制度改革等经济体制改革统筹推进，从而激发农村土地制度改革的系统集成性。事实上，试点地区实践较好地验证了这一点，如将宅基地制度改革与农村集体经营性建设用地入市改革统筹推进，较好地实现了农村存量集体建设用地的节约集约利用。

第三节　深化农村集体经营性建设用地
入市应防范的风险

农村土地制度改革关系到农村经济社会发展的根基，关系到亿万农民群众的根本利益。试点地区对制度的探索虽然实现了从"0"到"1"的突破，但都基于发展实际，改革的步子是稳健的。如对建设租赁住房

①　参见《牢牢把握高质量发展这个首要任务——三论学习贯彻党的二十大精神》，中央人民政府网（http://www.npc.gov.cn/npc/c30834/202210/43d35961d9f641cca5e77c59b1533ff0.shtml）。

②　周其仁：《产权与中国变革》，北京大学出版社2017年版，第266页。

的入市土地范围做了限定，一般限制在城市规划区外，而不是商品住宅需求较大的城市建成区，以广西北流试点为例，其88.3%的集体商住入市土地分布在乡镇地区（岳永兵、刘向敏，2022）；上海松江试点将可建设租赁住房的入市集体建设用地规定在城市开发边界外；北京大兴试点的可建设租赁住房的入市土地限制在北京市重点产业功能区、城乡接合部、重点新城及其他租赁住房需求强烈的区域。这主要是为了规避土地征收和土地入市下政府和集体的利益分配冲突。据此，深化农村集体经营性建用地入市仍要"稳"字当头，坚持循序渐进，稳中求进。

一　要防范土地规划改变的随意性和耕地借机转变用途的机会性

在上一轮农村集体经营性建设用地入市改革中，试点地区以土地规划用途调整或者以规划用途为判定标准，通过合规程序进行非农建设用地合法化，在做大存量集体经营性建设用地盘子的同时，有效解决了一部分历史上形成的"问题土地"。该举措得到中央认可，并在2018年中央一号文件中进一步确认[②]，很快得到地方积极效仿，如辽宁海城试点[③]通过调整城市建设规划入市的地块占到可入市地块的30%。山东禹城试点通过对废弃乡村学校、养老院等公益事业用地调整为经营性建设用地入市的宗地占入市宗地总数的12.4%[④]。试点地区的两项探索在2021年12月国务院办公厅印发的有关要素市场化配置综合改革文件中[⑤]得以追认，文件指出：在依法自愿有偿的前提下，允许将存量集体建设用地依据规划改变用途入市交易。但该方式下，要注意防范规划改变的随意性

①　岳永兵、刘向敏：《集体经营性建设用地开发商品住宅试验考察与推进建议——以广西北流、河南长垣、山西泽州的试点改革为例》，《西部论坛》2022年第3期。

②　2018年中央一号文件提出，"在符合土地利用总体规划前提下，允许县级政府通过村土地利用规划，调整优化村庄用地布局，有效利用农村零星分散的存量建设用地"。

③　调研数据显示，辽宁海城试点核查集体建设用地共1485宗、824公顷，确定可入市511宗、356.7公顷。其中，需要调整城市建设规划的土地153宗103.7公顷，确定不用调整规划可以入市的土地358宗253公顷。

④　李鹏：《山东省禹城市集体经营性建设用地入市路径研究》，硕士学位论文，山东财经大学，2018年。

⑤　参见中央人民政府网，http://www.gov.cn/zhengce/content/2022-01/06/content_5666681.htm。

和耕地借入市机会转用的机会性，防止农村集体土地过度资本化。特别是现阶段我国村庄规划编制的滞后，农村地区长期缺乏合理的规划，更是为农地转用、改变土地利用规划增加了潜在机会。例如对一些试点地区的调研发现，农村集体经营性建设用地入市土地增值收益大幅度向集体、农户倾斜，给其带来了巨大的收益。在利益驱使下，增加了农民集体突破规划约束、违法占用耕地和生态用地、擅自改变土地用途的潜在机会。一个现象是：随着乡镇经济的发展，早期用于集体工业用地区位发生较大变化，企业便借着农村集体经营性建设用地入市契机，名义上用作工业用途，实际上从事商业用地活动，这便给地方政府土地监管带来新的挑战。

特别需要指出的是，要防止土地过度资本化等对土地生产功能的影响，防范耕地借入市机会转用的风险。诸多研究显示，土地作为生产要素，当其以生产功能为主的时候，会促进资产功能实现，但当其以资产功能为主的时候则有可能制约生产功能（朱道林，2022）①。统计数据显示，我国农村存量集体经营性建设用地占农村建设用地的十分之一左右②，但相比耕地有较高的比较效益，因此应高度注意耕地向非农建设用地转用的倾向性，要在保障土地生产功能发挥的基础上充分发挥土地的资本功能。在这期间，政府必须对土地市场进行用途管制，从而既有效保护农用地，又不影响地区经济发展。

二　要防范农村集体经营性建设用地入市对土地市场和宏观经济的不利影响

一是要防范农村集体经营性建设用地入市对国有建设用地市场的冲击。农村集体经营性建设用地入市直接打破了原有土地市场供给格局。试点地区实践显示，2018—2019 年是集体经营性建设用地入市集中、快速推进的时期，各试点地区入市土地规模和数量都呈现井喷式增长。

---

① 朱道林：《土地经济学论纲》，商务印书馆 2022 年版，第 334 页。
② 据国土资源部调查推算：截至 2013 年年底，全国集体经营性建设用地约 4200 万亩，约占全国集体建设用地的 13.3%。参见王世元《在农村土地制度改革三项试点工作部署暨培训会议上的解读》，2015 年 3 月 23 日。

2015—2018 年, 广西北流试点实施集体经营性建设用地入市 5754.04 亩, 与同期国有建设用地供应量 (为 6131.85 亩①) 大体相当。吉林九台试点 2019 年全年集体经营性建设用地入市面积占试点期间土地市场供应总量的 85% 。湖南浏阳试点 2020 年共完成农村集体经营性建设用地入市 156 宗, 面积 3343.16 亩, 成交总价款 6.0511 亿元。② 这样急速的土地入市速度和规模在城乡统一建设用地市场制度还不完备下, 很容易对土地市场产生冲击。2023 年自然资源部发布的《2022 年中国自然资源统计公报》③ 显示:2022 年, 我国国有建设用地供应总面积为 1149 万亩, 同比增长 10.9% , 是近五年来最高水平。其中, 工矿仓储用地供应面积 297 万亩, 连续五年持续增长。与国有建设用地供应持续增长相比, 土地需求市场近年来持续低迷。现实环境下, 无论是一线城市还是二三线城市, 土地流拍情况普遍存在, 且呈不断增加趋势。同时, 三四线城市的商业、办公、酒店等商业地产已出现饱和状态。该背景下, 要注意防范农村集体经营性建设用地入市对国有建设用地市场的冲击。反过来看, 市场形势的变化也给土地入市带来风险。土地市场需求的低迷又会对已经入市土地上的投资项目正常经营产生冲击, 还会对推进入市形成比较强的外部约束。

二是要防范利用集体经营性建设用地变相开发房地产、建设小产权房④或以租代售等问题的发生。相关研究表明, 现阶段我国“小产权房”面积在 73 亿平方米左右, 占全国所有城镇住房面积的 24% , 仅次于占比 38% 的商品房面积⑤。相比商品房, 小产权房由于建设在集体建设用地之上, 因此也被称为“乡产权”。由于小产权房不需要向政府缴纳土地出让金、契税、印花税等 (这笔费用占建筑成本的 1/3 左右), 因此小产权房的价格一般只有商品房价格的四分之一到三分之一 (文贯中, 2014)⑥。据此要防范利用入市土地建设商品房, 以价格优势冲击房地产市场。

---

① 国有建设用地供应数据来源于土地市场动态监测与监管系统。

② 参见自然资源部, https://www.mnr.gov.cn/dt/dfdt/202012/t20201223_2596097.html.

③ 参见自然资源部, https://www.mnr.gov.cn/dt/ywbb/202304/t20230413_2781423.html.

④ 小产权房其实并非法律概念, 是人们约定俗成的称谓, 一般是指在农民集体土地上建设的房屋。由于没有缴纳土地出让金, 故不能获得国家房管部门颁发的产权证。

⑤ 参见光明网, https://legal.gmw.cn/2020-06/23/content_33933749.htm。

⑥ 文贯中:《吾民无地》, 东方出版社 2014 年版, 第 90—103 页。

三是防范地方政府债务危机、房价下跌等可能引发的重大金融风险和经济风险。实践中，地方政府利用地方投融资平台进行"土地金融"的加杠杆操作是土地融资常规手段（陶然，2022）[1]，一般来说，空转程度越高，金融杠杆作用发挥得也就越强。而农村集体经营性建设用地入市打破了建设用地市场政府垄断格局，入市土地不仅对国有建设用地具有显著的替代性（闫昊生等，2023）[2]，而且土地供应量的增加，意味着土地抵押估值下降，给地方政府土地融资带来巨大压力。另外需要研判的一个重要问题是，在缺乏替代性财源的情况下，如果完全放开农村集体经营性建设用地进入商品住宅用地市场，不仅会对地方政府的财政收益产生负向影响，而且会给城市商品房市场带来不可估量的冲击，从而可能引发更多的社会矛盾，成为社会不稳定的重要影响因素。

三 要防范农村集体经营性建设用地入市加剧区域经济发展不平衡的潜在风险

农村集体经营性建设用地地理空间分布的不均衡可能加剧我国地区间的经济发展不平衡。农村集体经营性建设用地的形成可追溯到20世纪80年代的乡镇企业用地。因此，存量集体经营性建设用地主要分布在长三角、珠三角等沿海发达地区。如经过初步梳理，江苏武进试点存量集体经营性建设用地有11359宗、118992亩，广东南海试点[3]集体经营性建设用地面积达到25.65万亩，占农村集体建设用地面积半壁江山，浙江德清试点存量可入市宗地有1881宗，面积高达10691亩。山西泽州试点可入市土地11080亩，约占泽州县集体建设用地的27%。根据2014年度土地变更调查，北京大兴试点存量集体经营性建设用地4215宗、7.96万亩（董祚继等，2020）[4]。相比之下，在民营经济和乡镇企业发展十分迟缓的东北地区、西

---

① 陶然：《人地之间：中国增长模式下的城乡土地改革》，辽宁人民出版社2022年版，第152—155页。

② 闫昊生、王剑飞、孙久文：《集体建设用地入市如何影响国有建设用地市场——基于机器学习的新证据》，《数量经济技术经济研究》2023年第6期。

③ 经过多年流转，目前南海区集体建设用地总面积达303.97平方千米，占全区总建设用地面积的54.23%，其中用于经营性用途的有171.38平方千米，占集体总建设面积的一半以上。

④ 董祚继、孟海燕：《北京市大兴区利用集体土地建设共有产权房和商品住宅研析》，《土地经济研究》2020年第2期。

部地区，存量可入市土地数量是非常有限的。特别是在西部地区，这个比例在2%—5%（贺雪峰，2015①；严金明等，2020）②，显著低于全国10%的平均水平。如云南大理试点、甘肃陇西试点、贵州湄潭试点这一比例分别在5.5%③、3.5%④和5.8%（张义博等，2018）⑤（见图9-2）。

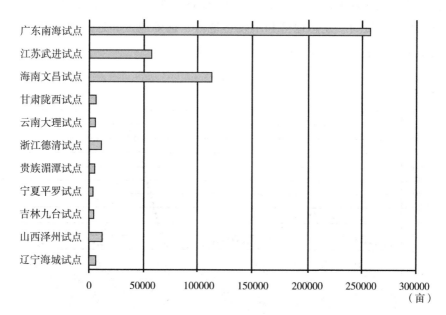

图9-2　试点地区存量集体经营性建设用地分布情况

资料来源：笔者根据试点地区自然资源局网站公布数据整理。

事实上，即使同一省份不同地区存量集体经营性建设用地分布也是不均衡的，如浙江德清试点存量集体经营性建设用地可入市宗地有1881

---

　　① 贺雪峰：《论土地资源与土地价值——当前土地制度改革的几个重大问题》，《国家行政学院学报》2015年第3期。

　　② 严金明、李储、夏方舟：《深化土地要素市场化改革的战略思考》，《改革》2020年第10期

　　③ 通过摸底调查，云南大理试点集体建设用地总面积为71745.90亩，其中存量集体建设用地3961.8亩。

　　④ 参见陇西县人民政府网，http://m.cnlongxi.gov.cn/art/2019/5/17/art_8408_1189623.html。

　　⑤ 张义博、申佳：《建立城乡统一建设用地市场的探索——贵州省湄潭县农村集体经营性建设用地入市改革调查》，《中国发展观察》2018年增期。

宗，面积高达10691亩。而浙江省余姚市初步排摸农村集体经营性用地仅有2000亩（浙江省自然资源厅，2020）[①]。同时，从各地分布情况来看，集体经营性建设用地多位于城中村、城乡接合部等本身经济发展就比较好的地区，而远郊村的数量较少。因此，考虑到土地入市带来的较大增值收益，土地入市让土地资源丰裕的近郊区、东部经济发达地区更富有，从而加剧区域间、发达地区和不发达地区、远郊地区和近郊地区经济发展不平衡水平（见图9-3）。

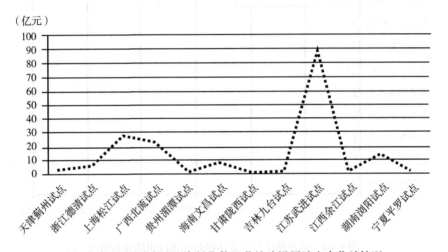

图9-3　不同试点地区农村集体经营性建设用地入市收益情况

第四节　本章小结

现阶段，我国已基本建立了明确的农村集体经营性建设用地入市制度。下一阶段，深化农村集体经营性建设用地入市的方向始终要以赋予农民更加充分财产权益为根本遵循，以发挥市场在土地资源配置中的决定性作用为主逻辑，向土地产权完备方向推进，将制度创新和制度建设转向市场所需要的制度上。但此期间，要防范农村集体经营性建设用地入市对土地市场和宏观经济的冲击以及加剧区域经济发展不平衡的潜在风险。

---

① 参见浙江省自然资源厅网，https：//www. mnr. gov. cn/dt/dfdt/202006/t20200609_2525620. html。

第 十 章

完善农村集体经营性建设用地
入市制度的对策建议

自 2013 年国家部署农村集体经营性建设用地入市工作以来,历经十年的稳扎稳打,国家有关集体经营性建设用地的管理发生了深刻的变革,从全面"管制"转向"规制",形成了相对成熟的规则体系和基本明确的制度,农村集体经营性建设用地入市改革已取得了阶段性成果。但不可否认的是,现阶段土地入市制度建设仍旧落后于实践需求。据此,在 2022 年 9 月中央全面深化改革委员会第二十七次会议上,习近平总书记就深化农村集体经营性建设用地入市试点工作作出重要指示,他强调,下一步工作要解决土地入市中的深层次问题①。2022 年 11 月,根据党中央国务院部署,自然资源部在全国开启新一轮深化农村集体经营性建设用地入市试点工作。

接下来,深化农村集体经营性建设用地入市试点工作应贯彻落实党的十八大、十九大、二十大关于土地入市工作的战略部署,在充分汲取上一轮试点工作经验启示基础上,继续推动顶层设计和基层探索的良性互动、有机结合。鼓励地方解放思想、积极探索。抽丝剥茧抓住土地入市工作的主线和关键问题,在把握好土地入市试点工作方向、原则下,对土地入市制度进行巧妙设计,并制定完善的配套政策方案,从而推动该项改革工作走稳、走实、走深。

---

① 2022 年 9 月,中央全面深化改革委员会第二十七次会议审议通过了《关于深化农村集体经营性建设用地入市试点工作的指导意见》。

第一节　加强顶层制度设计

党的二十大报告提出[①]，打响改革攻坚战，要加强改革顶层设计。建设城乡统一的建设用地市场，既要着眼于保障农民和集体分享城市化产生的土地增值收益，也要兼顾乡村生产生活对建设用地的需求，而这都建立在严守耕地红线的大前提下（魏后凯等，2022）[②]。深化农村集体经营性建设用地入市试点工作要加强顶层制度设计和全面谋划，在敢于创新的同时，步子要"稳"，绝不可操之过急。对那些看得还不那么准，又必须取得突破的改革，可以先进行试点，摸着石头过河，尊重地方实践探索，尊重创造，鼓励地方大胆探索，在实践中开创新路，取得经验后再推开（习近平，2023）[③]。

一　加强党对"三农"工作的全面领导

落实中央统筹、省负总责，市县抓落实的工作机制。市县级要制定好农村集体经营性建设用地入市的工作措施，建立健全职责清晰的责任体系，贯彻落实党中央以及上级党委的要求和决策部署。特别要加强基层人员队伍建设，完善运行机制，确保机构设置和人员编制能够完成各项职责任务。

二　规范农村集体经营性建设用地入市过程管理

面向农业农村有实际需求的产业主体，开展集体经营性建设用地出让、租赁。同等条件下，入市土地优先用于乡村振兴发展项目。在国土空间规划管控下，通过农村集体经营性建设用地入市，保障好农村产业，特别是

---

① 参见《高举中国特色社会主义伟大旗帜为全面建设社会主义现代化国家而团结奋斗》，中央人民政府网，https：//www. gov. cn/xinwen/2022 – 10/25/content_5721685. htm。

② 魏后凯、叶兴庆、杜志雄、樊胜根、罗必良、刘守英、黄承伟：《加快构建新发展格局，着力推动农业农村高质量发展——权威专家深度解读党的二十大精神》，《中国农村经济》2022年第12期。

③ 参见习近平同志在广东省考察工作时讲话的一部分，载习近平《习近平著作选读》（第一卷），人民出版社2023年版，第68页。

新产业新业态建设用地，促进乡村产业融合发展。科学研判土地入市过程中的制度瓶颈，并有针对性地完善制度建设，有利于控制或降低土地交易成本。正式的制度安排能有效降低政策不确定性和交易风险。事实上，国家自 1988 年修订《宪法》后，很长时间都没有再通过与集体土地使用权出让和转让相关的法条。直至 2019 年最新修订的《土地管理法》，首次从上位法层面赋予农村集体经营性建设用地与国有建设用地同权同价。

一是加强相关立法建设。其一，建议依据最新修订的《土地管理法》《土地管理法实施条例》，在国家层面出台集体经营性建设用地入市的配套具体指导意见或办法，从而为地方稳妥推进集体经营性建设用地入市改革提供支撑。意见或办法应尊重不同地区的差异性，在把握方向性和原则性下，为地方实践探索预留空间。意见或办法应对土地增值收益调节金以及调节金征收主体、征收缴库、征收范围、征收标准、使用管理、法律责任等问题进行明确，严格规范内部分配和使用办法。如有关调节金的使用分配，建议按比例可在县（市）、乡（镇）、村分级使用，并向基层倾斜。诚然，随着不动产税制的完善，最终应以征收土地增值税的方式对入市土地增值收益进行调节。其二，加快出台农村集体经济组织成员资格认定指导意见。建议结合全国人大常委会第三十八次会议审议的《农村集体经济组织法（草案）》[①] 征求意见工作，加快出台国家层面的《农村集体经济组织法》或相关条例，从而使成员资格的取得、保留、丧失有法可依。首先，国家层面出台集体经济组织成员资格认定指导意见应统筹考虑户籍、土地承包、居住状况以及村庄义务履行情况等，来界定集体经济组织的成员身份，解决集体经济组织成员认定随意性强、差异性大的问题，解决参与入市收益分配的成员资格认定问题。其次，越是经济发展程度高的地区对成员资格认定越迫切，其改革越彻底越好。集体经济组织成员资格认定工作的重点和难点在集体经济发展好的地区，成员身份认定就显得尤为重要。我们认为东部地区更应实施严格的户籍迁出一票否决制[②]，从而避免富裕地区集体经济组织人口的膨胀；西部农

---

① 参见河北省乡村振兴局网，http：//fp. hebei. gov. cn/2023 -01/03/content_8926619. htm。

② 但丧失成员资格并不意味着没有股权，可以通过买断股权的方式，让这部分群体放心市民化。当然这也是我们后续要研究的内容。

村地区经济发展滞后，同时是务工人员净流出地区，成员资格认定应更注重成员的生存保障，应充分考虑成员是否以土地为基本生活来源、是否取得城镇职工社会保障等因素。在农村集体经济组织成员未获得生存保障条件下，一般不宜认定农村集体经济组织成员资格丧失；在中部地区，成员资格取得应更注重生产生活关系的事实，弱化户籍标准。对那些已取得小城镇户口或形式上实现了"农转非"的群体，如果这类人员并未被纳入城市居民或城镇企业职工社会保障体系，我们建议仍应保留其原集体经济组织成员资格。

二是加快建立城乡一体的建设用地交易市场、交易规则和服务体系。制定完善农村集体经营性建设用地基准地价，逐步建立城乡统一的建设用地基准地价、标定地价制度；自然资源主管部门应尽快制定农村集体经营性建设用地入市合同示范文本，在集体经营性建设用地的使用期限、交易价款支付、产业准入和生态环境保护要求、约定提前收回的条件、补偿方式、土地使用权届满续期和地上建筑物、构筑物等附着物处理方式，以及违约责任和解决争议的方法等关键问题予以明确。

三是建立和完善城乡统一的建设用地市场监管机制。参照国有建设用地开发利用的监管制度，通过年度建设用地供应计划、入市价格监管、土地市场动态巡查、信用体系管理等措施，依托国土空间基础信息平台，建立和完善城乡统一的建设用地市场监管机制[1]。同时，建议参照国有建设用地批后管理的有关规定，对集体经营性建设用地的批后监管作出规范。监管和规范内容包括：审视对标出让合同约定的内容，如开工、竣工时限、用途使用、土地投资强度、改变用途或容积率的相关手续等。考虑农村集体经营性建设用地入市所有权人在入市过程中的管理经验与能力相对不足，建议探索以"委托监管"的形式实现城乡建设用地的统一高效监管。参照国有建设用地中闲置土地的处置要求，创新集体建设用地形成闲置的处理机制，探索政府与农村集体经济组织共同监管的形式，加强对入市土地闲置的监管和处置。

---

① 参见微信公众平台，https：//mp. weixin. qq. com/s/Ui47 - tF1ZM1R_Ix9T - Q2_A。

第二节　注重与其他农村经济体制
改革的协同性和耦合性

全面深化农村集体经营性建设用地入市试点工作是关系农村经济社会全面发展的重大战略部署。因此，要从强化系统观念的要求中深化对改革整体性的认识，协同推进改革，应注重农村集体经营性建设用地入市与农村土地征收、宅基地制度改革、农村产权制度改革、租赁住房制度改革间的关联性、协同性和耦合性，将农村集体经营性建设用地入市与城乡建设用地增减挂钩①、农村土地综合整治等组合运用，以提高改革的系统性和完整性，形成改革合力，放大叠加效应。

一　继续深化农村产权制度改革

2015—2021 年，中央先后部署五次产权制度改革试点工作，完成农村集体产权制度改革。国家公布的统计数据显示，目前全国已有超过 27 万个集体经济组织领到登记证书②，并可凭此证到有关部门办理公章刻制和银行开户等手续，为开展农村集体经营性建设用地入市奠定了坚实基础。试点经验表明，农村产权制度改革是集体经营性建设用地入市改革的基础和关键。福建晋江试点农村集体经营性建设用地入市改革之所以能够顺利地推进，很重要的基础就是集体经济资产股份制改革的完成，土地入市总收益在扣除所有成本后，以资本金形式注入集体股份经济合作社，从而以股权增值方式追加量化到集体经济组织成员股，集体经营性建设用地入市收益在集体经济组织成员间的分配既兼顾了公平又体现了效率，没有产生阻碍。同时，福建晋江试点又配套出台了《晋江市农村集体产权制度改革试点实施方案》《晋江市村（社区）集体经济组织收益分配指导意见（试行）》等多份政策文件，用以完善集体资产股份权能

---

①　增减挂钩指标一般是中央下达到地方新增建设用地指标的10%，全国每年增减挂钩指标有几十万亩。

②　参见中国人大网，http：//www. npc. gov. cn/npc/c30834/202005/434c7d313d4a47a1b3e9-edfbacc8dc45. shtml。

制度。同理，贵州湄潭试点早期完成的产权制度改革为农村集体经营性建设用地入市奠定了坚实的基础。如确权颁证等工作的推进使得集体经营性建设用地的宗数与面积都做到了底数清晰、权属明确。

自 2013 年我国开始建立和实施不动产统一登记制度以来，已有十年，原有登记成果面临集体土地所有权因土地征收、区划调整等变化，显然无法满足或者适用现阶段农村集体经营性建设用地入市需求。据此，我们建议要认真贯彻落实 2022 年农业农村部、国家乡村振兴局等相关部门有关做好农村集体产权制度改革成果巩固提升文件精神①，继续深化农村产权制度改革，加快农村集体土地所有权确权登记成果更新入库。数据库建设要做好与同级国土空间基础信息平台和国土空间规划关联和衔接。对已登记的集体土地所有权发生变更的，如原有已登记的集体土地所有权因土地征收、集体土地互换调整、区划调整等原因发生变化的，应依据《自然资源部关于加快完成集体土地所有权确权登记成果更新汇交的通知》②（自然资发〔2022〕19 号），开展集体土地所有权权属调查，对载入不动产登记系统的集体土地所有权登记成果集中更新。特别是对那些已载入系统但集体土地所有权发生变化的宗地，要加快补充地籍调查，做好集体土地所有权确权登记成果更新汇交，以确保成果是真实可靠的。对那些存在权属争议的集体土地，结合土地征收、乡镇行政区划调整、村级建制调整、村民小组合并等实际情况，制定权籍调查、确权登记计划，分批分类加快推进土地资源产权确认，推动农村集体经营性建设用地入市改革向纵深发展。

二 统筹推进"三块地"改革

一是建立完善土地征收和土地入市各有侧重、互为补充的用地制度。依法依规实施成片开发土地征收，衔接深化入市试点工作，健全完善两种方式各有侧重、互为补充的用地制度，保障合理用地需求。农村集体

---

① 参见农业农村部网，http：//www. zcggs. moa. gov. cn/ncjtzcjdgl/202212/t20221230_6418 000. htm。

② 参见中央人民政府网，https：//www. gov. cn/zhengce/zhengceku/2022 - 02/11/content_567 3066. htm。

经营性建设用地入市一定程度上解决了土地征收制度改革缩小征地范围后建用地资源匮乏的问题。从前文提到的南海区征收案例可以看到，地方政府开展城市建设需要投入大量资金，而公共基础设施的受益地块范围往往带有一定的区域性，并且离公共基础设施的距离越远，受益程度也会随之衰减。如果举全区财政之力建设的重大公共基础设施，却只能让其周边的小部分集体经营性建设用地通过入市方式获得巨大商业利益，一方面是对其他区域的群众不公平，另一方面会因为难以收回投入成本而对地方政府的财力形成巨大的压力。建议不区分"圈内""圈外"限制，允许符合"两规"的农村集体经营性建设用地入市，以此倒逼土地征收制度改革。但对于城镇规划区内，涉及重大产业用地和重大公共基础设施，建议尽量通过连片征收为国有土地后供应市场。此外，要切实保障土地入市农民的权益。鼓励试点地区研究集体建设用地入市收益与土地征收补偿大体平衡的有效措施。

二是打通宅基地退出与农村集体经营性建设用地入市的转换通道。研究表明，我国农村存量集体建设用地约 19 万平方公里，其中宅基地面积占到 70% 以上，囿于宅基地使用权流转的严格限定，导致相当一部分宅基地处在闲置或粗放低效使用状态，宅基地的福利性抹杀了宅基地使用权本身的财产属性（高圣平，2015）①。据此，我们建议配合新一轮宅基地制度改革，打通宅基地与土地入市的转换通道。应允许闲置的或者自愿退出的宅基地依规调整土地用途，转换为集体经营性建设用地入市。福建晋江试点围头村的经验表明，允许自愿退出的宅基地通过规划调整土地用途从而入市的做法，较好地显化了宅基地的资产属性。据此，在城镇化快速推进和城乡融合发展的背景下，应做好宅基地退出与农村集体经营性建设用地入市的有效衔接，这不仅有利于建设城乡统一的建设用地市场，而且可以对城乡居民不动产实行市场开放上的平等待遇（魏后凯，2020）②。

---

① 高圣平：《宅基地制度改革试点的法律逻辑》，《烟台大学学报》（哲学社会科学版）2015 年第 3 期。

② 魏后凯：《"十四五"时期中国农村发展若干重大问题》，《中国农村经济》2020 年第 1 期。

三 与住房制度改革联动

现阶段，拟通过增加发达地区的用地指标，而不是打破地方政府对城市商住用地的垄断，根本无助于房价泡沫的缓解。建议积极配合住房制度改革，允许在超大、特大城市利用集体经营性建设用地建设租赁住房、共有产权房探索，以缓解当前特大城市住房供需不平衡的矛盾。为防止变相开发房地产、建设小产权房或以租代售等问题的发生，我们建议：一是严格规范该类住房的建设要求，保障性租赁住房以建筑面积不超过 70 平米的小户型为主；二是将该类房源纳入政府主导的住房租赁服务管理平台，严禁改变保障性租赁住房的性质；三是将用于保障性租赁住房建设的入市土地供应一并纳入年度住宅用地供应计划。考虑市场机制的作用，如果没有政策约束，入市土地建设商品房是必然趋势，因此建议选择试点地区，允许利用入市土地建设一些中低密度的中高档商品住宅，为适度放开集体工业、商业规划用途的管制做好研判。

四 复合使用土地政策工具

统计数据显示，我国农村存量集体经营性建设用地有限，只占农村建设用地的十分之一左右①。据此，我们建议在耕地数量不减少的前提下，严守三条控制线②，建议复合使用城乡建设用地增减挂钩、农村土地综合整治、低效用地减量、农村集体土地整理等政策工具，实现区域间资源优化配置。一是进一步确立调整入市途径的合法性，允许在同一县（市、区）范围内通过建设用地及耕地指标调换的方式，将分散、闲置的存量集体建设用地指标集中调整使用，用于调换规划允许建设区范围内的经营性用地指标。但在扩大农村集体经营性建设用地入市范围的同时，要强化土地利用总体规划与其他规划之间的协调。二是建议结合农村土地精细化综合整治，推进农村集体经营性建设用地入市。如江苏武进试点通过对农村用地碎片化现象综合整治，引导实现了农村建设用地的减量化，为长远发

---

① 据自然资源部调查推算，截至 2013 年年底，全国集体经营性建设用地约 4200 万亩，约占全国集体建设用地的 13.3% 。

② 即生态保护红线、永久基本农田、城镇开发边界。

展腾挪了空间。此外，留用地作为农村集体经营性建设用地入市，建议采取合理的配套措施，逐步从"留用地安置"走向"留用物业安置"，且在留用物业上多考虑当地紧缺且市场价值较高的租赁住房物业或新型产业物业，不仅可以解决"留用地安置"政策的现有挑战，甚至将有助于处理好历史累积的欠账，以及实现城市住房市场"租购并举"的目标。

第三节　发展新型农村集体经济组织

强大的集体经济组织是保障农民权益实现的基础和关键。党的二十大报告强调，要发展新型农村集体经济，其着力点在于盘活集体资产，且不能过度依赖外部力量。因此，农村集体经济组织在农村集体经营性建设用地入市改革中担当着重要角色。如土地入市的前提是，必须先行完成入市主体的登记赋码工作，依法确立入市的主体地位。国家统计数据显示，截至 2021 年 12 月，全国乡镇、村、组三级共建立集体经济组织约 96 万个，其中，村级集体经济组织在行政村一级基本实现全覆盖[1]。全国已有 20 个省（自治区、直辖市）制定了农村集体经济组织运行的相关管理条例（何宝玉，2023）[2]，国家层面的《农村集体经济组织法（草案）》也进入公开征求意见阶段，这为农村集体经济组织承担集体资产经营管理职能奠定了法理基础。

一　维护农村集体经济组织的入市主体地位

首先，要从立法层面厘清农村集体经济组织与基层政府、村民自治组织的关系。加快出台《农村集体经济组织法》，对《村民委员会组织法》[3]《民法典》[4] 中有关农村集体经济组织与村民委员会立法冲突点予

---

① 村一级基本健全了集体经济组织，小部分村民小组健全了集体经济组织，乡镇一级只有少数经济发达地区建立了集体经济组织。
② 何宝玉：《关于农村集体经济组织与村民委员会关系的思考》，《法律适用》2023 年第 1 期。
③ 参见中国人大网，http：//www. npc. gov. cn/npc/c30834/201901/188c0c39fd8745b1a3f21-d102a57587a. shtml？eqid = b37b69b50006fefe00000006643fd19e。
④ 参见中华人民共和国最高人民检察院网，https：//www. spp. gov. cn/spp/ssmfdyflvdtpgz/202008/t20200831_478419. shtml？ivk_sa = 1024320u。

以明确。如《民法典》中规定农村集体经济组织是特别法人，是独立的民事主体（第九十六条），农村土地所有权属于农民集体经济组织（第二百六十一条），但《村民委员会组织法》中则规定由村民委员会行使集体经济组织的各种权利（第二十四条），这些立法上的冲突，需要在制定《农村集体经济组织法》时研究解决。

其次，积极推动成立各级农村集体经济组织并完成注册登记。相比村和组集体建设，乡镇集体经济组织建设较为滞后，乡镇级集体经济组织不健全，多由镇政府负责代为行使镇集体土地所有权，容易形成民事和行政行为的混淆。但从地方实践来看，对乡镇集体经济组织法人资格的确立是迫切的。这主要基于入市市场接受度和入市收益公平分享收益的方面考量。因为试点实践显示，由乡镇级集体经济组织作为入市主体受到市场（用地单位）欢迎，普遍认为乡镇级集体经济组织信誉远高于村和队（组），合同履约有保证。乡镇为原总体规划的最小单元，编制规划时已考虑了耕地保护与社会经济发展的关系。因此，建议推进镇集体经济组织市场资格法人建设工作。

二 培育新型农村集体经济组织经济能力

农村集体经营性建设用地入市是农村经济事务范畴，因此，应充分发挥农村集体经济组织的主体能动性。依据《关于稳步推进农村集体产权制度改革的意见》[①]《乡村振兴促进法》[②]《深化农村改革综合性实施方案》[③]《农业部中央农村工作领导小组办公室关于商请确定农村集体产权制度改革试点有关事项的函》（农经函〔2017〕2号）等国家政策法规，建议在有需要且条件许可的地方，实行村民委员会事务和集体经济事务分离。

结合2023年中央一号文件[④]中对发展新型农村集体经济途径提出具体要求，我们建议：充分发挥农村集体经济组织管理农村土地的主动性，

---

① 参见中央人民政府网，https：//www.gov.cn/xinwen/2016-12/29/content_5154592.htm。
② 参见中央人民政府网，https：//www.gov.cn/xinwen/2021-04/30/content_5604050.htm。
③ 参见人民政协网，http：//www.rmzxb.com.cn/c/2015-11-02/612216_3.shtml页。
④ 参见中央人民政府网，http：//www.gov.cn/zhengce/2023-02/13/content_5741370.htm。

鼓励农村集体经济组织承担经营管理集体资产职责，将集体经济组织作为入市主体，允许有需求且有条件的农村集体经济组织探索集体经营性建设用地使用权入股、联营模式设立公司法人，开展经营活动；鼓励农村集体经济组织充分发挥开发集体资源、发展集体经济等方面的作用。特别要鼓励农村集体经济组织对入市土地增值分成收益采用购买物业、投资、入股等形式进行再投资，不断壮大集体经济。

第四节　促进有效市场与有为政府相结合

政府与市场主辅地位的修正一直是我国经济体制改革的重要内容。党的二十大报告就市场和政府的关系指出，要"充分发挥市场在资源配置中的决定性作用，更好发挥政府作用"。

一　要切实发挥市场在资源配置中的决定性作用

如在符合规划条件下，农村集体经营性建设用地入市后如何用、怎么用、用到哪里应该交由市场决定。以土地资源用途为例，应全面贯彻落实 2018 年住房和城乡建设部有关房地产市场调控的 49 号文①决议，配合住房制度改革，选择在住房形势紧张的超大、特大城市、新一线城市利用农村集体经营性建设用地建设租赁住房、限价房、共有产权房试点，住房建设应优先使用城区、靠近产业园或者交通便利区域的土地，以解决新市民、青年人等群体的住房困难问题。同时，建议开展农村集体经营性建设用地入市建设商品房的可行性研究，择机扩大土地入市用途业态。

在此基础上，确保耕地数量不减少，严守三条控制线，贯彻落实 2019 年中央印发的《中共中央　国务院关于建立健全城乡融合发展体制机制和政策体系的意见》②，尽可能地拓展农村集体经营性建设用地入市

---

① 《住房和城乡建设部关于进一步做好房地产市场调控工作有关问题的通知》（建房〔2018〕49 号），中央人民政府网（https：//www.gov.cn/zhengce/zhengceku/2018 – 12/31/content_5433378.htm）。

② 参见求是网，http：//www.qstheory.cn/yaowen/2019 – 05/05/c_1124453855.htm。

的范围，积极采用制度安排和政策措施，将闲置废弃、合规退出的宅基地、废弃的集体公益性用地的土地用途属性转换为经营性用地后入市。但这个过程不能操之过急，要把控农村集体经营性建设用地入市节奏，强化入市土地规模、速度与经济社会发展规划、土地利用总体规划、土地利用年度计划、城乡建设规划、产业规划、生态环境保护规划等的匹配。

二 积极发挥有为政府角色

社会主义市场经济制度确立以来，党和政府一直在努力缩减外部规则的作用边界（周业安，2000）①。党的十八届三中全会对政府和市场的地位和作用进行了明确，强调科学的宏观调控，有效的政府治理②。

一是积极促进入市土地整理开发。健全入市前土地整理开发专门机构。有条件的地方可以成立专门的土地整理开发机构，统一进行入市前的土地整理开发。如广东南海试点积极探索成立区、镇集体土地整备中心，采用托管的方式对入市土地进行统一整理、统一招商入市，不仅有效解决了集体土地零星分散利用的问题，也大大降低了农村集体经营性建设用地入市交易成本，还可以实现集体土地的统筹综合开发和集中入市。对于条件不成熟的地区，可以依托现有的土地储备机构或者农村土地综合整治平台，对入市土地进行整理开发；引导国有商业银行参与集体经营性建设用地抵押融资，吸引社会资金参与农村集体经营性建设用地入市前的整理开发。集体经营性建设用地抵押功能的发挥可以借助国家金融综合改革试点政策，实现与国有土地同等的抵押融资权能，从而缓解部分民营企业、中小微资金周转压力，降低企业融资成本，为企业健康发展提供坚实的地权支撑。

二是积极培育农村集体经营性建设用地交易中介组织。比较可行的是，引导国有建设用地市场交易中介组织参与农村集体经营性建设用地入市交易中介服务，为入市交易提供地价评估、交易代理、登记发证等

---

① 周业安：《中国制度变迁的演进论解释》，《经济研究》2000年第5期。
② 参见《关于〈中共中央关于全面深化改革若干重大问题的决定〉的说明》，求是网（http://www.qstheory.cn/dukan/2020-06/04/c_1126073313.htm）。

中介服务；各地应结合入市土地用途、使用年限、开发强度、使用权设立方式等制定与城镇国有土地相统一的农村集体土地基准地价体系。在农村集体经营性建设用地入市、再转让价格低于基准地价情况下，土地所有权人有优先购买权。在基准地价体系未建立前，建议参照国有建设用地基准地价体系执行。

三是探索土地增值收益管理办法。第一，稳步提高土地出让收入用于"三农"比例，逐步缩小农村集体经营性建设用地入市与土地征收两种方式下的地方政府收入差额。贯彻落实2020年中共中央办公厅、国务院办公厅印发的《关于调整完善土地出让收入使用范围优先支持乡村振兴的意见》①文件精神，调整土地出让收益城乡分配格局，稳步提高土地出让收入用于农业农村比例，到"十四五"期末，以省（自治区、直辖市）为单位核算，土地出让收益用于农业农村比例达到50%以上，倒逼政府推动农村集体经营性建设用地入市的积极性。同时，设立风险补偿金，为入市地块提供信贷支持。为防止入市土地到期后产权归属问题，保障受益方企业收益，建议借鉴河南长垣试点对入市土地设立风险补偿金，为入市地块提供信贷支持，保障抵押权实现。第二，现阶段仍沿用调节金制度调节入市土地增值收益，并对涉及的关键问题予以明确。自探索农村集体经营性建设用地入市改革以来，无论是早期改革试点、2015年国家试点地区还是2020年试点结束后自发进行农村集体经营性建设用地入市的地区，地方政府都采取计征调节金的形式来调节入市土地的增值收益。建议地方政府根据本级财政预算、经地方人大讨论通过，制定调节金的具体比例。第三，完善留归集体及成员的土地收益使用办法。综合分析农村集体经营性建设用地用于工业、商业和保障性租赁住房建设等不同用途的土地增值收益情况，确保农村集体经济组织及其成员从不同用途入市土地所得收益基本均衡。第四，结合"三资"（资金、资源、资产）监管平台建设，严格监督监管资金使用情况，切实提高农村集体资产管理水平和效率。将收益纳入区农村"三资三化"监管平台统一监管，规定区、镇分成部分定向用于支持农村基础设施建设和公共服务发展，让土地增值收益成为推进乡村振兴的"源头活水"。建议依据

---

① 参见中央人民政府网，https：//www.gov.cn/xinwen/2020－09/23/content_5546496.htm。

《农业部关于进一步加强农村集体资金资产资源管理指导的意见》①，进一步完善"三资"平台管理功能建设，实现省、市、县、镇、村五级网络化管理；加快功能模块开发。鉴于集体资产的存在形式和运行方式越来越复杂，特别应加快监管功能模块开发，切实能够对入市土地收益做到"全流程"跟踪监管、实时查询、信息互联共享；各县（市、区）应设置专职人员负责"三资"管理平台的操作，并定期指导各乡镇经管工作人员和代理会计开展农村"三资"管理系统平台建设工作；省、市、县（市、区）等各级农业农村监管单位要对平台运行进行监管，定期对信息公开情况进行检查。

四是推进实用性村庄规划。值得说明的是，在城市化长期滞后又突然加速的背景下，要制定一个有"预见力"的土地规划并不是一件容易的事情（周其仁，2017）②。依据全国国土空间规划，着力加快地方各级国土空间规划审批实施，推进实用性村庄规划，重点把控村庄规划编制成果的长远性、方案的科学性。建议各地结合乡村振兴战略的落地实施，深入学习推广浙江省实施"千村示范、万村整治"工程经验，统筹综合考虑产业、人口、土地利用等因素，加快编制实施因地制宜的村庄规划，特别鼓励并以片区为单元开展乡村国土空间规划编制工作；赋予村庄规划灵活性。在总量控制的基础上以满足农民需求为主导，深化放管服，实行村庄规划流量独立核算体系，以承诺制为主，从审批到监管全过程切实提高基层响应能力，更好地适应从政府主导拆迁模式向以农民自愿有偿退出为主的模式（空间分散，时间跨度大）的转变。

第五节　本章小结

管好用好土地，对任何一个国家和地区来讲，始终都是一个基础性和战略性的问题。国家有关集体经营性建设用地的管理发生了深刻的变革，从全面"管制"转向"规制"，形成了相对成熟的规则体系和基本明

---

① 参见农业农村部网，http：//www.zcggs.moa.gov.cn/ncjtzcjdgl/201909/t20190918_6328 190.htm。

② 周其仁：《改革的逻辑》（修订版），中信出版社 2017 年版，第 207—209 页。

确的制度。农村集体经营性建设用地入市是对国有建设用地市场的重要补充。农村集体经营性建设用地入市历经十年稳慎推进，取得了阶段性成果，已形成相对成熟的规则体系和基本明确的制度。但不可否认的是，现阶段我国有关建立城乡统一建设用地市场的理论准备尚不完备。因此，应贯彻落实2022年9月中央全面深化改革委员会第二十七次会议精神，稳慎推进农村集体经营性建设用地入市。

"稳"字当头，但要稳中求进。习近平总书记在中央经济工作会议、中央全面深化改革委员会历次会议上多次强调农村集体经营性建设用地入市事关农民切身利益，涉及面广、利益关系复杂，必须审慎稳妥推进。这就要求，深化农村集体经营性建用地入市改革仍要"稳"字当头，要把控土地入市节奏，强化入市土地规模、速度与国民经济和社会发展规划、国土空间规划、土地利用年度计划、产业规划、生态环境保护规划等的匹配。深化农村集体经营性建设用地入市始终要以赋予农民更加充分财产权益为根本遵循，以发挥市场在土地资源配置中的决定性作用为主逻辑，始终要向着完善产权方向推进。其间，要防范农村集体经营性建设用地入市规划改变的随意性和耕地借机转变用途的机会性、对宏观经济的冲击以及加剧区域经济发展的不平衡的风险。据此，深化农村集体经营性建设用地入市应着力健全相关的法律法规制度、把控好农村集体经营性建设用地入市节奏、注重与其他经济体制改革的协同性和耦合性、发展新型农村集体经济组织并加强农村集体经济组织经济能力建设等。同时，中央应给予地方政府更大的操作空间，以鼓励对农村集体经营性建设用地入市制度多样化的探索，从而推动农村集体经营性建设用地入市从"审慎稳妥推进"走向"持续深化"的改革道路。

英文参考文献

Alchian A. A. , Demsetz H, "The Property Right Paradigm", *Journal of Economic History*, Vol. 33, No. 1, 1973.

Alchian, A. The Pricing and Society, Occasional Paper No. 17, Westminster: The Institute of Economic Affairs, 1967.

Alchian, Armen, "A Uncertainty, Evolution and Economic Theory", *Journal of Political Economy*, Vol. 3, 1950.

Armen A. Alchian, *The Pricing and Society*, Occasional Paper 17, London, UK: Institute of Economic Affairs, 1967.

Armen A. Alchian. Uncertainty, Evolution and Economic Theory, *Journal of Political Economy*, Vol. 58, No. 3, 1950.

Cheung, S. N. S. Economic Organization and Transaction Costs. Allocation, Information and Markets, *The New Palgrave Dictionary of Economics*, Palgrave Macmillan, Vol. 2, 1987.

Coase R. H. , "The Nature of Firm", *Economica*, Vol. 4, 1937.

Coase R. H. , "The Problem of Social Cost", *Journal of Law & Economics*, Vol. 3, No. 4, 1960.

Coleman, J. Reward structures and the allocation of effort, in P. F. Lazaedsfeld and N. W. Henry, eds. , *Reading in Mathematical Social Science*, Cambrige: MIT Press, 1966.

Davis L. E. , North D. C. , *Institutional Change and American Economic Growth*, Cambridge and New York: Cambridge University Press, 1971.

Davis L. , "Institutional Change and American Economic Growth", *Journal of*

Economic History, Vol. 30, No. 1, 1970.

Demsetz, H. Toward a Theory of Property Rights, American Economic Review, Vol. 57, No. 2, 1967.

Douglass C. North, "Institutions, Institutional and Credible commitment", *Journal of Institutional and Theoretical Economics*, Vol. 149, 1990.

Douglass C. North, *Institutions, Institutional Change and Economic Perfor—mance*, Cambridge University Press, 1990.

Eggertsson T., "Sources of Risk, Institutions for Survival, and a Game a-gainst Nature in Premodern Iceland", *Explorations in Economic History*, Vol. 35, No. 1, 1998.

Elster J., "Social Norms and Economic Theory", *Journal of Economic Per-spectives*, Vol. 3, No. 4, 1989.

Feder G., "The relation between farm size and farm productivity: The role of family labor, supervision and credit constraints", *Journal of Development E-conomics*, Vol. 18, No. 2, 1985.

Ho S. P. S., Lin G. C. S., "Emerging Land Markets in Rural and Urban Chi-na: Policies and Practices", *The China quarterly*, Vol. 175, 2003.

Jacoby, Hanan, G., Li, Guo, Rozelle, and Scott, "Hazards of Expropria-tion: Tenure Insecurity and Investment in Rural China", *American Economic Review*, Vol. 92, No. 5, 2002.

Jiang J., Zeng Y., "Countering Capture: Elite Networks and Government Responsiveness in China's Land Market Reform", *The Journal of Politics*, Vol. 82, No. 1, 2019.

Johnston, R. A. and M. E. Madison, "From Land marks to Landscapes: A Re-view of Current Practices in the Transfer of Development Rights", *Journal of the American Planning Association*, Vol. 63, No. 3, 1997.

Lance Davis and Douglass C. North with the assistance of Calla Smorod-in. Cambridge and New York: Cambridge University Press, 1971.

Lin J. Y., "An Economic Theory of Institutional Change: Induced and Im-posed Change", *Cato Journal*, Vol. 9, No. 1, 1989.

North D. C., Thomas R. P., *The Rise of the Western World: A New Economic*

History, Cambridge: Cambridge University Press, 1973.

Peters, B. G. , *Institutional Theory in Political Science: The "New Institu-tiona—lism"* , London: Pinter, 1999.

Tajfel, H. , *Differentiation Between Social Groups: Studies in the Social Psy-chology of Intergroup Relations* , London: Academic Press, 1978.

Wang, N. , "The Coevolution of Institutions, Organizations, and Ideology: The Longlake Experience of Property Rights Transformation" , *Politics & So-ciety* , Vol. 29, No. 3, 2001.

Yang, H. , and X. Li, "Cultivated Land and Food Supply in China" , *Land Use Policy* , Vol. 17, No. 2, 2000.

Zhu J. , "A Transitional Institution for the Emerging Land Market in Urban China" , *Urban Studies* , Vol. 42, No. 8, 2005.

中文参考文献

邓小平：《关于发展工业的几点意见》，中共中央文献编辑委员会：《邓小平文选》（第二卷），人民出版社 1983 年版。

马克思：《资本论》（第三卷），人民出版社 2004 年版。

习近平：《加快建设农业强国 推进农业农村现代化》，《求是》2023 年第 6 期。

习近平：《习近平著作选读》（第一卷），人民出版社 2023 年版。

［澳］柯武刚、［德］史漫飞、［美］贝彼得：《制度经济学》，柏克、韩朝华译，商务印书馆 2018 年版。

［冰］思拉恩·埃格特森：《新制度经济学》，吴经邦、李耀、朱寒松、王志宏译，商务印书馆 1996 年版。

［德］马克斯·韦伯：《经济与社会》（第一卷），阎克文译，上海人民出版社 2019 年版。

［美］R. T. 伊利等：《土地经济学原理》，商务印书馆 1982 年版。

［美］R. 巴洛维：《土地资源经济学》，北京农业大学出版社 1989 年版。

［美］Scott Rozelle、黄季焜：《中国的农村经济与通向现代工业国之路》，经济学（季刊），2005 年第 3 期。

［美］埃利诺·奥斯特罗姆、罗伊·加德纳、詹姆斯·沃克：《规则、博弈与公共池塘资源》，陕西人民出版社 2011 年版。

［美］埃利诺·奥斯特罗姆：《公共事物的治理之道》，上海三联书店 2000 年版。

［美］贝彼得、［澳］柯武刚、［德］史漫飞：《制度经济学：财产、竞争和政策》（第二版），韩朝华译，商务印书馆 2018 年版。

［美］达龙·阿西莫格鲁、［美］戴维·莱布森、［美］约翰·A·李斯特：《经济学（宏观部分）》，中国人民大学出版社 2016 年版。

［美］戴维·波普诺：《社会学》，李强等译，中国人民大学出版社 1996 年版。

［美］道格拉斯·诺斯，《制度、制度变迁与经济绩效》，杭行译、韦森译审，格致出版社、上海三联书店、上海人民出版社 2014 年版。

［美］道格拉斯·诺斯：《理解经济变迁》，钟正生、邢华、高东明等译，杨瑞龙、郑江淮校，中国人民大学出版社 2013 年版。

［美］罗纳德·科斯等：《财产权利与制度变迁——产权学派与新制度学派译文集》，刘守英译，格致出版社、上海三联出版社、上海人民出版社 2014 年版。

［美］罗纳德·科斯等：《财产权利与制度变迁——产权学派与新制度学派译文集》，刘守英等译，格致出版社、上海三联出版社、、上海人民出版社 2019 年版。

［以］约拉姆·巴泽尔：《产权的经济分析》，费方域、段毅才、钱敏译，格致出版社、上海三联出版社、上海人民出版社 2022 年版。

北京大学国家发展研究院综合课题组，周其仁：《还权赋能——成都土地制度改革探索的调查研究》，《国际经济评论》2010 年第 2 期。

毕宝德、柴强、李铃、周建春、吕萍：《土地经济学》（第七版），中国人民大学出版社 2015 年版。

毕宝德主编：《土地经济学》，中国人民大学出版社 1991 年版。

蔡继明、刘梦醒、熊柴：《加快建设全国统一土地大市场的制度安排》，《上海大学学报》（社会科学版）2022 年第 4 期。

蔡继明：《必须给被征地农民以合理补偿》，《中国审计》2004 年第 8 期。

陈标金：《农村集体经济组织产权制度改革：广东的探索》，《农业经济与管理》2011 年第 2 期。

陈岱孙：《中国经济百科全书》，中国经济出版社 1991 年版。

陈端洪：《排他性与他者化：中国农村"外嫁女"案件的财产权分析》，《北大法律评论》2003 年第 4 期。

陈海素、谢建春、陈凯：《构建农村集体土地整备制度的思考——以广东省佛山市南海区为例》，《中国土地》2017 年第 2 期。

陈红霞：《集体经营性建设用地收益分配：争论、实践与突破》，《学习与探索》2017 年第 2 期。

陈利根、龙开胜：《我国农村集体建设用地流转的发展历程及改革方向》，《中国农史》2008 年第 2 期。

陈美球、王庆日、蒋仁开、朱美英：《乡村振兴与农村产业用地保障：实践创新、实现路径与制度安排——"农村产业用地政策创新与乡村振兴"研讨会综述》，《农林经济管理学报》2018 年第 3 期。

陈明：《农村集体经营性建设用地入市改革的评估与展望》，《农业经济问题》2018 年第 4 期。

陈锡文：《当前我国农村改革发展面临的几个重大问题》，《农业经济问题》2013 年第 1 期。

陈小君：《我国农民集体成员权的立法抉择》，《清华法学》2017 年第2 期。

陈小君：《新时代治理体系中〈土地管理法〉重要制度贯彻之要义》，《土地科学动态》2020 年第 2 期。

陈振明：《非市场缺陷的政治经济学分析——公共选择和政策分析学者的政府失败论》，《中国社会科学》1998 年第 6 期。

张曙光、刘守英执行主编：《中国制度变迁的案例研究》（土地卷 第八集），中国财政经济出版社 2011 年版。

程雪阳：《论集体土地征收与入市增值收益分配的协调》，《中国土地科学》2020 年第 10 期。

程雪阳：《土地发展权与土地增值收益的分配》，《法学研究》2014 年第 5 期。

仇叶：《乡村工业化模式与农村土地制度变迁——一项对沿海地区集体经营性建设用地制度的研究》，《中国农村经济》2020 年第 4 期。

崔红志：《发展壮大新型农村集体经济》，《经济日报》2023 年 3 月 9 日第 15 版。

代辉、蔡元臻：《论农民集体成员资格的认定标准》，《江南大学学报》（人文社会科学版）2016 年第 6 期。

戴威：《农村集体经济组织成员资格制度研究》，《法商研究》2016 年第 6 期。

党国英：《论农村集体产权》，《中国农村观察》1998 年第 4 期。

邓国营、龚勤林：《创新驱动对资源型城市转型效率的影响研究》，《云南财经大学学报》2018 年第 6 期。

邓国营、贾理君、姚树荣：《以"小挂钩"助力乡村振兴（治理之道）》，《人民日报》2018 年 5 月 7 日第 7 版。

邓宏乾：《中国土地收益分配问题研究》，中国社会科学出版社 2017 年版。

丁琳琳、孟庆国、刘文勇：《农村集体建设用地入市的发展实践与政策变迁》，《中国土地科学》2016 年第 10 期。

董祚继：《"新东北现象"下的集体土地入市——黑龙江省安达市农村集体经营性建设用地入市改革试点调研》，《中国土地》2017 年第 9 期。

董祚继：《农村土地改革的协同性和系统性——关于统筹推进土地制度改革的思考》，《中国土地》2016 年第 12 期。

方志权：《农村集体经济组织产权制度改革若干问题》，《中国农村经济》2014 年第 7 期。

费岑：《松江区集体经营性建设用地入市开展租赁住房建设的实践与思考》，《上海房地》2021 年第 5 期。

费孝通：《江村经济》，戴克景译，北京大学出版社 2012 年版。

伏绍宏、洪运、唐欣欣：《集体经营性建设用地入市收益分配机制：现实考量与路径选择——以郫都区为例》，《农村经济》2017 年第 10 期。

傅晨：《"新一代合作社"：合作社制度创新的源泉》，《中国农村经济》2003 年第 6 期。

盖凯程、于平：《农地非农化制度的变迁逻辑：从征地到集体经营性建设用地入市》，《农业经济问题》2017 年第 3 期。

盖凯程：《基于农村集体经营性建设用地入市的土地利益协调机制研究》，经济科学出版社 2021 年版。

高波：《灰色土地市场的理论探析》，《管理世界》1993 年第 1 期。

高飞：《农村集体资产股权配置的法理分析与立法抉择》，《南京农业大学学报》（社会科学版）2023 年第 1 期。

高鹤：《财政分权、经济结构与地方政府行为：一个中国经济转型的理论框架》，《世界经济》2006 年第 10 期。

高建华：《关于建立我国土地用途管制制度的初步构想》，《中国软科学》
　　1998 年第 3 期。

高圣平、刘守英：《集体建设用地进入市场：现实与法律困境》，《管理世
　　界》2007 年第 3 期。

高圣平：《宅基地制度改革试点的法律逻辑》，《烟台大学学报》（哲学社
　　会科学版）2015 年第 3 期。

高艺菡、段文技：《农村集体经营性建设用地入市主体的地区差异性分
　　析》，《江苏农业科学》2020 年第 10 期。

顾龙友：《农村集体经营性建设用地租赁入市探索——基于"宜兴模式"
　　的宏观思考》，《中国国土资源经济》2019 年第 11 期。

关锐捷、黎阳、郑有贵：《新时期发展壮大农村集体经济组织的实践与探
　　索》，《毛泽东邓小平理论研究》2011 年第 5 期。

郭继：《农村集体成员权制度运行状况的实证分析——基于全国 12 省 36
　　县的实地调查》，《南京农业大学学报》（社会科学版）2012 年第 1 期。

郭亮：《从理想到现实："涨价归公"的实践与困境》，《社会学研究》
　　2021 年第 3 期。

郭小聪：《中国地方政府制度创新的理论：作用与地位》，《政治学研究》
　　2000 年第 1 期。

郭玉锦：《身份制与中国人的观念结构》，《哲学动态》2002 年第 8 期。

国土资源部不动产登记中心：《土地矿山典型案例评析与法律实务操作指
　　南》，中国法制出版社 2015 年版。

韩俊：《关于农村集体经济与合作经济的若干理论与政策问题》，《中国农
　　村经济》1998 年第 12 期。

韩俊：《在民法总则中明确集体经济组织的特殊法人地位》，《中国人大》
　　2016 年第 12 期。

韩松：《论农村集体经营性建设用地使用权》，《苏州大学学报》（哲学社
　　会科学版）2014 年第 3 期。

韩长赋：《中国农村土地制度改革》，《农业经济问题》2019 年第 1 期。

何宝玉：《关于农村集体经济组织与村民委员会关系的思考》，《法律适
　　用》2023 年第 1 期。

何芳、龙国举、范华、周梦璐：《国家集体农民利益均衡分配：集体经营

性建设用地入市调节金设定研究》，《农业经济问题》2019 年第 6 期。

何虹、叶琳：《集体经营性建设用地入市改革的实践与思考——以江苏省常州市武进区的实践探索为例》，《中国土地》2018 年第 1 期。

贺东航、孔繁斌：《公共政策执行的中国经验》，《中国社会科学》2011年第 5 期。

贺雪峰、桂华、夏柱智：《论土地制度改革的方向与思路——〈土地管理法修正案（草案）〉解读》，《西北农林科技大学学报》（社会科学版）2019 年第 4 期。

贺雪峰：《从土地权利问题看中国土地制度》，《中国市场》2010 年第46 期。

贺雪峰：《地权的逻辑Ⅰ：中国农村土地制度向何处去》，中国政法大学出版社 2010 年版

贺雪峰：《地权的逻辑Ⅱ：地权变革的真相与谬误》，东方出版社 2013年版。

贺雪峰：《论土地资源与土地价值——当前土地制度改革的几个重大问题》，《国家行政学院学报》2015 年第 3 期。

胡大伟：《土地征收与集体经营性建设用地入市利益协调的平衡法理与制度设计》，《中国土地科学》2020 年第 9 期。

胡如梅、谭荣：《集体经营性建设用地统筹入市的模式选择》，《中国土地科学》2021 年第 4 期。

华生：《城市化转型与土地陷阱》，东方出版社 2013 年版。

华生：《新土改：土地制度改革焦点难点辨析》，东方出版社 2015 年版。

黄佳金、李敏乐、王培力：《上海农村集体建设用地建设租赁住房问题研究》，《科学发展》2022 年第 11 期。

黄庆杰、王新：《农村集体建设用地流转的现状、问题与对策——以北京市为例》，《中国农村经济》2007 年第 1 期。

黄小虎：《新时期中国土地管理研究》（下），当代中国出版社 2006 年版。

黄小虎：《征地制度改革和集体建设用地流转》，《经济研究参考》2008年第 31 期。

黄卓、蒙达、张占录：《基于"涨价归公"思想的大陆征地补偿模式改革——借鉴台湾市地重划与区段征收经验》，《台湾农业探索》2014 年

第 3 期。

黄祖辉、汪晖：《非公共利益性质的征地行为与土地发展权补偿》，《经济研究》2002 年第 5 期。

贾海波：《农地发展权的设立与权利属性》，《中国土地》2005 年第 10 期。

江晓华：《农村集体经济组织成员资格的司法认定——基于 372 份裁判文书的整理与研究》，《中国农村观察》2017 年第 6 期。

姜大明：《建立城乡统一的建设用地市场》，《南方国土资源》2013 年第 12 期。

蒋省三、刘守英：《土地资本化与农村工业化——广东省佛山市南海经济发展调查》，《管理世界》2003 年第 11 期。

荆月新：《城市土地立法研究》，中国检察出版社 2006 年版。

孔祥智、马庆超：《农村集体经营性建设用地改革：内涵、存在问题与对策建议》，《农村金融研》2014 年第 9 期。

李春洪：《关于产权主体和产权客体的认识》，《南方经济》1995 年第 11 期。

李剑：《中国农地制度研究综述》，载农业部农村经济研究中心编《中国农村研究报告（1990—1998）》，中国财政经济出版社 1999 年版。

李鹏：《山东省禹城市集体经营性建设用地入市路径研究》，硕士学位论文，山东财经大学，2018 年。

李延荣：《集体建设用地流转要分清主客体》，《中国土地》2006 年第 2 期。

李宴：《关于农业集体经济组织成员权的法律探讨》，《农村经济》2009 年第 7 期。

林超、吕萍：《新〈土地管理法〉实施后城乡土地市场建设——基于北流市试点经验的思考》，《中国房地产》2020 年第 24 期。

林陶泽：《集体经营性建设用地出让程序的规则设计》，《山西省政法管理干部学院学报》2023 年第 1 期。

林苇：《论农村集体经济组织成员资格的界定——以征地款分配纠纷为视角》，《湖北行政学院学报》2008 年第 3 期。

林毅夫：《诱致性制度变迁与强制性制度变迁》，载盛洪《现代制度经济学》（下卷），北京大学出版社 1998 年版。

刘杰：《跨体制下的身份诉求与结构化形塑》，博士学位论文，吉林大学，2012 年。

刘守英、王志锋、张维凡、熊雪锋：《"以地谋发展"模式的衰竭——基于门槛回归模型的实证研究》，《管理世界》2020 年第 6 期。

刘守英：《产权、行为与经济绩效》，《经济社会体制比较》1992 年第 2 期。

刘守英：《土地制度与中国发展》，中国人民大学出版社 2021 年版。

刘守英：《现代社会秩序的制度基础》，商务印书馆 2021 年版。

刘守英：《直面中国土地问题》，中国发展出版社 2014 年版。

刘守英：《中共十八届三中全会后的土地制度改革及其实施》，《法商研究》2014 年第 2 期。

刘守英：《中国土地问题调查：土地权利的底层视角》，北京大学出版社 2018 年版。

刘宪法：《南海模式的形成、演变与结局》，载张曙光、刘守英《中国制度变迁的案例研究》，中国财政经济出版社 2011 年版。

刘晓萍：《农村集体经营性建设用地入市制度研究》，《宏观经济研究》2020 年第 10 期。

刘嫣姝：《农村集体经济组织成员资格认定的困境、根源和对策分析》，《山东农业大学学报》（社会科学版）2008 年第 4 期。

刘永湘、杨明洪：《中国农民集体所有土地发展权的压抑与抗争》，《中国农村经济》2003 年第 6 期。

鹿心社：《统一思想 狠抓落实 全面推进土地开发整理工作——在全国土地开发整理工作会议上的总结讲话》，《国土资源通讯》2003 年第 11 期。

吕宾、杨景胜：《农村集体经营性建设用地入市收益分配探析》，《中国国土资源经济》2017 年第 8 期。

吕丹、薛凯文：《农村集体经营性建设用地入市收益的分配演化博弈：地方政府角色与路径》，《农业技术经济》2021 年第 9 期。

马翠萍、郜亮亮：《农村集体经济组织成员资格认定的理论与实践——以全国首批 29 个农村集体资产股份权能改革试点为例》，《中国农村观察》2019 年第 3 期。

马翠萍：《集体经营性建设用地制度探索与效果评价——以全国首批农村集体经营性建设用地入市试点为例》，《中国农村经济》2021 年第 11 期。

马翠萍：《农村集体经营性建设用地入市收益分配的实践探索与制度优化》，《改革》2022 年第 10 期。

马秀鹏、陈利根、朱新华：《农村集体建设用地使用权流转的法经济学分析》，《南京农业大学学报》（社会科学版）2008 年第 2 期。

孟勤国：《物权法如何保护集体财产》，《法学》2006 年第 1 期。

农业农村部政策与改革司，赵阳主编，王宾、赵长保、余葵副主编：《农村集体产权制度改革》，人民出版社 2020 年版。

钱忠好、马凯：《我国城乡非农建设用地市场：垄断、分割与整合》，《管理世界》2007 年第 6 期。

钱忠好、牟燕：《中国土地市场化改革：制度变迁及其特征分析》，《农业经济问题》2013 年第 5 期。

钱忠好：《农地承包经营权市场流转：理论与实证分析——基于农户层面的经济分析》，《经济研究》2003 年第 2 期。

钱忠好：《中国农村土地制度变迁和创新研究》，中国农业出版社 1999 年版。

邱芳荣、靳相木、赵旭：《土地增值收益如何分配——以浙江省德清县经营性建设用地入市实践为例》，《中国土地》2017 年第 11 期。

曲福田、冯淑怡、俞红：《土地价格及分配关系与农地非农化经济机制研究——以经济发达地区为例》，《中国农村经济》2001 年第 12 期。

曲福田、冯淑怡、诸培新、陈志刚：《制度安排、价格机制与农地非农化研究》，《经济学（季刊）》2004 年第 4 期。

曲福田：《经济发展与中国土地非农化》，商务印书馆 2007 年版。

任丹丽：《关于集体成员资格和集体财产权的思考》，《南京农业大学学报》（社会科学版）2008 年第 1 期。

沈飞、朱道林、毕继业：《政府制度性寻租实证研究——以中国土地征用制度为例》，《中国土地科》2004 年第 4 期。

盛洪主编：《现代制度经济学》（上卷），北京大学出版社 2001 年版。

盛洪主编：《现代制度经济学》（下卷），北京大学出版社 2002 年版。

盛照宇：《常州市武进区农村集体经营性建设用地入市研究》，硕士学位
　　论文，中国矿业大学，2020 年。

施健刚、蔡顺明、魏铭材、唐代中：《农村集体建设用地流转模式研究》，
　　同济大学出版社 2013 年版。

宋志红、姚丽、王柏源：《集体经营性建设用地权能实现研究——基于 33
　　个试点地区入市探索的分析》，《土地经济研究》2019 年第 1 期。

宋志红：《集体建设用地使用权流转法律制度研究》，中国人民大学出版
　　社 2009 年版。

宋志红：《集体经营性建设用地入市试点的三个问题——基于德清、南
　　海、文昌实施办法的规范分析》，《中国国土资源经济》2016 年第
　　7 期。

宋志红：《中国农村土地制度改革研究：思路、难点与制度建设》，中国
　　人民大学出版社 2017 年版。

孙弘：《中国土地发展权研究：土地开发与资源保护的新视角》，中国人
　　民大学出版社 2004 年版。

孙立平、王汉生、王思斌、林彬、杨善华：《改革以来中国社会结构的变
　　迁》，《中国社会科学》1994 年第 2 期。

孙宪忠：《从〈民法典〉看乡村治理中急需关注的十个法治问题》，《中
　　州学刊》2021 年第 2 期。

孙宪忠：《固化农民成员权 促经营权物权化》，《经济参考报》2017 年第
　　8 期。

孙秀林、周飞舟：《土地财政与分税制：一个实证解释》，《中国社会科
　　学》2013 年第 4 期。

谭秋成：《农村集体经济的特征、存在的问题及改革》，《北京大学学报》
　　（哲学社会科学版）2018 年第 3 期。

谭荣、曲福田：《中国农地非农化与农地资源保护：从两难到双赢》，《管
　　理世界》2006 年第 12 期。

谭术魁：《中国土地冲突的概念、特征与触发因素研究》，《中国土地科
　　学》2008 年第 4 期。

唐健、谭荣、魏西云：《农村土地制度改革的中国故事——地方政府行为

的逻辑》，北京大学出版社 2021 年版。

陶然：《人地之间：中国增长模式下的城乡土地改革》，辽宁人民出版社 2022 年版。

田传浩：《宅基地是如何被集体化的》，《中国农村经济》2020 年第 11 期。

汪丁丁：《再论制度创新的一般过程》，载盛洪《现代制度经济学》（下卷），北京大学出版社 1993 年版。

汪丁丁：《制度创新的一般理论》，《经济研究》1992 年第 5 期。

汪晖、陶然：《中国土地制度改革难点：突破与政策组合》，商务印书馆 2013 年版。

王宏娟、石敏俊、谌丽：《基于利益主体视角的农村集体建设用地流转研究——以北京市为例》，《资源科学》2014 年第 11 期。

王利明、周友军：《论我国农村土地权利制度的完善》，《中国法学》2012 年第 1 期。

王世元主编：《新型城镇化之土地制度改革路径》，中国大地出版社 2014 年版。

王文景：《常州市武进区农村集体经营性建设用地入市问题及对策研究》，硕士学位论文，中国矿业大学，2020 年。

王小映、贺明玉、高永：《我国农地转用中的土地收益分配实证研究——基于昆山、桐城、新都三地的抽样调查分析》，《管理世界》2006 年第 5 期。

王小映：《论农村集体经营性建设用地入市流转收益的分配》，《农村经济》2014 年第 10 期。

王小映：《农村集体经营性建设用地出让性质和特征的分析——兼论国有土地出让合同的性质》，《农村经济》2022 年第 12 期。

王小映：《全面保护农民的土地财产权益》，《中国农村经济》2003 年第 10 期。

王永祥：《农村集体经济组织成员资格认定问题研究》，博士学位论文，内蒙古大学，2018 年。

魏后凯、叶兴庆、杜志雄、樊胜根、罗必良、刘守英、黄承伟：《加快构建新发展格局，着力推动农业农村高质量发展——权威专家深度解读党的二十大精神》,《中国农村经济》2022 年第 12 期。

魏后凯:《"十四五"时期中国农村发展若干重大问题》,《中国农村经济》2020 年第 1 期。

温世扬:《集体经营性建设用地"同等入市"的法制革新》,《中国法学》2015 年第 4 期。

文贯中、柴毅:《政府主导型城市化的土地利用效率——来自中国的实证结果》,《学术月刊》2015 年第 1 期。

文贯中:《吾民无地》,东方出版社 2014 年版。

吴兴国:《集体组织成员资格及成员权研究》,《法学杂志》2006 年第 2 期。

吴宇哲、于浩洋:《农村集体建设用地住宅用途入市的现实约束与赋能探索》,《中国土地科》2021 年第 5 期。

吴昭军:《集体经营性建设用地土地增值收益分配:试点总结与制度设计》,《法学杂志》2019 年第 4 期。

伍振军、林倩茹:《农村集体经营性建设用地的政策演进与学术论争》,《改革》2014 年第 2 期。

谢保鹏、朱道林、陈英、裴婷婷、晏学丽:《土地增值收益分配对比研究:征收与集体经营性建设用地入市》,《北京师范大学学报》(自然科学版)2018 年第 3 期。

新华社:《习近平在农村改革座谈会上强调 加大推进新形势下农村改革力度 促进农业基础稳固农民安居乐业》,《人民日报》2016 年 4 月 29 日第 1 版。

徐博、岳永兵、黄洁:《"三块地"改革先理顺利益关系——对部分地区农村土地制度改革实践的调研与分析》,《中国土地》2015 年第 2 期。

徐建牛、李敢:《农地入市何以可能——双重影响视角下农地入市案例研究》,《公共管理学报》2019 年第 3 期。

许峰、朱华平、陈晓华、丁学芳:《关于松江区集体经营性建设用地入市的调研报告》,《上海农村经济》2023 年第 2 期。

许小年:《自由与市场经济》,上海三联书店 2012 年版。

闫昊生、王剑飞、孙久文:《集体建设用地入市如何影响国有建设用地市场——基于机器学习的新证据》,《数量经济技术经济研究》2023 年第

6 期。

严金明、蔡大伟、夏方舟：《党的十八大以来农村土地制度改革的进展、成效与展望》，《改革》2022 年第 8 期。

严金明、李储、夏方舟：《深化土地要素市场化改革的战略思考》，《改革》2020 年第 10 期。

杨瑞龙：《我国制度变迁方式转换的三阶段论——兼论地方政府的制度创新行为》，《经济研究》1998 年第 1 期。

杨岩枫、谢俊奇：《论集体经营性建设用地入市的实现途径——以北京市大兴区为例》，《农村金融研究》2016 年第 12 期。

姚睿、吴克宁、罗明、张欣杰、冯喆、李晨曦：《城乡统筹视角下的集体建设用地市场发育测度及影响因素研究——以 30 个入市改革试点为例》，《中国土地科学》2018 年第 10 期。

姚洋：《制度与效率：与诺斯对话》，四川人民出版社 2002 年版。

姚洋：《中国农地制度：一个分析框架》，《中国社会科学》2000 年第 2 期。

姚洋：《自由、公正和制度变迁》，河南出版社 2002 年版。

姚洋：《作为制度创新过程的经济改革》，格致出版社、上海三联出版社、上海人民出版社 2016 年版。

叶兴庆：《农村集体经营性建设用地的产权重构》，《中国经济时报》2015 年 5 月 27 日第 5 版。

叶艳妹、彭群、吴旭生：《农村城镇化、工业化驱动下的集体建设用地流转问题探讨——以浙江省湖州市、建德市为例》，《中国农村经济》2002 年第 9 期。

于建嵘：《土地问题已成为农民维权抗争的焦点——关于当前我国农村社会形势的一项专题调研》，《调研世界》2005 年第 3 期。

余练：《地权纠纷中的集体成员权表达》，《华南农业大学学报》（社会科学版）2017 年第 1 期。

余梦秋、陈家泽：《固化农村集体经济组织成员权的理论思考》，《财经科学》2011 年第 11 期。

岳永兵、刘向敏：《集体经营性建设用地开发商品住宅试验考察与推进建议——以广西北流、河南长垣、山西泽州的试点改革为例》，《西部论坛》2022年第3期。

张广辉：《村集体内部的土地红利分配：成员权和收益权的冲突与协调》，《现代经济探讨》2013年第11期。

张红宇：《中国农村土地产权政策：持续创新——对农地使用制度变革的重新评判》，《管理世界》1998年第6期。

张宏斌、贾生华：《土地非农化调控机制分析》，《经济研究》2001年第12期。

张静主编：《身份认同研究：观念、态度、理据》，上海人民出版社2006年版。

张军、高远：《官员任期、异地交流与经济增长——来自省级经验的证据》，《经济研究》2007年第11期。

张力于、韩德军：《农村集体经营性建设用地入市收益分配困境探析》，《中国农业文摘—农业工程》2022年第6期。

张明慧、孟一江、龙贺兴、刘金龙：《社会界面视角下农村成员权认定的实践逻辑——基于湖南S村集体林权改革的实践》，《中国农业大学学报》（社会科学版）2014年第1期。

张佩国：《公产与私产之间——公社解体之际的村队成员权及其制度逻辑》，《社会学研究》2006年第5期。

张佩国：《近代江南的村籍与地权》，《文史哲》2002年第3期。

张曙光：《论制度均衡和制度变革》，《经济研究》1992年第6期。

张五常：《经济组织与交易费用》，载《新帕尔格雷夫经济学大辞典》（第二卷），经济科学出版社1996年版。

张五常：《中国的经济制度》，《资本市场》2009年第11期。

张小铁：《市场经济与征地制度》，《中国土地科学》1996年第1期。

张晓山、苑鹏、崔红志、陆雷、刘长全：《农村集体产权制度改革论纲》，中国社会科学出版社2019年版。

张新平：《土地发展》，载甘藏春等《当代中国土地法若干重大问题研究》，中国法制出版社2019年版。

张义博、申佳：《建立城乡统一建设用地市场的探索——贵州省湄潭县农村集体经营性建设用地入市改革调查》，《中国发展观察》2018年第Z1期。

张义博：《新一轮农村土地制度变革：探索与思考》，中国社会科学出版社 2021 年版。

张志强：《农村集体建设用地"入市"研究》，博士学位论文，中共中央党校，2010 年。

郑鹏程、于升：《对解决农村土地征收补偿收益分配纠纷的法律思考》，《重庆大学学报》（社会科学版）2010 年第 3 期

郑新立：《从经济视角认识新时代中国特色社会主义理论创新》，《中共党史研究》2022 年第 3 期。

中共中央党校理论研究室：《历史的丰碑：中华人民共和国国史全鉴》（五经济卷），中共中央文献出版社 2004 年版。

中央农村工作领导小组办公室：《习近平关于"三农"工作的重要论述学习读本》，人民出版社、中国农业出版社 2023 年版。

周诚：《关于我国农地转非自然增值分配理论的新思考》，《农业经济问题》2006 年第 12 期。

周诚：《土地经济学原理》，商务印书馆 2003 年版。

周黎安：《晋升博弈中政府官员的激励与合作——兼论我国地方保护主义和重复建设问题长期存在的原因》，《经济研究》2004 年第 6 期。

周黎安：《中国地方官员的晋升锦标赛模式研究》，《经济研究》2007 年第 7 期。

周黎安：《转型中的地方政府：官员激励与治理》（第二版），格致出版社 2017 年版。

周其仁：《产权与制度变迁：中国改革的经验研究》，社会科学文献出版社 2002 年版。

周其仁：《产权与中国变革》，北京大学出版社 2017 年版。

周其仁：《城乡中国》，中信出版集团 2017 年版。

周其仁：《改革的逻辑》（修订版），中信出版社 2017 年版。

周其仁：《农地产权与征地制度——中国城市化面临的重大选择》，《经济学（季刊）》2004 年第 4 期。

周其仁：《体制成本与中国经济》，《经济学（季刊）》2017 年第 3 期。

周其仁：《同地、同价、同权——我对广东省农地直接入市的个人看法》，《中国经济周刊》2005 年第 33 期。

周其仁：《土地的市场流转不可阻挡》，《经济观察报》2013 年第 47 期。

周其仁：《中国农村改革：国家和所有权关系的变化（上）》，《管理世界》1995 年第 3 期。

周天勇：《维护农民土地权益的几个问题》，《理论视野》2006 年第 4 期。

周小平、冯宇晴、余述琼：《集体经营性建设用地入市收益分配优化研究——以广西北流市的改革试点为例》，《南京农业大学学报》（社会科学版）2021 年第 2 期。

周业安：《中国制度变迁的演进论解释》，《经济研究》2000 年第 5 期。

周应恒、刘余：《集体经营性建设用地入市实态：由农村改革试验区例证》，《改革》2018 年第 2 期。

朱道林：《土地经济学论纲》，商务印书馆 2022 年版。

朱道林：《土地增值收益分配悖论：理论、实践与改革》，科学出版社 2017 年版。

朱启臻、窦敬丽：《新农村建设与失地农民补偿》，《中国土地》2006 年第 4 期。